基督教文化研究丛书

主编 何光沪 高师宁

六编 第 **4** 册

创造共同的善：
中国城市宗教团体的社会资本研究
——以 B 市 J 教会为例

赵罗英 著

花木兰文化事业有限公司

国家图书馆出版品预行编目资料

创造共同的善：中国城市宗教团体的社会资本研究——以 B
市 J 教会为例／赵罗英 著 －－ 初版 －－ 新北市：花木兰文化事
业有限公司，2020〔民 109〕
序 4+ 目 4+184 面；19×26 公分
（基督教文化研究丛书 六编 第 4 册）
ISBN 978-986-518-080-5（精装）
1. 宗教团体 2. 个案研究
240.8   109000616

ISBN-978-986-518-080-5

9 789865 180805

基督教文化研究丛书
六编 第四册
ISBN：978-986-518-080-5

创造共同的善：中国城市宗教团体的
社会资本研究——以 B 市 J 教会为例

作　　者 赵罗英
主　　编 何光沪 高师宁
执行主编 张　欣
企　　划 北京师范大学基督教文艺研究中心
总 编 辑 杜洁祥
副总编辑 杨嘉乐
编　　辑 许郁翎、张雅淋　美术编辑 陈逸婷
出　　版 花木兰文化事业有限公司
发 行 人 高小娟
联络地址 台湾 235 新北市中和区中安街七二号十三楼
　　　　　 电话：02-2923-1455 ／ 传真：02-2923-1452
网　　址 http://www.huamulan.tw 信箱 hml810518@gmail.com
印　　刷 普罗文化出版广告事业
初　　版 2020 年 3 月
全书字数 164513 字

定　　价 六编 8 册（精装）台币 20,000 元

创造共同的善：
中国城市宗教团体的社会资本研究
——以 B 市 J 教会为例

赵罗英 著

作者简介

赵罗英，女，1984 年生，河南漯河人。现为中国社会科学院民族学与人类学研究所助理研究员。研究方向为宗教社会学、民族社会学。在《学习与实践》、《宁夏社会科学》、《河北学刊》、《学习与探索》等期刊发表论文多篇。主要作品有：《转型社会：国家体制和地方治理》（合编）、《国外宗教社会资本理论进展及对中国的启示》、《社会资本与社区社会组织培育》。

提　　要

　　社会资本是指社会组织的特性，如信任、规范和网络，这些特性通过促进合作行为能够提高社会的效能。宗教团体作为人类社会生活及社会组织的重要构成部分，是建立社会资本的重要来源。本书以一个基督教团体 J 教会为个案，以社会为中心的社会资本为研究视角，分别从关系网络、规范和信任三个维度分析了宗教团体社会资本的结构要素及培育机制。关系网络方面，教会内部既形成了基于成员平等关系的横向参与网络，也产生了基于教会事务分工的纵向网络关系，两者同时促进了教会成员的志愿服务参与。规范方面，教会主要培育了两种非正式规范，一是教会内部产生的互惠合作等集体主义规范；二是与社会传统美德相联系，并对成员的工作和家庭产生正功能的家庭及职业规范。但正式规范的培育还比较弱。信任方面，通过对上帝的信任、对牧师的信任、对教会其他成员的信任、对教会外成员的信任几个指标的测量，发现教会内部培育了较高的特殊信任，并逐步扩散到外部。最后总结与讨论部分，从小群体与教会、教会与社会两个层面对纽带型社会资本和桥梁型社会资本进行了分析，讨论了影响宗教团体社会资本培育的因素，并分析了宗教团体通过培育社会资本作用于公共生活的两种途径。

国家社会科学基金重大招标项目《基督教中国化背景下的农村基督教问题研究》（编号：17ZDA231）阶段性成果

"基督教文化研究丛书"总序

何光沪 高师宁

　　基督教产生两千年来，对西方文化以至世界文化产生了广泛深远的影响——包括政治、社会、家庭在内的人生所有方面，包括文学、史学、哲学在内的所有人文学科，包括人类学、社会学、经济学在内的所有社会科学，包括音乐、美术、建筑在内的所有艺术门类……最宽广意义上的"文化"的一切领域，概莫能外。

　　一般公认，从基督教成为国教或从加洛林文艺复兴开始，直到启蒙运动或工业革命为止，欧洲的文化是彻头彻尾、彻里彻外地基督教化的，所以它被称为"基督教文化"，正如中东、南亚和东亚的文化被分别称为"伊斯兰文化"、"印度教文化"和"儒教文化"一样——当然，这些说法细究之下也有问题，例如这些文化的兴衰期限、外来因素和内部多元性等等，或许需要重估。但是，现代学者更应注意到的是，欧洲之外所有人类的生活方式，即文化，都与基督教的传入和影响，发生了或多或少、或深或浅、或直接或间接，或片面或全面的关系或联系，甚至因它而或急或缓、或大或小、或表面或深刻地发生了转变或转型。

　　考虑到这些，现代学术的所谓"基督教文化"研究，就不会限于对"基督教化的"或"基督教性质的"文化的研究，而还要研究全世界各时期各种文化或文化形式与基督教的关系了。这当然是一个多姿多彩的、引人入胜的、万花筒似的研究领域。而且，它也必然需要多种多样的角度和多学科的方法。

　　在中国，远自唐初景教传入，便有了文辞古奥的"大秦景教流行中国碑颂并序"，以及值得研究的"敦煌景教文献"；元朝的"也里可温"问题，催生了民国初期陈垣等人的史学杰作；明末清初的耶稣会士与儒生的交往对话，带来了中西文化交流的丰硕成果；十九世纪初开始的新教传教和文化活动，更造成了中国社会、政治、文化、教育诸方面、全方位、至今不息的千古巨变……所有这些，为中国（和外国）学者进行上述意义的"基督教文化研究"提供了极其丰富、取之不竭的主题和材料。而这种研究，又必定会对中国在各方面的发展，提供重大的参考价值。

就中国大陆而言，这种研究自 1949 年基本中断，至 1980 年代开始复苏。也许因为积压愈久，爆发愈烈，封闭越久，兴致越高，所以到 1990 年代，以其学者在学术界所占比重之小，资源之匮乏、条件之艰难而言，这一研究的成长之快、成果之多、影响之大、领域之广，堪称奇迹。

然而，作为所谓条件艰难之一例，但却是关键的一例，即发表和出版不易的结果，大量的研究成果，经作者辛苦劳作完成之后，却被束之高阁，与读者不得相见。这是令作者抱恨终天、令读者扼腕叹息的事情，当然也是汉语学界以及中国和华语世界的巨大损失！再举一个意义不小的例子来说，由于出版限制而成果难见天日，一些博士研究生由于在答辩前无法满足学校要求出版的规定而毕业受阻，一些年轻教师由于同样原因而晋升无路，最后的结果是有关学术界因为这些新生力量的改行转业，后继乏人而蒙受损失！

因此，借着花木兰出版社甘为学术奉献的牺牲精神，我们现在推出这套采用多学科方法研究此一主题的"基督教文化研究丛书"，不但是要尽力把这个世界最大宗教对人类文化的巨大影响以及二者关联的方方面面呈现给读者，把中国学者在这些方面研究成果的参考价值贡献给读者，更是要尽力把世纪之交几十年中淹没无闻的学者著作，尤其是年轻世代的学者著作对汉语学术此一领域的贡献展现出来，让世人从这些被发掘出来的矿石之中，得以欣赏它们放射的多彩光辉！

2015 年 2 月 25 日
于香港道风山

序

　　宗教社会学产生于 19 世纪 90 年代，距今已有 100 多年的历史。其创始人是社会学的奠基人迪尔凯姆和韦伯，不过，在他们二人之前，已有文化人类学者对宗教进行了研究。早在 1871 年，文化人类学的先驱——英国学者泰勒就出版了名著《原始文化》一书，在书中，他对宗教提出了第一个人类学的定义，并提出了"万物有灵"的理论观点。在其后，英国著名学者弗雷泽撰写了《金枝》，提出了人类社会的巫术、宗教和科学的三阶段理论。再往后，泰勒的学术继承人马雷特提出了"泛生论"的理论。

　　迪尔凯姆正是借鉴和使用了之前文化人类学者的研究资料和成果，才于 1912 年出版了大名鼎鼎的《宗教生活的初级形式》，这本书被后来的美国著名学者科塞赞誉为"最伟大的研究成果"、"不朽著作"。在书中，迪尔凯姆第一次从社会学的角度给宗教做了定义：宗教是"一整套与神圣的事务有关的信仰和（仪式）活动"。他还从社会学的理论视角指出，宗教观念产生的真正和唯一的渊源就是社会，图腾崇拜的对象或者神圣物本质上就是社会力量的象征。他认为，宗教的核心不是教义，而是其仪式；而宗教仪式的功能是规范或者强化一种价值和行为方式。而且，"宗教社会学"这个词就是涂尔干于 1898 年在他主编的《社会学年鉴》上第一次提出来的。

　　与迪尔凯姆的实证主义路径不同，书斋式学者韦伯，所信奉和遵循的是新康德主义思想家狄尔泰和李凯尔特的人文主义的研究传统，创建了后来影响深远的解释社会学的路径。他基本上没有涉及宗教的定义和功能，而是更加关心宗教的分类；他将宗教划分为理性的宗教和非理性的宗教，特别是深入研究了新教伦理的价值观是如何产生资本主义。其旷世名著《新教伦理与资本主义精神》风靡全球学术界，至今仍然历久不衰。

自此，他们二人奠定了宗教社会学研究的两大基本范式：宗教的功能主义研究趋向和宗教的意义论研究趋向。

在迪尔凯姆和韦伯之后，随着 20 世纪初第一个社会学系——芝加哥大学社会学系的成立，宗教社会学的研究开始在欧美各大学内逐步发展起来。到"二战"后，几乎所有著名大学的社会学系都有专门研究宗教社会学和开设这门课程的学者，有关宗教社会学的研究著作大量出版。到 20 世纪 70 年代末，我国开始改革开放时，欧美的宗教社会学研究已经发展成为一门显学。

由于众所周知的原因，中国的宗教社会学研究从新中国成立到改革开放之前，几乎是一张白纸。80 年代开始，国内才有宗教社会学的经典著作被翻译出版，如韦伯的《新教伦理与资本主义精神》、《儒教和道教》，彼得·贝格尔的名著《神圣的帷幕——宗教社会学理论之要素》和《天使的传言——现代社会与超自然的再发现》，以及托马斯·奥戴的《宗教社会学》等。但是，直到 2000 年以前，国内的相关研究都极少，有的也基本上都是侧重事例和数字的调查报告。2013 年，才有了专门的学术研究刊物《宗教社会学》的创刊；不过，宗教社会学的实证研究仍然近乎空白。

赵罗英的专著《创造共同的善：中国城市宗教团体的社会资本研究——以 B 市 J 教会为例》是使用社会学理论和方法对宗教团体进行实证研究的创新性科研成果，作者以社会学的社会资本理论为视角，分析了某宗教团体社会资本的培育以及影响因素。

1993 年，哈佛大学教授普特南出版了《让民主运转起来》一书，此书一经问世即引起巨大轰动。因为，普特南第一次将关注点聚焦于在社会和经济发展中社会资本所起的重要作用，他也第一次给社会为中心的社会资本下了明确的定义："这里的社会资本指的是社会组织的特性，如信任、规范和网络，这些特性通过促进合作行为能够提高社会的效能"。自此之后，社会资本理论逐步席卷国内外社会学以及整个社会科学的学术界，相关的研究如雨后春笋、层出不穷。国内的研究虽然有些滞后，但也逐渐迎头赶上。不过，国内采用社会资本理论对宗教社团进行的研究仍然较少。

赵罗英的著作正是以 B 市的一个基督新教教会为研究对象，分别从关系网络、信任和规范三个维度，对宗教场域中的社会资本存量及培育机制进行了详细的考察。在上述研究的基础上，赵罗英分析了宗教团体社会资本的两种类型：纽带型社会资本和桥梁型社会资本，并在类型划分的基础上，研究分析了宗教团体社会资本的培育机制和影响宗教团体社会资本的因素。最后，从社会资本的角度，讨论了宗教团体与公民生活的关系。

应当讲，该专著的研究选题新颖，在一定程度上填补了国内宗教社会学研究的空白，为以后宗教与社会资本的相关研究进行了具有开创性意义的探索。研究所得的结论可信，对于如何培育和发展社会资本具有较强的理论与实践价值。

赵罗英的这本专著源于她的博士论文，作为她的博士生导师，在论文的选题确定和撰写的进程中，我与她有过多次的交谈与讨论，深知她为此书付出的心血和努力。赵罗英生性朴实、踏实，在学习与科研方面非常勤奋、刻苦。在校攻读博士学位期间，她努力克服诸多障碍和困难，在学习专业理论和方法的课程之余，能结合准备自己博士论文的需要，查找和阅读大量的中英文文献，独立地撰写了多篇论文；为了撰写博士论文，她对研究对象进行了长期的参与观察和访谈调查，搜集了大量可靠的第一手调查资料。论文的研究内容丰富，论证翔实、清晰，理论分析深入细致、观点明确，行文层次清楚、文笔流畅、遵守学术规范，显示出她具有扎实的专业理论基础和良好的学术潜力。最后，赵罗英的论文在论文答辩会上，获得答辩委员的一致好评，顺利通过答辩。

此时此刻，在她的博士论文即将出版之际，我首先以导师的身份向她表示衷心祝贺，同时希望她能在今后的学术道路上取得更大的成绩。

夏建中
2019 年 8 月于北京世纪城

目次

序

第一章 导 论 ……………………………………… 1

一、研究问题的提出 ……………………………… 1

二、研究目的和意义 ……………………………… 3

（一）理论意义 ……………………………… 3

（二）实践意义 ……………………………… 4

三、研究的创新之处 ……………………………… 5

四、研究设计 ……………………………………… 6

（一）研究的主要问题与分析框架 …………… 6

（二）理论视角 ……………………………… 7

（三）基本概念的界定 ……………………… 7

（四）研究方法及其资料来源 ……………… 8

（五）研究个案的选取及概况 ……………… 9

第二章 文献综述 ………………………………… 15

一、社会资本概念的提出及发展脉络 …………… 15

二、社会为中心的社会资本理论概述 …………… 17

（一）社会资本的构成要素 ………………… 17

（二）社会资本的因果解释模型及争辩 …… 21

（三）社会资本的测量 ……………………… 23

三、社会组织与社会资本关系研究 ……………… 24

（一）国外研究 ……………………………… 24

（二）国内研究 ……………………………… 25

四、宗教团体与社会资本关系研究 ……………… 26

（一）国外研究 ……………………………… 26

（二）国内研究 ……………………………… 31

第三章　中国宗教团体的发展史和结构定位·········35

一、中国宗教团体的发展史·················35

（一）新中国成立初期宗教团体的发展········35

（二）文化大革命时期宗教团体的发展········37

（三）改革开放后宗教团体的发展············37

二、宗教团体的结构定位··················40

（一）西方宗教团体的结构定位············40

（二）中国宗教团体的结构定位············42

第四章　宗教团体 J 教会概况···············45

一、成立缘由·························45

二、组织目标、理念及活动···············46

三、组织发展历程及规模特征··············48

四、组织结构及制度···················49

五、组织资源·······················55

（一）有形资源·····················55

（二）无形资源·····················55

第五章　宗教团体社会资本的培育——关系网络···57

一、成员基于平等关系形成的横向参与网络·····58

（一）小群体层面的参与网络·············58

（二）教会层面的参与网络·············69

（三）社会层面的参与网络·············72

（四）横向参与网络形成机制·············73

二、基于教会事务分工形成的纵向网络关系·····76

第六章　宗教团体社会资本的培育——规范········79

一、互惠合作规范····················80

（一）小群体中的互惠合作·············80

（二）教会层面的互惠合作·············85

（三）教会外的利他社会服务·············87

（四）互惠合作规范形成机制·············90

二、社会规范······················101

（一）教会在建立家庭规范方面的正功能作用
·······························101

（二）教会在培育职业规范方面的正功能作用
·······························114

　　三、制度规范 ……………………………………… 116

第七章　宗教团体社会资本的培育——信任……… 119

　　一、宗教在信任建立中的作用 …………………… 119

　　二、J 教会信任关系的培育 ……………………… 120

　　　　（一）对上帝的信任 ……………………… 121

　　　　（二）对教会领袖的信任 ………………… 123

　　　　（三）对教会内成员的信任……………… 125

　　　　（四）对教会外成员的信任 ……………… 129

　　三、宗教团体的信任培育路径 …………………… 141

第八章　总结与讨论 ………………………………… 145

　　一、宗教团体社会资本的分类：纽带型社会资本
　　　　和桥梁型社会资本 ……………………… 145

　　　　（一）小群体与教会：纽带型社会资本和桥
　　　　　　　梁型社会资本 ………………… 147

　　　　（二）教会与社会：纽带型社会资本和桥梁
　　　　　　　型社会资本 …………………… 148

　　二、宗教团体社会资本的增殖机制 ……………… 150

　　三、宗教团体社会资本的影响因素 ……………… 152

　　　　（一）组织网络结构设置 ………………… 152

　　　　（二）宗教价值观 ………………………… 155

　　　　（三）宗教团体的目标和社会愿景 ……… 155

　　　　（四）社会环境结构 ……………………… 156

　　四、宗教团体、社会资本与公共生活 …………… 157

　　　　（一）宗教通过成员的公共参与活动影响公
　　　　　　　共生活 ………………………… 160

　　　　（二）宗教通过形塑个人性格和美德作用于
　　　　　　　公共生活 ……………………… 162

　　　　（三）结语 ………………………………… 163

　　五、研究的不足与未来的方向 …………………… 164

参考文献 ……………………………………………… 167

附　录 ………………………………………………… 179

后　记 ………………………………………………… 181

图目录

图 1-1：研究框架图 ………………………………… 6

图 3-1：西方政府、企业、NGO 三部门关系 ……… 40

图 4-1：牧师、传道人、小牧人、预备小牧人和
普通信众关系图 ………………………… 51

图 4-2：J 教会组织架构图 ……………………… 54

图 8-1：J 教会社会资本增殖机制 ……………… 151

表目录

表 2-1：纳拉晏和卡希迪的社会资本测量指标 …… 23

表 3-1：解放初期信教人数统计表 ……………… 36

表 5-1：J 教会部分小群构成概况 ……………… 60

第一章 导 论

一、研究问题的提出

社会资本是指"社会组织的特性，如网络、规范和信任，这些特性通过促进合作行为能够提高社会的效能"。[1]20世纪90年代以来，"社会资本"作为社会科学领域的一种新理论视角，被广泛运用到各学科领域，成为解释一个国家或地区经济增长、社会发展和政治民主的关键性因素之一。

宗教作为人类社会生活及社会组织的重要构成部分，自古以来就是文化的最重要来源，也是建立社会资本的来源。福山认为，社会资本主要是由宗教、传统、历史习惯等文化机制建立的，它产生于等级化的权威资源，依靠规范和对权威的遵从而产生。[2]普特南认为"信教者通常是社会资本的积极创造者"。[3]普林斯顿大学社会学教授伍斯诺通过对基督教的调查研究发现，宗教在产生社会资本方面的角色是不容置疑的，积极参加教堂的人会和其他教堂会友结成好朋友，而且更容易和邻居交往，加入到其他公民组织中。[4]总之，

1　Putnam, R.D. *Making Democracy Work：Civil Traditions in Modern Italy*. Princeton：Princeton University Press. 1993.P.167.

2　[美]弗朗西斯·福山.信任——社会道德与繁荣的创造[M].呼和浩特：远方出版社，1998:35.

3　[美]罗伯特·普特南.独自打保龄：美国社区的衰落与复兴[M].北京：北京大学出版社，2011:63.

4　Wuthnow, R. Can Religion Revitalize Civil Society?An Institutional Perspective, In Corwin Smidt. *Religion as Social Capital:Producing the Common Good*. Texas:Baylor University Press. 2003.P.204.

在国外，越来越多的学者认为，宗教社团能通过创造网络、规范和社会信任，最终增进社会整体的社会资本，促进共同的善。

自 20 世纪 70 年代末中国开始实施改革开放以来，中国经济取得了快速发展，目前已跃入世界第二大经济体，伴随物质财富剧增，民众的生活水平有了较大提升，但与此同时，社会矛盾与冲突激增、离婚率不断攀升、民众精神空虚现象凸显，社会发展面临诸多危机，包括社会信任的低下、社会阶层的冲突、社会不公平感的蔓延、个人与社会的进一步疏离等，这些危机也导致中国城市的社会资本处于整体下降状态。

中国社会原有的社会网络弱化、规范渐失、社会信任度急剧下降，致使民众寻求新的形式重构社会网络、规范和人际信任。宗教需求及信教人数的增加是其表现之一。官方权威数据显示，1993 年，中国共有 2000 多个地方性宗教团体，宗教活动场所 7 万处，宗教教职人员 20 多万人，信教人数 3000 多万。[5]到 2012 年，中国有宗教团体 5500 多个，宗教活动场所约 14 万处，宗教教职人员 36 万余人，各种宗教信徒达 1 亿多人。[6]此外，宗教的社会参与也越来越多，各大宗教在扶贫、济困、救灾、助残、孝老、医疗、教育、戒毒等多项社会公益活动的开展中奉献爱心、参与社会服务，向社会展示了真善美的层面，表现出融入社会、服务生活、改善人际关系等方面的诉求，得到了各界的认可。针对以上现象，李向平教授认为，改革开放三十多年来，中国宗教经历了从"精神鸦片"到"社会资本"的基本变迁，宗教团体在社会生活中培育了大量社会资本，为经济社会建设作出了突出的贡献。[7]

尽管中国宗教团体通过嵌入社会规范、强化社会网络、提高社会信任，在社会生活实践中培育了大量的社会资本，但是学术界却对"宗教与社会资本关系"这一议题关注很少，仅有的一些理论研究成果，主要集中在对国外宗教团体社会资本的介绍或对宗教团体有助于产生社会资本的理论分析，而社会学实证方面的研究，则多集中在宗教团体和信任关系的分析，从网络、规范和信任三个维度详析宗教团体社会资本培育的社会学实证研究鲜少涉及。

---

5 中国宗教概况，中国中央人民政府网站
（http:// www.gov.cn/test/2005-05/24/content_546.htm）.2005-05-24.

6 中国宗教概况，国家宗教事务局网站
（http:// www.sara.gov.cn/wwgk/17839.htm）.2012-11-21.

7 李向平.从"精神鸦片"到"社会变迁"——改革开放 30 年中国宗教的基本变迁[J].中国宗教，2008（11）.

　　另外，通过梳理中国学者在社会资本应用领域的研究成果发现，近些年，学者的研究多集中在社区和非宗教类社会组织在产生社会资本方面的作用。自 20 世纪 90 年代以来，随着国家对社区建设和社会组织发展的重视，在这些领域确实也产生了大量社会资本。尤其是 2007 年，党的十七大报告明确提出，建立健全"党委领导、政府负责、社会协同、公众参与"的社会管理新格局后，政府积极调动社会民间力量，各地纷纷大力推动"政府购买社会服务"的项目，极大地激发了民众的参与热情。但是，不可否认的是，社区建设和社会组织在发展过程中也出现了诸多问题，如行政化导致政府在社区建设中职能越位，社会力量在社区仍缺乏自主的发展空间；政府对社会组织扶持力度不足、监管不力，社会组织自身专业能力有限、公信力度低等。以上这些问题也在很大程度上影响了社会资本的培育。这不仅使笔者想到：宗教团体作为自下而上的志愿自治型组织，又以宣扬道德观念为主，那在中国社会转型过程中，宗教团体在社会资本建立中发挥着怎样的作用？宗教团体所产生的社会资本的网络、信任、规范机制是怎样的？影响中国宗教团体社会资本产生的因素有哪些？宗教团体社会资本的功能有哪些？对公共生活发挥着怎样的作用？正是以上这些思考和问题，引发了笔者对宗教团体社会资本的研究兴趣。

二、研究目的和意义

（一）理论意义

　　第一，社会资本研究有两种视角：以个人为中心和以社会为中心。前者将社会资本作为个人的财产，分析的焦点是个人如何投资于社会关系网络，并利用其中的资源实现个体目标。后者关注的则是一个社会、社区或者群体中集体的社会资本，包括网络、规范和信任，其分析的焦点是特定的群体如何发展或维系作为公共物品的社会资本以及作为公共物品的社会资本如何增进群体成员的生活福祉。两种视角相比，以社会为中心的社会资本对社会发展、文明进步有着更重要的促进意义，是一种更具吸引力的视角。但是，目前学界对个人为中心的社会资本研究无论在概念界定、测量方法还是形成路径解释上更趋规范和成熟，研究成果较多，而社会为中心视角的社会资本研究则显得松散化和不太规范，关注度也较低。宗教团体作为道德文化型社团，其关注的是宗教成员、家庭、社群乃至全社会的福祉，笔者以社会为中心的研究视角分析宗教团体的社会资本，探讨其构成维度、形成机制、在公共生活中发挥的作用，有助于使社会资本的研究更加规范和系统化，丰富和扩展以社会为中心视角下的社会资本研究。

第二，社会资本产生的场域包括家庭、学校、朋友圈、社区、志愿团体等，国内学者对社区及非宗教类志愿团体中的社会资本研究较多，而对宗教场域中产生的社会资本研究关注较少。本研究聚焦于宗教团体的社会资本，重点从网络、规范和信任三个维度出发，分析宗教团体在建立社会资本中发挥的作用，并在此基础上，探讨中国宗教团体产生的社会资本类型、宗教团体社会资本的培育机制、影响中国宗教团体社会资本产生的因素等论题。本书针对以上研究问题的回答，在一定程度上丰富和充实了国内关于宗教团体社会资本的社会学实证研究，提供了新的研究内容和角度，为以后宗教与社会资本的相关研究进行了具有初步开创性意义的探索。

第三，目前学界关于宗教与公共生活的讨论是一个热门话题，但是从社会资本视角进行分析的不多，尤其通过实证研究来论证的更是少见，本书尝试以社会资本为切入点讨论宗教与公共生活的关系，丰富了中国公共生活的研究，并构建了一条新的思路。此外，本书运用社会为中心的社会资本理论，分析宗教团体内部的人际交往互动、信众模式、行为标准和发展运转机制，丰富和扩展了宗教组织的研究视角，推进了我国宗教社会学的研究思路。

（二）实践意义

第一，通过对宗教团体社会资本的研究，可以帮助我们对宗教团体内部的人际交往、互动方式、权力结构、信众模式、行为规范、传教策略等进行全面了解，加深人们对宗教的理解和认识，尤其是加深对基督教教会的了解，进而为今后制定合理的宗教政策提供一些依据。

第二，宗教社会资本作为一种文化要素，能促进社会共同的善。改革开放以来，中国在快速的社会变迁中，民众的物质生活水平得到了极大的提高，但是精神生活却空虚匮乏，社会风气恶化、道德滑坡、价值观混乱，整个社会的道德建设面临着一系列挑战。宗教团体作为重视道德伦理的文化型组织，则能为道德的持续发展提供源源不断的动力。几乎世界所有著名宗教，都强调社会公正和服务他人利益的共同责任，要求信徒遵守正直、诚信、怜悯和同情等宗教伦理和道德规范。这些宗教伦理规范除了能引导信徒的行为外，而且具有道德普遍性，形成适合于整个人类本身的道德准则，有助于在社会实践生活中培养友善的人际关系网络、信任和互惠规范。同时，也有助于塑造公民性格，产生健康和有活力的公民生活，进而推动中国的道德重建、文化复兴。本书通过对宗教团体社会资本培育过程与机制的有关探讨，能够为实务界培育社会资本提供具体可循的方法和实现路径，也为政府引导宗教在构建和谐社会中的作用和角色提供借鉴。

三、研究的创新之处

本书的创新之处表现在以下四个方面：

一是在研究问题上，学界对社会资本研究的已有成果，多集中于社区和非宗教类志愿组织所产生的社会资本，而对宗教场域中产生的社会资本关注很少。国内仅有的一些关于宗教团体社会资本的研究，大部分集中在概念、功能阐释和理论分析上，而实证研究则仅集中在宗教和信任的关系上，从网络、规范和信任三个维度全面出发，分析宗教团体在建立社会资本中发挥的作用鲜少涉及。同时，对宗教团体社会资本的类型、培育机制、影响因素和功能的系统分析也较少。本研究聚焦于"宗教团体的社会资本"这一论题，分析在中国社会转型过程中，宗教团体在社会资本建立中发挥着怎样的作用？宗教团体社会资本的网络、信任、规范机制是怎样形成的？宗教团体社会资本的类型和培育增殖机制是怎样的？影响中国宗教团体社会资本产生的因素有哪些？最后讨论宗教团体社会资本的功能，即对公共生活发挥着怎样的作用。本书针对以上研究问题的回答，为中国本土宗教团体的社会资本研究提供了新的角度和思考，丰富了国内关于宗教团体社会资本的社会学实证研究，为以后宗教与社会资本的相关研究进行了具有初步开创性意义的探索。

二是在研究视角上，社会资本的研究分为两种视角：以个人为中心与以社会为中心。个人为中心的社会资本是实用主义的路径，关心的是个人如何对社会关系网络进行投资，并挖掘嵌入在关系网络中的资源服务于个人利益。而后者是规范性路径，关心的是特定的群体如何发展或维系一定存量的、作为公共或集体物品的社会资本以及这一公共物品如何改善群体成员的福祉。而海外的大多数学者都同意，培育和维系作为公共物品或者增进群体成员福祉的社会资本，对于一个社会的健康发展，其价值和意义都要更大。宗教团体作为道德文化型社团，其关注的是宗教成员、家庭、社群乃至全社会的福祉，本书以社会为中心的研究视角分析宗教团体的社会资本，在研究视角上，具有较强的创新性。

三是在研究方法上，本研究采用定性研究的方法，选取典型个案，采用深入访谈、参与观察、文献搜集的方法，深入挖掘宗教团体成员之间的网络互动关系，及其由网络关系而形成的规范和信任，资料全面、深刻、立体化，在研究方法上也具有一定的创新性。

四、研究设计

（一）研究的主要问题与分析框架

本书的研究主题是"宗教团体的社会资本"。关于社会资本的两大主要研究是功能与形成。笔者研究宗教团体的社会资本也基本上聚焦于这两个问题，即宗教团体是如何形成社会资本的？宗教团体的社会资本发挥着什么样的功能？根据这两个主要论题，有以下研究问题和研究内容：首先，从网络、规范和信任三个维度重点分析宗教团体的社会资本的形成过程和路径机制。接着，分析宗教团体社会资本的两种类型：纽带型社会资本和桥梁型社会资本。并在分类描述的基础上，分析两种类型的社会资本如何通过相互作用促进宗教团体的发展，形成宗教团体社会资本的培育机制，并总结影响宗教团体社会资本产生的因素。最后，讨论宗教团体的社会资本对公共生活的作用。

本书的分析框架见图1-1：

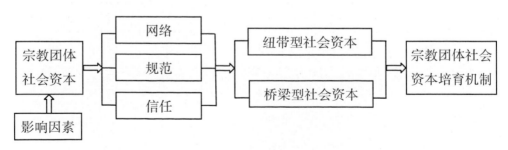

图 1-1：研究框架图

（二）理论视角

以社会为中心的社会资本理论视角的经典代表人物是科尔曼和普特南。科尔曼强调社会资本作为一种结构性资源如何为结构内部的个人和集体提供便利，其中，社会资本的形式包括义务与期望、信息网络、规范和有效惩罚、权威关系、多功能社会组织、有意创建的组织。普特南则强调社区或组织参与形成的网络、规范和信任关系如何促进整个社区、民族或国家的经济繁荣、社会发展和政治民主。尽管两位学者对社会资本的定义和理解不同，但是两者都认同网络、规范和信任是社会资本的主要构成要素，强调社会组织在形成社会资本中的重要性，并且认为社会资本具有公共物品的性质，是集体行动的一种副产品，同时又能促进集体成员的福利。

本研究将此视角应用到宗教场域中，以一个城市基督教团体为个案，主要围绕社会资本的形成与功能，即"宗教群体如何发展或维系一定存量的社会资本作为公共或集体物品，并如何改善群体成员的生活品质"这一主题展开，运用社会资本的相关理论来分析宗教社团里的教堂网络和成员关系、规范和社会信任，及这些网络、规范和信任如何为宗教社团所有成员的公共利益服务，贡献于社会公共生活，产生公共的善。

（三）基本概念的界定

1、宗教

关于宗教的定义，在不同的时代和地区有不同的解释。英文中"宗教"对应之词 religion 乃由拉丁词"re"和"legere"演变来的，为"再次"与"聚集"之结合，意即"一群人为了一个目的聚集在一起"，引申为"有同一信仰、同一信念并为信仰而相聚并不畏生死"之群体。《不列颠百科全书》中对宗教做了这样的定义：宗教是指人与超自然的神灵之间的关系。宗教的构成要素包括：宗教崇拜、经文、宗教领袖、信众以及伦理道德。[8]

关于宗教的分类，世界性三大宗教为伊斯兰教、佛教和基督教。中国人则习惯上称中国有五大宗教，即伊斯兰教、天主教、基督教（指基督新教）、佛教和道教，本书所研究的宗教主要是指基督教（基督新教）。

---

8 周圣来.谈"宗教"一词的来源及衍变[J].上海师范大学学报（哲学社会科学版），2011（5）.

2、宗教团体

宗教团体或宗教组织作为宗教的载体，是指根据宗教信仰而产生的志愿组织。作为社会组织的一种，宗教组织的构成包括组织目标、成员资格、权力结构和制度、经济资源等。本书的宗教团体主要是指基督教教会。Sara Terry 认为"所谓教会就是指人，它不是指建筑物，甚至也不是指一个组织，它指的是人们彼此之间的关系。"[9]

3、社会资本

社会资本分为以个人为中心和以社会为中心两种，本研究主要采用以社会为中心的社会资本理论。普特南对以社会为中心的社会资本的概念界定最有代表性，也是国际学术界最具共识的定义。他认为，社会资本是指"社会组织的特征，如网络、规范和信任，这些特征能够通过促进合作行为提高社会的效能"。[10]

（四）研究方法及其资料来源

1、研究方法：个案研究

个案研究是定性社会研究的主要方式之一，它是对一个人、一个社会组织、一个事件或一个社区所进行的全面深入的研究。其研究目的主要是以解剖"麻雀"的方式，对典型个案进行深入、全面的分析，形成对某一类特殊现象的认识。因而它常常用于描述性、探索性和解释性研究。

个案研究有其相应的适用范围。首先，个案研究通常是对个案所代表的某些事物的整体性理解和认识。其次，它还适合于检验某种理论的研究。最后，它通常还适用于对特殊人群或特殊现象的深入研究和描述。[11]本书的研究主题是"宗教团体的社会资本"。由于这个论题目前国内较少有学者进行社会学实证研究，学界尚缺乏对这个论题的总体认识和把握，而在社会生活中信仰又属于一种特殊现象。因此，笔者尝试通过个案研究，对宗教团体的社会资本进行描述、分析和解释，分析宗教团体社会资本的形成过程、类型、影响因素和功能。

---

9 Sara Terry.Resurrecting Hope. *The Boston Globe Magazine*, July 17,1994:22.

10 Putnam, R.D. *Making Democracy Work: Civil Traditions in Modern Italy.* Princeton: Princeton University Press. 1993.P.167.

11 陆益龙.定性社会研究方法[M].北京：商务印书馆，2011:99-100.

在个案研究方法中，人们常对"选择个案的代表性问题及个案研究的结论能否推论到总体"发出疑问。针对这个问题，殷（Yin）认为个案研究的方法论基础是分析性的扩大化推理（从个案上升到理论），而不是统计性的扩大化推理（从样本推论到总体）。因此，在个案研究中，选取典型性而非代表性的个案是关键。据此，笔者在对研究个案进行选择时主要考虑典型性问题。

2、资料搜集方法

（1）参与式观察

观察分为非参与观察和参与观察两种。非参与观察是指观察者处在所发生的现象场域之外，完全不参与其中。参与式观察是研究者深入田野场景中，直接参与被观察对象的日常活动中进行观察。本研究将采用参与式观察的方法，参与到 J 教会举行的各种活动中进行全面的无结构观察。

（2）深度访谈

深度访谈是一种无结构的、直接的、个人访谈，是访问员采用专门的技巧对符合条件的访问对象，使用无结构的方式进行的个人对话式访问。目的是揭示潜隐的特定行动、态度和感受，并发现内在的联系。本研究的访谈对象主要包括，在教会中有较大影响或较高权威的牧师、教会发展委员会成员，及传道人、小牧人及普通信徒等。访谈样本采用目的抽样的方法。

（3）文献搜集

在研究过程中，笔者还查阅了大量的国内外文献，包括社会资本的理论与方法研究、组织与社会资本关系研究、宗教与社会资本关系研究、中国宗教团体相关研究等。同时，笔者在对 J 教会实地调研中还搜集了大量文献资料，包括该教会的活动计划、活动内容、图片及总结、内部刊物、宣传资料、会议记录等。

（五）研究个案的选取及概况

1、研究个案的选取

本书选取了 B 市的一个基督教教会进行个案分析。在中国诸多宗教团体中，之所以选择基督宗教团体，没有选择佛教、伊斯兰教、道教、天主教等，主要有三个原因：

一是基督教在中国城市化进程中的快速发展。改革开放以来，中国的基督徒人数迅猛增加，出现"基督教热"。2010 年由中国社会科学院世界宗教研究所课题组发布的《宗教蓝皮书》显示，目前中国基督教信徒人数约为 2305 万人，是新中国成立初期 70 多万的近 30 倍，但是也有学者不认同这一数字，认为其低估了中国基督徒的数量。[12]尽管学者对基督徒的数量还未达成共识，目前基督教人数也还远比不上佛教等其他宗教，但是学界几乎全部认同，基督教在所有宗教中，目前数量增长最快，是一个具有重要增长潜力点的宗教。尤其是近年来城市化给中国基督教会带来了巨大变化，伴随着中国城市化的进程，农村教会开始逐渐萎缩，而城市教会出现了信徒急剧增多和多元化、年轻化、知识化的特点，产生了老板基督徒、知识精英基督徒、农民工基督徒等新兴基督徒群体。[13]而这种现象在中国的社会转型过程中是一种特殊的社会现象，也是基督教所独有的。

二是基督教作为世界性三大宗教之一，其全球性、世界性、国际性的特点有助于实现中西方宗教团体社会资本研究的理论对话。基督教发源于西方，也兴盛于西方，其对西方的政治、经济、文化和社会产生了深远的影响。在西方研究宗教团体社会资本的话语体系中，学者大都围绕着基督教展开。而基督教在中国作为"舶来品"，亟需本土化与土生化，与我国社会主义社会的政治、经济、文化等方面相适应。笔者选取基督教团体为个案，将有助于与海外学者的宗教社会资本研究成果进行理论对话，发现中西不同文化情境下宗教团体所产生的社会资本的共性与个性。

三是基督教与其他宗教相比，其独特的"团契"生活更容易产生社会资本。基督教注重"团契"生活，强调教徒之间的分享，强调每周固定的礼拜、聚会，通过基督教徒稳定的聚会，通过讲经、交流体会、团队活动，彼此间相互了解、沟通，形成类似家庭般的亲密关系。而信奉其他宗教的信徒则类似的组织生活往往较少。可以说，基督徒的"团契"生活是社会资本形成的重要途径。

12 吴贵华.中国的基督徒人数到底是多少？中国民族宗教网
（http:// www.mwb.com.cn/html/report/289230-1.htm）.2012-04-02.

13 段琦.2011 年中国基督教主要事件及城市化对教会的影响.载于金泽、邱永辉主编，《中国宗教报告》，北京：社会科学文献出版社，2012:64.

　　而在众多基督教团体中，之所以选取 B 市的 J 教会，主要是基于以下考虑：

　　B 市作为一个集经济、政治、文化、科教和国际交往中心为一体的大都市，截止 2013 年末，全市常住人口 2114.8 万人，比上年末增加 45.5 万人。其中，常住外来人口 802.7 万人，占常住人口的比重为 38%。[14]人口多、密度大、异质性强是 B 市的主要特征。人们在这样的大都市生活，归属感普遍较低，人与人之间的关系疏离，尤其是外来人口，他们远离家乡，来到陌生的大都市谋生，人际关系范围小，处于孤立状态。在这样的环境下，人们亟需找到新的网络连接方式，B 市基督教会就是在这样的需求下应运而生并迅速发展。可以说，近年来 B 市的基督教团体，无论在速度上还是质量上发展都比较快，在全国具有一定的典型性。

　　而在 B 市众多基督教团体中，之所以选择 J 教会，一方面源于资料获得的便利性，笔者的朋友是基督徒，正好是此教会的成员，笔者随朋友到 J 教会和牧师交流，谈道想以此教会为个案做宗教团体社会资本的社会学研究时，他欣然答应，他的许可为我搜集资料提供了极大的便利。另一方面的原因是，与其他教会以教导基督教教义或开展事工活动为教会工作重点不同，J 教会将自身定位为牧养型教会，其更重视对作为"人"的基督徒成员的全面关心，强调将信仰和实际生活紧密结合，主张成员之间建立类家庭般的亲密关系，以生命影响生命。其"牧养型"教会的特点在 B 市具有一定的典型性。

2、研究个案概况

　　J 教会作为一个新兴城市教会，成立于 2006 年 8 月。创始人 WYX 牧师出生于 1969 年，毕业于某名牌大学建筑设计专业，1991 年开始信基督教，1997 年出国留学深造。2005 年，他认为是在信仰的呼召下，带着妻儿归国，并准备在 B 市独立开拓教会。2005 年 10 月回国后，经过几个月和当地教会的接触，他们认识了后来一起建立 J 教会的 ZGL 和其妻子。2006 年 3 月，他们两对夫妇加上一个信徒共 5 人开始第一次聚会。2006 年 8 月，教会发展到 30 多个人。2008 年人数达到 80 多人。2009 年开始成立宣教会，后来更名为发展委员会。目前，教会人数已增至 300 人左右，并在北京、郑州、河北、山东等地成立 5 间分支教会。

---

14 参见：leaders.people.com.cn/n/2014/0214/c58278-24357290.html.

J教会作为以价值为导向的牧养型教会，其宣传单页上写着主要理念包括以下四个方面：怜悯（主动接触不信的社会，为主得人）、服侍（通过自己的牺牲、建立人）、见证（活出与这个世界不一样的生活）、秩序（实现耶稣的旨意在生活的每个领域）。在这四大价值的导引下，J 教会形成了实践这些价值的具体事工活动，截止 2015 年教会主要有三部分日常工作：

第一是周日崇拜，共两场，每场 150 人左右，崇拜由唱诗、祈祷和牧师讲道组成。

第二是小群，J 教会共有小群 22 个，每个小群有 5-10 人组成，覆盖不同阶层和年龄段的成员。教会几乎每个成员都有自己的小群，每个小群都有一个负责人或者称为组织者，也被称为"小牧人"。小组成员一周聚一次，历时 3-4 小时。聚会过程中，成员一起吃饭、每个人聊自己信仰、工作、生活中的事情，分享自己如何将信仰和生活结合起来，并彼此支持和鼓励。关于小群的成员构成，有的小群成员同质性较高，如由共同的职业形成的 IT 白领小群、农民工小群、企业家小群等，还有因共同的年龄组成的 80 后夫妻小群，共同的性别组成的弟兄小群和姊妹小群。但也有一些小群异质性较强，成员横跨不同年龄、性别、职业和教育水平等。每个小群的成立是通过原小群"细胞分裂"产生的，即当一个小群人数增多，超过 10 个左右时，就会考虑分群，从 10 个人中分出 5-6 个人，成立一个新的小群，并选取信仰较成熟、愿意付出奉献的人担任新的小牧人。

第三是门徒训练，简称"门训"。门训共有 4 期。每期 12-14 周，4 期门训的培训主题根据信徒不同的信仰阶段设定，内容各不相同。1 期门训要求参加者必须受洗，属于本教会的成员，讲授内容主要包括，基督教是什么，基督徒的生活是怎样的等；2 期门训要求信徒必须参加小群，认同小群，而且在小群里有志愿服务才能参加，讲授内容包括，小群为什么重要，怎么能更好地参与小群服侍等内容；3 期和 4 期门训主要是在前两期的基础上，深入学习圣经和宣教工作，一般由小牧人参加。

除了以上常规活动外，J 教会每年还会举办一些除主日礼拜之外的其它大型活动，如音乐会、感恩节、复活节、圣诞节、周年庆、运动会、洗礼、职业或婚姻讲座等。而小群体活动除了"小群"和"门徒训练"外，还有读书会、小牧人退修会、企业家团契、基督徒职场团契、时尚妈咪群、80 后夫妻营、儿童主日学、儿童夏令营等小团体。

　　J 教会的治理主要由 22 个小群的 35 个小牧人（由于有的小群小牧人是夫妻两个，所以小牧人数目多于小群数目）构成的小牧人全体委员会（简称"小牧人会"）来负责，教会遇到重大内部问题时由小牧人会投票决定。J 教会在经济上完全独立，经济收入全部来源于信徒的自愿奉献。

第二章　文献综述

一、社会资本概念的提出及发展脉络

　　根据普特南的研究，社会资本的概念最早是由实干的社会改革家汉尼范（Lyda J. Hanifan）提出的。1916 年，汉尼范作为西弗吉尼亚州一间乡村学校的督导，发表了《乡村学校社区中心》一文，在文中他讲述了西弗吉尼亚州的一个农村社区如何发展社会资本，并且用这种资本提高他们的娱乐、智力、道德和经济条件。但汉尼范在文中没有提供社会资本的理论，只是在举例时使用了社会资本的概念。他提到："我在这里所说的社会资本，并不是指金钱、物质财富等有形物质，而是指生活中人与人之间的友善关系、朋友情谊、邻里交往和互帮互助，这种社会资本一方面可以满足个人需要，另一方面又可以提升整个社区的福利状况。"[1]

　　此后，社会资本概念很少被提及。直到 20 世纪 50 年代，加拿大城市社会学家霍曼斯（George Casper Homans）才再次运用社会资本概念，用以描述郊区的有钱人的社团会员制度。60 年代，简·雅克布斯（Jane Jacobs）在《美国大城市的死与生》中，用社会资本来称赞现代都市里的邻里关系。70 年代，经济学家洛瑞（Glenn Loury）用社会资本分析奴隶制的社会遗产。他们在使用社会资本概念时，都着重强调社区人际纽带的生命力和重要价值。

　　当代对于社会资本的第一个系统分析是布迪厄作出的。1980 年，布迪厄发表了题为《社会资本随笔》的短文，他把社会资本定义为"真实或虚拟资

1　Hanifan, L.J. The Rural school community center. *The Annuals of the American Academy of Political and Social Science*, vol.67, 1916:130-138.

源的集合，这些资源与由相互承认或默认的关系所组成的社会网络有关，而且这些关系是制度化的"。[2]布迪厄是从关系网络的角度定义社会资本的，将其理解为人们通过加入社团建构起来的成员关系及嵌入在关系中的资源。布迪厄将社会资本看作一种工具，关注个人如何通过参与团体活动精心建构社会资本即社会关系网络，从而获得收益。

之后，美国社会学家科尔曼于 1988 年发表《人力资本创造中的社会资本》一文，他指出："社会资本有许多种，不是一个单一实体，它们之间有两个共同之处：它们都包括社会结构的某些方面，而且有利于处于同一结构中的个人或集体的某些行动。"[3]在科尔曼看来，社会资本主要是功能性的，社会资本作为存在于社会关系中的集体资源，能够用来完成个人和集体目标。科尔曼的这一定义具有重要的里程碑意义，他是第一个将社会资本从个人为中心的视角分析转向了社会为中心的分析。

真正使社会资本概念引起学术界广泛关注的是普特南。1993 年，普特南在《让民主运转起来》中指出，"这里的社会资本指的是社会组织的特征，如网络、规范和信任，这些特征通过促进合作行为能够提高社会的效率"。[4]在他看来，社会资本产生于志愿性社团中个体成员间的交往互动，这种交往互动有助于推动公民之间的合作规范，培养信任关系，进而促进社区治理、制度绩效和经济繁荣。

继普特南之后，美籍日裔学者福山在《信任：社会美德与创造经济繁荣》一书中，将社会资本理解为一种价值观规范，即信任，这种规范能促进经济繁荣和社会发展。

亚历山大德罗·波茨（Alejandro Portes）认为："社会资本指的是，个人通过他们的成员资格在网络中或者在更宽泛的社会结构中获取稀缺资源的能力——获取（社会资本）的能力不是个人固有的，而是个人与他人关系中包含着的一种资产。因此，社会资本是嵌入的结果。"[5]

2　Bourdieu, P. The Forms of Capital, In J.G Richardson（ed.），*Handbook of theory and research for the sociology of education*. Westport, CT : Greenwood Press, 1986.

3　Coleman, J.S.Social Capital in the Creation of Human Capital. *American Journal of Sociology*, Vol.94 Supplement,1988:95-119.

4　Putnam, R.D. *Making Democracy Work：Civil Traditions in Modern Italy*. Princeton：Princeton University Press. 1993.P.167.

5　Portes, A. Social Capital:Its Origins and Applications in Modern Sociology. *Annual Review of Sociology*, Vol.24,1998.

　　罗纳德·博特（Ronald Burt）把社会资本定义为网络结构给网络中的行动者提供信息和资源控制的程度，他称之为"朋友、同事以及更一般的熟人，通过他们获得使用金融和人力资本的机会"，亦即"结构洞的社会资本"。[6]

　　林南（Nan Lin）在《社会资本—关于社会结构与行动理论》一书中，给社会资本下了定义："社会资本——作为在市场中期望得到回报的社会关系投资，可以定义为在目的性行动中获取的，或被动员的、嵌入在社会结构中的资源"。[7]

　　通过以上梳理社会资本的概念定义可以看出，社会资本的研究视角分化为两支：以社会为中心和以个人为中心。前者代表人物包括科尔曼、普特南、福山等，关注的是人们在参与正式的公民社团和非正式的交往互动中形成的网络关系、规范和信任，及这种社会资本作为公共物品如何增进集体成员的福祉。后者更多与社会学家博特、林南和波茨的名字联系在一起，主要关注的是个人如何投资于社会关系获得利益和资源，以满足个体的目标。[8]由于社会为中心的社会资本关心的是一个社会、社区或者群体中集体的社会资本，因此，相比于个人为中心的社会资本，前者对社会文明进步、政治民主、经济发展和文化繁荣都有着更重要的影响和意义。因此也是本研究将要采用的研究视角。

二、社会为中心的社会资本理论概述

（一）社会资本的构成要素

　　由于学界对社会资本的定义不统一，因此关于社会资本的构成要素也各有不同看法。例如，布迪厄强调以关系网络为特征的社会资本。科尔曼认为社会资本的基本形式包括期望与义务、规范和有效惩罚、信息网络、社会组织以及权威关系。普特南则认为社会资本是指能够调整人们行为以促进合作互利的社会组织的特征，信任、规范和网络是核心构成要素。福山则将社会资本定义为"群体的规范和价值观"即社会信任。尽管学者对社会资本的定义理解各不相同，但是多数学者都同意，社会资本的核心要素应包括关系网络、规范和信任。

6　迈克尔·武考克.社会资本与经济发展：一种理论综合与政策构架.载于李惠斌、杨雪冬主编，《社会资本与社会发展》，北京：社会科学文献出版社，2000：243.

7　林南.社会资本：关于社会行动和结构的理论[M].上海：上海人民出版社，2005：18.

8　夏建中.社会为中心的社会资本理论及其测量[J].教学与研究，2007（9）.

1、关系网络

关系网络是指镶嵌于社会结构之中的团体与团体、个人与个人、个人与团体之间的关系构成的复杂网络。斯蒂格利茨认为，社会资本可以被想象为一系列的网络。[9]

第一个诠释社会资本现代意义的社会学家布迪厄就是从社会关系网络的视角来理解社会资本的。1980 年，他在《社会资本随笔》中，明确提出了社会资本的概念，将其理解为，"实际或潜在资源的集合，这些资源与拥有相互熟识和认可的持久网络相联系，并且这些网络是制度化的。"[10]在布迪厄看来，社会资本就是指存在于职业关系、组织关系、亲属关系或邻里关系之中的，制度化的和可持续的一种关系网络，这种网络能提供一定的资源。

随后，科尔曼在其社会资本的研究中也强调了社会网络的重要性，他认为镶嵌在社会结构中的组织与组织、人与人、个人与组织的社会关系网络，能为个人或集体行动提供资源便利。他还专门探讨了社会关系网络能为其成员提供资源而发挥社会资本作用的机制，即期望与义务。科尔曼举例，如果甲帮助了乙，并且相信乙日后会报答自己，甲对乙便产生一种期望，乙对甲需承担一种义务。由此，在甲和乙之间就形成了期望和义务的关系，构成了一种互惠关系。

格兰诺维特在社会资本的研究中，也特别强调了社会网络的作用。他认为，社会网络中成员之间的关系强度决定了社会资本的性质的不同，并提出了"强关系—弱关系"的概念。格氏指出，强关系有助于维持群体内部的关系网络，一般社会成员之间的关系越强，他们之间的互惠和信任关系也越强。弱关系则在群体与群体、组织与组织之间建立纽带关系，能帮助成员获得丰富的信息。

而普特南在他的社会资本理论中所指的关系网络，主要是公民参与网络。普特南认为，任何社会都是由一系列人际网络构成的。他重点区分了两种不同的网络形式：水平网络和垂直网络。前者以横向为主，是成员基于平等关系形成的网络，后者则以垂直为主，是指不平等的行为者之间所形成的等级和庇护依附关系。普特南认为，人们在志愿性社团中的交往互动能够产生横

---

9 [美] 斯蒂格利茨.正式和非正式制度. 载于曹荣湘选编,《走出囚徒困境——社会资本与制度分析》, 上海：三联书店, 2003:117.

10 Bourdieu, P. The Forms of Capital, In J.G Richardson（ed.）, *Handbook of theory and research for the sociology of education*. Westport, CT : Greenwood Press, 1986.

向人际网络，这种横向参与网络能促进公民为了共同利益的合作，从而有助于解决集体行动的困境，如邻里组织、读书会、合作社、合唱队等这些公民参与网络都属于横向网络。在普特南看来，横向的公民参与网络是社会资本的基本组成部分。

2、规范

合作规范是区分个人为中心和社会为中心的社会资本的最主要要素，在此所强调的合作规范是一种集体主义的合作规范，是为群体而非为个人谋利。它有正式和非正式之分。

科尔曼认为，规范和有效惩罚是社会秩序的保障，它能为某些行动提供便利，并且有助于克服搭便车问题，从而促进集体行动中社会成员之间的合作，因此是"极其重要的社会资本"。规范的产生需要靠灌输，即社会化（包括公民教育）、模式和惩罚来维系。他指出，规范在某些情况下能被内化，但在其他情况下，主要依靠外部支持，即奖励大公无私的行动，惩罚自私自利的行动。但是无论依靠内化或外部奖赏措施的支持，科尔曼认为合作规范对于克服集体行动困境非常有必要。福山认为，社会资本是一种能够促进群体内的合作，可用事例说明的非正式规范。美国学者埃莉诺·奥斯特罗姆认为，社会资本主要是指人们在自治过程中形成的共同的知识、共享的规范或规则，这种规范或规则作为一种社会资本能够促进成员间合作，解决集体行动问题。

普特南认为，互惠也是规范的重要构成部分。互惠有两种，"均衡的"和"普遍化的"。均衡的互惠是指，人们同时交换价值相等的东西，如同事间在节日交换礼物，儿童之间交换玩具。普遍性的互惠是指，交换关系在时间上具有不确定性，而且不讲报酬和价值均衡，但它使人们产生一种共同的期望，即现在己予人，将来人予己。普氏认为普遍的互惠能把个人利益和集体利益结合起来，是一种具有高度生产性的社会资本，遵循了这一规范的共同体，可以更有效地避免机会主义，导致那些经历重复互惠的人之间的信任水平增加，从而解决集体行动问题。

3、信任

信任是社会资本的核心要素。目前，信任已经成为心理学、社会学、经济学、文化人类学等许多学科的研究对象，但是对于信任的涵义和内在规定性并没有形成统一的界定。齐美尔是最早对信任进行研究的社会学家，他认为，信任是"社会中最重要的综合力量之一"。[11]吉登斯将信任定义为"对一个人或一个系统的可靠性所持有的信心，这种信心表达了诚实、对他人之爱的信念或者对抽象原则（技术性知识）之正确的信念"。[12]德国社会学家卢曼认为，信任是简化复杂性的机制之一。[13]心理学家赖兹曼（L. Wrightsman）认为，"信任是个体特有的对他人的善意、诚意及可靠性的信念。"经济学家阿洛（K.Arrow）认为，信任是一种润滑剂，能促进市场经济交换顺利进行。[14]经济学家赫希（F.Hirsch）认为，信任是很多经济交易所必须的公共品德。[15]福山（F.Fukuyama）认为社会成员之间的信任作为一种文化会直接影响甚至决定经济效率。社会学家科尔曼认为，信任是一种致力于在风险中追求最大化功利的有目的的理性行为，可减少惩罚与监督的成本。[16]

综上，我们发现，不同学科对信任的定义各不相同，但学者对信任的定义大体分为四种：第一种是从功能的角度，认为信任能促进经济发展或社会系统良好运转，如齐美尔、卢曼及阿洛都是从这个角度来定义的。第二种是从信任的本质内容入手，将信任定义为主体对客观环境或另一主体所持有的信念、信心，以吉登斯和心理学家赖兹曼为代表。第三种是目的论。典型代表人物是科尔曼，他认为信任是一种个体为追求利益最大化而做出的理性行为。第四种是以福山和赫希为代表的信任文化论，将信任理解为一种文化或公共道德。

关于信任的分类，18 世纪西班牙那不勒斯的学者吉诺维希最早提出了私人信任和公众信任，前一种指包含有私人利益的纯家庭化的联系，后一种则是纯社会性的公德。普特南从团体规模的角度，将信任分为普遍信任与特殊信任。他认为特殊信任是指在相互紧密连接的小规模共同体中，因熟悉当事人而产生的信任。普遍信任又称为"社会信任"，是指在广泛社会层面上，对一般概念化他人的信任，也指非私人化或间接的信任。卢曼（Luhmann）从社会学的视角出发将信任区分为：制度信任和人际信任，前者以人与人交往中所受到的法律制度、规则条文制约为基础，后者产生于人与人交往中形成的情感联系。[17]

---

11 Simmel, G. *The Philosophy of Money*. London : routledge. 1978.Pp.178-179.

12 安东尼·吉登斯.现代性的后果[M]. 江苏：译林出版社，2000：30.

13 Luhmann, N. *Trust and Power*. Chichester : John Wiley& Sons Ltd, 1979.

14 Arrow, K. *The Limits of Organisation*. New York : Norton, 1974.

15 Hirsch, F. *Social Limits to Growth*. Cambridge : Harvard Universtiy Press. 1978.Pp.78-79.

16 Coleman, J.S. *Foundations of Social Theory*. Cambridge : Cambridge University Press, 1990.

17 Luhmann, N. *Trust and Power*. Chichester : John Wiley& Sons Ltd, 1979.

关于信任的产生，福山认为，信任主要存在于家庭与社团两种组织中。前者建立在血缘或姻缘基础上，后者建立在"自愿性联属"基础上。建立在血缘或姻缘基础上的家庭或家族，容易造成非亲族成员之间的相互排斥，导致社会信任度低，整合性的社会资本能力弱，产生"一盘散沙"式的社会；而建立在"自愿性联属"上的社会组织，则关注社会所有成员的参与、互助和合作，有助于促进更普遍的社会信任，提高整个社会的凝聚力。

（二）社会资本的因果解释模型及争辩

1、托克维尔模型及其述评

社会资本起源的主导解释模型认为，社会资本来源于人们在正式的志愿性社团内部的互动交往，这种社团内的交往互动有助于产生公民之间的合作和信任关系。阿力克塞·迪·托克维尔早在《论美国的民主》一书中评价1832年的美国时，就认为美国的自由结社是其社会资本和有效率的民主制度的重要基础。因此，对于"社会资本来源于志愿团体"的解释模型，一般被称为托克维尔模型。

怀特利认为"社会资本的托克维尔模型是富有魅力的，因为它揭示了志愿性组织如何产生社会资本的机理。"[18]但是如果从理性选择理论的视角来评估，托克维尔模型也是不完全的，它缺乏一个计算机学家所说的"引导程序"。他在《社会资本的起源》一文中分析到：科尔曼所提出的三种不同形式的社会资本，互惠的义务和期望、信息网络、有效规范，都不可能在真空中产生出来，为了它们的产生和持续，首先必须要求存在一个最低限度的社会资本。社会资本作为公共物品，一旦被生产出来就会被所有成员消费，因此一般人们不会放下一己私利，为了公众利益生产社会资本。这就意味着社会资本最初的创造过程中也存在着如何解决集体行动的困境，避免搭便车的问题。那么，最低限度的社会资本该如何产生呢？

怀特利认为，尽管托克维尔解释模型可以通过设置壁垒，限制入组织的条件等方式，为组织成员解决引导程序问题，但是志愿性组织仍然没有解决如何将社会资本从群体内部散布到群体之外的问题，无法解决一个社会存在相互猜疑的群体、一个群体动用壁垒排斥另一个群体的社会。针对

---

18 [美]保罗·F·怀特利.社会资本的起源.载于李惠斌、杨雪冬主编，《社会资本与社会发展》，北京：社会科学文献出版社，2000：51-52.

这个问题，雷和泰勒认为，社会中存在的纵横交错的组织能够解决将社会资本从群体内部散布到群体之外的问题。[19]如果个体同时具备多个组织的成员身份，那么，他就可以通过与不同群体或组织内部成员的互动，与更多的人建立网络关系，从而促进信任关系的建立，这种信任就有可能扩散到整个社会。

不过，怀特利认为这与其说是个解决办法，不如说是对只有社会资本广泛散布才有可能的那种社会的一个描述。如果社会中没有最低存量的社会资本的话，那么诸如此类各种各样、相互重叠的组织从一开始就不可能形成。因此，他认为托克维尔模型在解释社会资本的产生方面是非常有限的，它不能有效地解释社会资本如何从非合作的原始状态，即霍布斯所指的"一切人反对一切人"的状态中生发出来。于是，他提出了另外一种机制来解释最低限度的社会资本如何产生。

2、怀特利模型及其述评

怀特利采用 1990 年 3 月在 45 个国家开展的世界价值观调查数据，将个体社会资本水平即信任作为因变量，道德、生活满意度、志愿性活动水平、爱国主义作为自变量，控制了年龄、社会经济地位、性别、意识形态、宗教虔诚等变量后，做回归模型发现，影响社会资本尺度最强烈的是对自己的生活满意度即个体人格水平；第二位强烈的是爱国主义，即想象的共同体尺度；第三位强烈的影响与道德指数相联系，而直接推动托克维尔模型运转的志愿性活动尺度作为第四位因素，影响最弱。由此他分析指出，个体道德价值观和心理变量是产生最低限度的社会资本的关键因素。

总的来说，怀特利的模型似乎比托克维尔模型更有说服力，人们在早期家庭或社会化经历中形成的价值观和心理变量对社会资本的解释度优于志愿性组织。但是这一解释模型也存在诸多问题，一方面随着传统社会向现代社会的变迁，以家庭为基础的"原发"制度正在衰落，并被正式的有目的建构的组织来替代。另一方面，怀特利的模型中一些概念仍然需要澄清，如人格、道德、想象共同体是如何作用于信任机制形成的，对创造和支撑信任的微观过程的细致分析还不充分。

---

19 Rae Douglas & Michael Taylor. *The Analysis of Political Cleavages*. New Heaven : Yale University Press, 1970.

（三）社会资本的测量

由于社会资本具有复杂性与多维度性，研究者对社会资本的测量莫衷一是。不过越来越多的学者认同，社会资本的构成成分应包括网络、规范与信任三个要素，并从这三个基本要素出发，寻求替代性指标对社会资本进行测量。

普特南作为较早研究集体性社会资本的学者，他用"活跃的社团生活"即志愿组织成员资格来测量网络关系，信任通常是通过询问人们之间泛泛的信任来测量，各种"政治文化"变量则被用来测量"规范与互惠"。他的这种测量方法又被称为"普特南工具"，应用较广泛。

福山则将社会资本等同于信任。他认为，所谓社会资本，就是指在社会或特定的群体之中，成员之间的普遍信任程度。

另一种有影响力的测量来自世界银行、经济合作发展组织等国际组织开展的社会资本研究。2001 年，学者纳拉晏（Narayan）和卡希迪（Cassidy）在承担世界银行的一个项目研究时，总结了以往的社会资本调查，并提出了自己的测量方法，他们设计了 7 个一级指标、27 个二级指标，具体如表 2-1 所示：

表 2-1：纳拉晏和卡希迪的社会资本测量指标[20]

一级指标	二级指标
群体特性	成员参与的频率、成员在金钱上对群体的贡献、群体的经济来源、成员参与决策的情况、成员数量、成员的异质性
普遍规范	公平、相互帮助、相互信任
团结	团结状况、成员相处的如何
日常生活中社交性	是否乐于社交、日常生活中人们的交往
邻里关系	请邻居帮忙照顾患病的本人、请邻居看护自己患病的孩子
志愿主义精神	是否帮助过他人、是否期待做志愿者、是否做过志愿者、对未做过志愿者是否持批评态度、对邻里是否能有公平的贡献
信任	对邻里、家庭、其他社区成员、工商业主、政府官员、司法人员、政府公共服务提供者的信任

---

20 夏建中.美国社区的理论与实践研究[M].北京：中国社会出版社，2009：90.

2004 年，琼斯、武考克、格鲁特尔特和纳拉晏介绍的社会资本综合问卷（SC－IQ）从 6 个指标测量社会资本，包括：群体与网络、信任和团结、集体行动与合作、信息与交流、社会凝聚与整合、赋权与政治行动。

De Silva 建议社会资本的测量应包括社区归属感、社会凝聚力、参与社团、参与公共事务、社会网络、信任、社会支持以及家庭社会资本等 8 个主要维度。

三、社会组织与社会资本关系研究

（一）国外研究

关于社会组织与社会资本关系的研究，科尔曼和普特南都已有诸多论述，前文已经提及，但是他们都是比较笼统地概括社会组织对培育社会资本的影响及发挥的作用。后来的学者继承科尔曼和普特南的观点，进一步研究了不同社会组织和社会资本的关系。研究证实，并不是所有的公民社团在产生社会资本的效果上都是一样的。

Dietlind Stolle & Thomas R.Rochon 在《所有的组织都一样吗——成员多样性、组织类型及社会资本的建立》一文中，通过分析美国、德国、瑞典三个国家的社会组织与社会资本的关系发现，志愿组织成员关系和社会资本高度相关，但是并不是所有类型的组织在建立社会资本上效率都一样。研究显示，组织产生的特定目标会影响社会资本形成，文化社团与其他六类（经济类、政治类、权利类、社区类、个人兴趣类、社会-休闲类）组织相比，能产生更广范围的公共社会资本，有高水平的一般信任和社区互惠。另外，协会成员的多样性对社会资本也有影响，成员具有同质性的组织一般较少产生高水平的信任和社区互惠。[21]

卡拉·M·伊斯特斯在《组织的多样性与社会资本的产生》一文中，以人种学的研究方法，对比了两个合唱团（大学专业乐团和社区合唱队）不同的组织特征（包括规模、音乐技巧水平、组织资源来源等）对社会资本不同维度的影响。伊斯特斯提到，不同的组织特征会产生组织内成员不同的互动方式，而不同的互动过程中，组织产生的网络、规范和价值、集体行动的能

21 Dietlind Stolle&Thomas R.Rochon.Are All Associations Alike?—Member Diversity, Association Type,and the Creation of Social Capital. *American Behavioral Scientist*, Vol.42, No.1,1998:47-65.

力也是不同的。专业乐团由于规模小、参加者音乐技巧水平都较高，而且不用担心组织维持问题（资金由大学提供），这些因素创造了一种环境，使歌手们同质性较强，它的排练过程为在音乐演奏问题上密切合作提供了机会。在这个团体中形成的规范使成员们更能理解一起合作意味着什么，因此也更容易产生信任。但另一方面，由于资金充足，这个团体的参与者并没有机会发展一些到其他集体行动环境中也可以使用的组织技能。社区合唱队则发展了一个广泛的社会关系网络，这种网络关系可以用于多种用途。但是由于参与者更复杂，因此在排练过程中并没有产生合作的基础及对真正的解决问题的信任。不过，合唱队为成员提供了发展公民技巧的机会，如筹措资金、成立董事会和委员会及开展选举等。最后，他总结到，社会资本作为实体，在不同的组织中以不同的形式和水平存在。[22]

（二）国内研究

目前，国内关于社会组织和社会资本关系的研究多集中于理论层面，学者们已逐渐认识到，非政府组织有利于社会资本构建。如陈健民、丘海雄认为，参与社会组织有助于建立人际间的网络、信任和互惠规范，从而减少利益互损或搭便车的行为，有助于解决集体行动的困境。[23]兰华、付爱兰从理论层面，系统地分析了社会组织在社会资本建立中的作用，认为社会组织可以有效促进个人、组织与地区共同体的社会资本形成。[24]但是，关于"社会组织与社会资本关系"的实证研究还很少。不过，在相关研究领域也已有一些研究成果。

龚万达，刘祖云运用SPSSl7.0统计分析软件对2011年全国政府效率居前15位省份的政府效率标准化值、社会组织数和人均国内生产总值的相关性进行了二元变量的相关数据分析。结果显示，改革开放以来，社会组织健康发展的地区政府效率较高，经济发展较好。其要因之一是这些地区继承了历史上由众多社会组织产生的大量社会资本。因此，他们得出结论，认为中国的社会组织从来不是国家的对立物，两者的目标是一致的。[25]

---

22 卡拉·M·伊斯特斯. 组织的多样性与社会资本的产生. 载于李惠斌、杨雪冬主编，《社会资本与社会发展》，北京：社会科学文献出版社，2000：117-118.

23 陈健民、丘海雄.社团、社会资本与政经发展[J].社会学研究，1999（4）.

24 兰华、付爱兰.非营利组织在社会资本形成中的作用及表现[J].人文杂志，2005（4）.

25 龚万达、刘祖云.《强社会—强国家》的社会建构[J].四川大学学报（哲学社会科学版），2013（5）.

娄缤元运用"以社会为中心"的社会资本理论，以北京市四个社会组织为例，对比分析了自上而下社会组织和自下而上社会组织的社会资本培育。她认为两类组织在结构、人员、规模、制度、活动等方面具有很大差异，而这些差异导致了社会资本培育过程机制的异同。自上而下社会组织具有较强的"官方"背景和层级化色彩，社会关系网络的建立依靠"官"的带领，培育了一种纵向化关系网络、正式化规范和制度信任。这种类型的社会资本可以称为结构性社会资本。相反，自下而上社会组织中没有明显的层级之分，人与人之间更强调平等的社会关系，以及横向化的公民参与网络。这种参与网络有助于促进普遍互惠规范和社会信任的建立。这种类型的社会资本被称为认知性社会资本。在社会资本存量方面，通过对比发现，自下而上社会组织中社会资本的存量要高于自上而下社会组织。最后，她认为社会组织与社会资本之间是相互作用的关系，社会组织培育了社会资本，而社会资本存量的增加又反过来影响了社会组织的发展。[26]

四、宗教团体与社会资本关系研究

（一）国外研究

国外对宗教团体社会资本的研究较多，经过梳理，我们将其主要理论内容概括为以下几个方面：定义、类型、测量、产生路径、功能。

1、宗教社会资本的定义

宗教社会资本（religious social capital）是在社会资本概念基础上发展来的。笔者梳理文献时发现学者对宗教社会资本的界定并不多，仅有的定义也是在科尔曼和普特南基础上，将社会资本定义嵌套在了宗教场境中。

乔安娜·梅塞克（Joanna Maselko）在科尔曼基础上，将宗教社会资本定义为，一种对个人和群体都有用的社会资源，这种社会资源是通过在宗教社区中的社会网络连接获得的。这些资源包括共同的价值观、宗教群体成员之间的信任程度、宗教等级及宗教群体的社交程度。[27]

---

26 娄缤元.社会组织发展与社会资本培育的研究[D].中国人民大学博士学位论文，2013.

27 Joanna Maselko,Cayce Hughes&Rose Cheney.Religious Social Capital:Its measurement and utility in the study of the social determinants of heath. *Social Science& Medicine*, Vol.73,2011.

　　格特·皮克尔（Gert Pickel）和安嘉·戈尔登克奇（Anja Gladkich）认为普特南所指的社会资本就是社会网络和信任，网络结构关系能促进信任。因此，宗教社会资本是指宗教社团里的教堂网络和成员关系能创造社会信任，最终促进社会整体的社会资本。[28]

2、宗教社会资本的分类

　　埃米尔·威廉姆斯（Emyr Williams）、伍斯诺、普特南等将宗教社会资本分为纽带型宗教社会资本和桥梁型宗教社会资本。纽带型宗教社会资本指的是宗教群体内部成员之间的合作和信任。而桥梁型宗教社会资本指的是不同宗教群体之间或宗教与非宗教群体的连接。斯莱特和武考克（Swreter&Woolcock）还提出了第三种社会资本——连接型社会资本，指个人之间或群体之间跨越等级、与有权人或机构等的联系。[29]在宗教场域中，信任宗教领袖和上帝（或者更高的力量）常被作为连接型宗教社会资本的指标。但威廉姆斯认为这种资本应被归入纽带型宗教社会资本的范畴内，因为信任宗教领袖和上帝也属于宗教团体内的社会资本。[30]

　　哈珀姆、哥瑞特和托马斯（Harpham、Grant&Thomas）将宗教社会资本区分为认知性宗教社会资本和结构性宗教社会资本。认知性宗教社会资本指信任（人们如何想），结构性宗教社会资本指的是实际的群体成员和网络参与（人们做什么）。[31]

3、宗教社会资本的测量

　　学者在借鉴社会资本一般测量的基础上，结合宗教情境，提出了测量宗教社会资本的一些具体指标。

　　社会资本比较常见的测量方法是沿用"普特南工具"，普特南将志愿者组织的成员作为社会资本的重要指标之一，并被广泛采用。参考普特南的测量，Lam&Yeung将"志愿服务成员资格"作为宗教社会资本的测量指标，其中志愿服务包括宗教内部志愿服务和世俗志愿服务。

28 Gert Pickel,Anja Gladkich.Religious Social Capital in Europe. *Springer Fachmedien Wiesbaden*, Vol.15, 2012.

29 Swreter.S,Woolcock.M.Health by association ?social capital,social theory and the political economy of public health. *International Journal of Epidemiology*, Vol.33, 2004.

30 Emyr Williams.Measuring religious social capital:the scale properties of the Williams Religious Social Capital Index（WRSCI）among cathedral congregations, *Journal of Beliefs & Values*, Vol.13,2008.

31 Harpham.T,Grant.E,Thomas.E.Measuring social capital within heath surveys:key issues. *Health Policy and Planning*,Vol.17,2002.

Irwin 和同事在研究宗教和抑郁症的关系时，将宗教社会资本测量为六个指标的总和：宗教参与的频率、宗教在一个人生命中的重要性、寻找宗教领袖解决个人问题；孤独时找宗教领袖；宗教成员资格、在过去 12 个月参与宗教活动。[32]

Bartkowski&xu 认为宗教社会资本测量包括规范、网络和信任三个指标，他们将归属宗派所持的价值观作为规范变量、参与宗教服务的频率作为网络变量、相信上帝作为信任变量来测量。[33]

Joanna Maselko 认为宗教社会资本的评估包含 4 个领域：网络关系、价值观和规范、信任、社会支持。其中网络关系包括：敬拜的地方是否知道、在教会里知道会友名字的数量、与宗教团体里的成员在教堂外面的社交频率。价值观和规范主要指与宗教团体的人分享他们的价值观。信任包括：信任教会其他成员、宗教领袖和上帝、其他宗教的成员或没有信仰的人。社会支持的测量主要是在三种情况下，即当感到压力和需要休息时、当需要实际帮助时、当你感觉不好时，教会成员或上帝能否帮助你或让你感觉好一点。[34]

Gert Pickel &Anja Gladkich 在对欧洲的宗教社会资本测量时，把宗教社会资本划分为结构性宗教社会资本和文化性宗教社会资本，结构性宗教社会资本用宗教网络参与来测量；文化性宗教社会资本则用一般信任来测量。[35]

综上，学者对于宗教社会资本的测量大多借鉴了对社区社会资本的测量，不同之处仅在于测量时针对一些具体的问题做了转换，如将"是否信任邻居"改为了"是否信任教会成员"、"是否信任上帝"。笔者认为，在以上指标框架中，宗教参与网络、信任、规范，几乎是所有学者设计宗教社会资本测量指标时所关注的，以下将从参与网络、规范和信任三个方面梳理宗教社会资本的产生路径。

---

32 IrwinJ., LagoryM., RitcheyF.&Fitzpatrickk..Social assets and mental distress among the homeless:exploring the roles of social support and other forms of social capital on depression, *Social Science&Medicine*, Vol.67, No.12, 2008:1935-1943.

33 Bartkowski,J.P.,&Xu,X.H.Religiosity and teen drug use reconsidered a social capital perspective, *American Journal of Preventive Medicine*, Vol.32, 2007:182-194.

34 Joanna Maselko,Cayce Hughes&Rose Cheney.Religious Social Capital:Its measurement and utility in the study of the social determinants of heath, *Social Science & Medicine*, Vol.73, 2011:761.

35 Gert Pickel,Anja Gladkich.Religious Social Capital in Europe. *Springer Fachmedien Wiesbaden*, Vol.15, 2012.

4、宗教社会资本的产生路径

（1）网络

宗教团体通过提供社会交往的环境，组织宗教信徒共同参与活动，形成公民参与网络中心。加入一个宗教组织或者是一个小的宗教群体，就意味着属于一个社会关系网络，而且成员不分年龄、性别、种族、家庭背景和经济地位，无论处于何种社会阶层都可以加入。另外，教徒通过积极参与宗教活动，通过宗教团体学会如何开展人际交往与合作，从而能够获得在更大范围内参加更多与宗教有关或者各种非宗教的组织与活动，并获得更多的社会关系网络，他们比非信徒更多地走亲访友、参加社团聚会、运动团体、专业与学术团体、社区服务组织等各种世俗组织。宗教团体作为一个社交网络，也有助于培养公民之间的沟通和合作。

值得一提的是，宗教团体内部的小群体，如唱诗班、查经小组、祷告团体或者互助小组，包括读书俱乐部、兴趣小组、体育运动小组、义工队伍等，在建立宗教参与网络中发挥着重要作用。普特南在《在一起会更好》一书中也指出，"许多大的机构中，人们的忠诚感、连接感和身份感都来自于花费时间在一起互相了解的小团体或者群体。"[36]因此，大型的宗教团体一般倾向通过建立小的从属组织来产生社会资本，即具有相似背景和兴趣的人聚集在一起组成小群体，来满足成员的参与需要，人们在小团体中也能感受到显著的关爱，进而通过宗教信仰将这种关爱扩及小团体外的他人和社会。可以说，宗教团体中社会资本的创造和增加，就是一个不断从个体到小团体再到群体的人际网络的发散式聚合过程。

（2）规范

道德伦理作为宗教的重要构成要素之一，提供了诸多非正式的规范。几乎所有世界著名宗教都强调对他人利益和社会公正的集体责任，要求信徒遵守诚信、真实、同情和怜悯等宗教伦理和道德规范。而这些宗教伦理本身构成了宗教社会资本的重要内容。

另外，普特南指出，普遍互惠规范也是一种具有高度生产性的社会资本。[37]宗教作为一种指向非现世彼岸的信仰，其超越现世的利他主义价值观（如做好事的愿望、帮助有需要的人），能够使信仰者的行为不直接追求现世的利益

---

36 Putnam, R.D. *Better Together:Restoringthe American Community*. New York: Simon & Schuster. 2003.P.271.

37 [美]罗伯特·普特南.使民主运转起来[M].南昌：江西人民出版社，2001：201-202.

回报，并能在行动者之间滋养和维持普遍互惠规范。因为宗教提供了合作的奖赏或不合作的惩罚在未来是否实现的共同期待，允诺奖赏或惩罚来世发生。如佛教徒相信"善有善报，恶有恶报"，基督教徒相信"天堂和地狱"的奖赏和审判，而这些推迟奖赏或惩罚的期望，能提供普遍性互惠的来源，促使信众在今世不求回报地投入到帮助他人、社会服务和慈善捐赠中。国外诸多研究已经证实，参加宗教团体的人比没有参加的人参加志愿活动更多，宗教成员比非宗教成员更有可能贡献于慈善，不但贡献广，而且更慷慨。[38] 此外，宗教引导的互惠能减轻行动者的负担而且更持久，信徒会将助人作为神圣力量如"上帝"的指引，忠实于自己的信仰价值观、承诺和呼召。

总之，宗教能通过信仰信念更好地提倡彼此相爱和帮助的规范，培育社会资本，提供集体合作的基础。

（3）信任

研究显示，宗教团体作为志愿性公民组织，易发展社会信任。一般人们选择信仰何种宗教、教派、加入哪个宗教团体是一种个人选择，人们一般会比较谨慎。一旦做了决定，通常人们会发展和表达对宗教领袖和其他成员的信任。而教徒之间通过面对面的合作，与不同背景的人的交往，建立纽带关系，这种关系能提供信任的润滑剂，从而扩展到群体之外，产生社会信任。另外，宗教参与能提高特定的信念、价值观和规范，如要求信徒诚信、真实、同情和怜悯等，这些宗教规范有助于建立广泛的社会信任。

5、宗教社会资本的功能

宗教社会资本对个人、宗教团体、社区和社会等不同层面都发挥着重要功能：

首先，宗教作为社会资本能满足个体成员的需要。宗教作为一种社会设置，在里面具有相似背景和兴趣的人聚集在一起组成小群体，能满足人们对社会的参与和交往的需求、锻炼人的社交技能。另外，宗教团体作为一种特殊的社会组织，能从精神和感情上同时满足人们对"生命意义"、"爱"和"自我价值"的需要，能为个人和群体提供一种身份感和根的感受，还能频繁地给个人提供友谊群体和一种目的感。另外，一些关于宗教、社会资本和健康的研究显示，宗教社会资本也能带来个人和公共健康。

---

38 Roger J. Nemeth ,Donald A.Luidens. The Religious Basis of Charitable Giving in America:A Social Capital Perspective, In Corwin Smidt. *Religion as Social Capital: Producing the Common Good*. Texas:Baylor University Press. 2003.P.120.

其次，宗教社会资本能促进宗教团体发展。一方面宗教团体在内部发展以个人友谊和家庭情谊为基础的宗教人际关系社会网络，形成信仰规范和信任，帮助人们形成对宗教团体的认同感和身份感；另一方面宗教团体通过提供广泛而大量的社会公益服务的方式，加深宗教组织对社会公共事务的参与，扩大宗教在社会中的正面影响，通过对社会资本的运用和增殖促进宗教团体的发展。

再者，宗教社会资本能促进社区发展。受宗教伦理与道德的影响，宗教团体内部的社会资本能溢出到社会中，网络关系、互惠规范和信任不仅局限于宗教团体成员，而且会扩展至整个社区。宗教作为社会资本在促进教育、城市贫困、失业、犯罪和毒品控制、公共健康、社区发展方面发挥着重要作用。有调查显示，美国人认为教堂或犹太教堂比其他机构更能处理城市或者当地社区面临的问题，其中57%的人认为教堂比其他机构更适合处理这些问题。[39]

最后，宗教作为社会资本能通过各种不同方式服务于社会生活，促进公共生活建设。具体表现在以下三方面：第一，宗教社会资本通过提高其它领域的公民行为，如志愿服务、慈善捐赠贡献公民社会。宗教机构不单能在内部成员之间产生社会资本，还能为外部提供志愿服务。第二，宗教能通过形塑个人的性格和美德服务于社会生活。托克维尔在19世纪早期检视美国的生活时，他发现志愿机构，尤其是和宗教相关的机构能够帮助人们从孤立的自我利益中拉出来，引导他们和人交往，将个人利益和公共责任结合起来，这对健康的社会生活是至关重要的。第三，宗教通过宗教生活中的公共参与活动影响公共生活。宗教虽然是私人活动，但是共同敬拜是一个公共时刻，并在公共地方产生与其它敬拜者的互动。一些组织较好的宗教会展示更多的这种公共机会：参与教堂治理、带领敬拜、教育、人事委员会、组织敬拜、庆祝和教堂赞助的社区服务和公民工程。通过这些参与的机会，人们学会承担责任、制定集体决定、表达观点、接纳其他人的相反观点。这些活动形塑和丰富社会生活，培养公民美德、促进参与。

（二）国内研究

相比于国外对宗教社会资本的研究已逐渐成为热点，国内对宗教团体社会资本的研究还较少，但是也取得了一些研究成果。

---

39 Coleman, John A. Religious Social Capital:Its Nature,Social Location,and Limits, In Corwin Smidt. *Religion as Social Capital:Producing the Common Good*. Texas:Baylor University Press. 2003.P.33.

理论层面的研究成果主要有，刘澎对美国宗教团体社会资本的介绍，[40]韩月香运用社会资本视角来分析宗教的社会功能，[41]黄剑波对宗教作为一种社会资本在福利慈善与社会发展中的参与需要和可能的理论分析。[42]

而实证方面的研究成果多集中在宗教与信任关系的研究。其中，国内比较有代表性的研究有，李涛等在研究城市居民信任的影响因素时，提出宗教信仰能够显著提高居民的社会信任水平。[43]阮荣平和王兵通过对 10 个城市的调查，专门分析了宗教信仰与信任的关系。研究表明，宗教信仰是影响民众信任水平的一个重要因素，与无宗教信仰者相比，宗教信仰者的社会化信任水平和总体信任水平都更高。[44]高师宁等访谈了 44 个天主教企业家并对访谈资料进行分析，得出宗教信仰有助于保障个体对私人关系的信任并延伸到没有私人关系的"教内"外人，甚至是"教外"外人，并且企业家们的私人信仰可以转化成为社会资本进而促进经济发展。[45]李向平等通过对"企业家基督徒"的调查指出，"新教伦理在中国基督徒企业之中的具体实践，无形中已构成了一种内团体的特殊信任方式，虽然这种信任模式，在目前的情况下，呈现为一种内团体的特征，然其信仰结构却是能够超越这一内团体模式，得以自我扩充、延伸出去的。"[46]

国内关于宗教团体社会资本的研究，大部分集中在概念、功能阐释和理论分析上，而实证研究则仅集中在宗教和信任的关系上，从网络、规范和信任三个维度全面出发，分析宗教团体在建立社会资本中发挥的作用鲜少涉及。

---

40 刘澎.美国宗教团体的社会资本[J].美国研究，2005（1）.

41 韩月香.宗教：一种不可或缺的社会资本——对宗教社会功能的再认识[J].当代社科视野，2011（7）.

42 黄剑波.福利慈善、社会资本与社会发展——论宗教在当代中国社会中的参与需要和可能[J].广西民族研究，2005（3）.

43 李涛等.什么影响了居民的社会信任水平？——来自广东省的经验证据[J].经济研究，2008（1）.

44 阮荣平、王兵.差序格局下的宗教信仰和信任——基于中国十城市的经验数据[J].社会，2011（4）.

45 高师宁等.信仰、信任与市场经济——天主教企业家信任问题调查.载于高师宁等主编，《从书斋到田野：宗教社会科学高峰论坛论文集》（下卷），北京：中国社会科学出版社，2010：315-316.

46 李向平等.新教伦理与社会信任的中国建构—以当代中国的"基督徒企业"为中心.载于高师宁等主编，《从书斋到田野：宗教社会科学高峰论坛论文集》（下卷），北京：中国社会科学出版社，2010：301.

同时，对宗教团体社会资本的类型、培育机制、影响因素和功能的系统分析也非常少。

第三章　中国宗教团体的发展史和结构定位

一、中国宗教团体的发展史

我国是一个多宗教的国家，在新中国成立前，已逐步形成了以伊斯兰教、道教、佛教、基督教、天主教等五大宗教为主体，兼具多种民间信仰和少数其他宗教的基本格局。新中国成立后，宗教作为一种和整个社会主义制度不甚协调的社会组织制度和观念信仰，经历了曲折而艰辛的发展。

（一）新中国成立初期宗教团体的发展

新中国成立为中国带来了一个全新的时代，它结束了中国社会若干年来的动荡与分裂，使之进入一个新的社会整合时期。宗教作为一种与社会主义意识形态相异的特殊信仰体系，有诸多与新社会制度不合适的地方。同时，因各种现实问题对人们精神的困扰、宗教传统对人们的巨大影响、信教人数众多（见表 3-1）、宗教与民族问题的交织等因素，宗教又将在中国的社会主义社会中长期存在。

表 3-1：解放初期信教人数统计表

教　种	人　数
汉传佛教	僧尼 50 万人，在家居士无确切统计
小乘佛教	93 万人
藏传佛教	443 万人
道教	包括道士、道姑、在家信教者均无确切统计
伊斯兰教	800 万人
天主教	270 万
基督教	70 万
东正教	无确切数字，多为阿尔巴津人，中国籍为数不多

资料来源：北京市宗教事务局资料《华北宗教一览》

　　为了使宗教与中国社会主义道路相适应，只有通过对宗教进行调适，使之适应社会主义制度，但这种调适必须是双向的。一方面，政府要保护人民的宗教信仰自由，要允许正常宗教活动的进行；另一方面，宗教界自身也要主动向政府靠拢，要剔除反共、反社会主义的势力，要遵守新制度下的政策、法律、法令，要改革自己的组织机构与神学思想。只有这样，才能使宗教这个社会子系统和整个社会系统相吻合，保证整个社会系统的正常运转。[1]

　　新中国成立后，宗教方面的变革包括：组织和政治上的调适及宗教神学思想调适。组织和政治方面，宗教界清除了教会中的帝国主义势力，废除了宗教封建特权，使中国宗教摆脱了外国势力和反动阶级的利用和控制。宗教神学思想方面，各大宗教克服传统教义中消极的一面，开始强调教义中积极的东西，融入和贴近社会，使之适应新社会的需要。

　　政府方面也积极调整有关宗教的政策、法律、法令，党和政府为了对宗教进行调适，积极引导宗教与社会主义社会的政治、经济、文化、艺术、教育等方面相适应，也作出了诸多努力：

　　一是在国家和宗教之间实行"政教分离"的原则。宗教仅是一个社会组织，和政权无关，不允许其干预司法、国家行政和学校教育。对国家来说，信仰宗教是公民的自由，国家既不倡导某种宗教，也不严禁某种宗教，同时也在此原则下，把宗教纳入爱国统一战线范畴之内。爱国宗教界人士代表参

1　戴康生、彭耀.宗教社会学[M].北京：社会科学文献出版社，2007：249.

加各级政治协商会议，发挥党和国家与宗教组织及广大信教群众之间的纽带作用。

二是国家从法律上保护宗教信仰自由。1954 年，将宗教信仰自由写入中国第一部宪法。国家依法保护公民有信教、不信教和信仰不同宗教和教派的自由。

三是国家对宗教进行必要的行政管理，同时宗教团体也加强对自身的管理，两者各司其职。政府管理和监督有关宗教的政策法规的贯彻实施情况，使宗教在法律范围内活动，保护公民宗教信仰自由的同时，打击利用宗教制造混乱等违法犯罪活动。宗教团体的日常教务活动则由宗教团体自己管理，以教治教，遵守法律，热心参与社会主义公益慈善事业，防止西方敌对势力插手中国宗教事务。[2]

总之，在新中国成立初期，宗教克服重重困难，积极去适应新的社会，对自己进行了力度很大的改革。同时党和政府也积极地去从宏观方面入手，对和宗教有关的一切进行调整，为宗教完成自身变革提供了一个良好的社会环境，最终使宗教顺利完成变革，和整个社会系统协调一致起来。

（二）文化大革命时期宗教团体的发展

宗教作为整个社会中的子系统，它的存在和发展与整个社会系统的正常运转息息相关。当社会处于顺利发展期时，宗教也正常地维系和发展；当整个社会落入困境，脱离正常的发展轨道时，宗教也会一同遭遇艰难处境。

文化大革命十年，宗教是遭受劫难沉重的领域之一。已成功调适的适合社会主义制度的各种宗教，在十年浩劫中，受到了极左路线的残酷迫害，又一次频临绝境。极"左派"为了保持意识形态上的纯洁化，极力消灭一切宗教：封闭宗教活动场所，剥夺教会财产，销毁经书，关押批斗教职人员，逼教徒放弃宗教信仰。其结果，破坏了新中国成立以来党在宗教问题上的正确方针和取得的有效成果，民众宗教信仰自由的公民权被剥夺，出现了大量冤假错案，党的宗教工作被取消。文化大革命前，宗教人口占全国人口的总比例已经有所下降，文化大革命时期更是急剧下降。

（三）改革开放后宗教团体的发展

十一届三中全会实施的改革开放政策，标志着我国进入了一个新的发展

2　戴康生、彭耀.宗教社会学[M].北京：社会科学文献出版社，2007：253-254.

阶段，宗教也得到了前所未有的发展。1982 年，中共中央发布了《关于我国社会主义时期宗教问题的基本观点和基本政策》（中发〔1982〕19 号），系统地总结了新中国成立以来党在宗教问题上正反两方面的经验，全面阐述了在社会主义时期中国共产党对待宗教问题的基本观点和基本政策。文件强调指出，"尊重和保护宗教信仰自由，是党对宗教问题的基本政策。这是一项长期政策，是一直要贯彻执行到将来宗教自然消亡的时侯为止的政策。"

随后，全国人大通过的《中华人民共和国宪法》第三十六条规定："中华人民共和国公民有宗教信仰自由。任何国家机关、社会团体和个人不得强制公民信仰宗教或不信仰宗教，不得歧视信仰宗教的公民和不信仰宗教的公民。"从此，国家以根本大法的形式，把既定的宗教政策的基本内容确立了下来。

至此，党对宗教问题的正确方针和政策逐步得到了落实。"文革"期间的冤假错案得以拨乱反正，宗教信仰的合法地位逐步恢复，爱国宗教组织和宗教活动场所恢复活动，信教人数不断增加。培养爱国宗教界人士工作初见成效，宗教在促进中外文化交流方面呈现新的局面。

1990 年，党中央、国务院召开全国宗教工作会议，随后下发《关于进一步做好宗教工作若干问题的通知》（中发〔1991〕6 号），明确提出依法管理宗教事务，实现了宗教工作的重要突破。

1994 年，国务院颁布《中华人民共和国境内外国人宗教活动管理规定》（国务院令第 144 号）和《宗教活动场所管理条例》（国务院令第 145 号），宗教立法工作取得重要进展。

2001 年，党中央、国务院召开全国宗教工作会议，提出了"既要有利于抑制宗教中的消极因素，又要有利于发挥宗教中的积极因素"的工作要求。江泽民同志发表重要讲话，提出了宗教工作"四句话"指导方针，即全面贯彻党的宗教信仰自由政策，依法管理宗教事务，积极引导宗教与社会主义社会相适应，坚持独立自主自办原则。

2004 年 11 月，国务院颁布了新中国第一部宗教方面的综合性行政法规《宗教事务条例》（国务院令第 426 号），这个条例的颁布对于保障公民的宗教信仰自由权利，维护宗教和睦与社会和谐，规范宗教事务管理，具有重要意义，有力推进了依法管理宗教事务的进程。

党的十六大以来，以胡锦涛同志为核心的中央领导集体在发挥宗教积极作用的认识上不断深化。其中，在十六届六中全会中提出，要发挥宗教在促进社会和谐方面的积极作用；十七届六中全会提出，要发挥宗教界人士和信教群众在促进文化大发展大繁荣中的积极作用；十七大报告和十八大报告则强调，要全面贯彻党的宗教工作基本方针，促进宗教关系的和谐，发挥宗教界人士和信教群众在促进经济社会发展中的积极作用。这一系列重要论断，充分表明了党对宗教及其社会作用认识的不断深化，表明随着我国各宗教自身的变化和与社会的不断适应，党和政府已从过去较多地看到宗教的消极作用，转变为较多地看到宗教的积极面。

党的十八大以来，以习近平同志为总书记的党中央，为实现中华民族伟大复兴的中国梦，积极团结凝聚宗教界人士和广大信教群众的智慧和力量，与全国人民一起，在新的历史条件下凝心聚力、共同推进中国特色社会主义事业。

在以上党中央政策的支持和引导下，以及受外在客观环境即中国社会转型的影响，近年来，我国宗教一直呈现出持续发展的态势，各宗教信徒数量都有不同程度的增长，其中基督教和佛教信徒的增长尤其快速。当前，我国有天主教信徒570多万，基督教信徒2300多万。基本上全民信仰伊斯兰教的10个少数民族的人口约有2200万。佛教、道教的信众除了正式皈依的，还有很多居士，没有统一的标准，很难统计，但数量庞大。[3]此外，民间信仰在我国具有深厚的根底，影响的群众数量也十分庞大。宗教教职人员和宗教团体数量也在增加。《2012年中国人权事业的进展》白皮书透露，中国有宗教教职人员约36万人，宗教团体已达5500个。[4]与此同时，我国信教群众在结构和分布上，也发生了一些新的变化：宗教信仰逐渐从社会边缘人群向主流人群发展，中青年信徒数量增多，男性信徒比例不断提高，并从农村地区向城市发展，宗教在城市快速发展，信徒的流动性显著增强。社会成分更加多样，在各个行业和阶层都有分布，还出现了高知识、高收入的信徒群体。与之相应，信教群体的社会影响力也有所提高，宗教的社会参与也越来越多，各大宗教在扶贫、济困、救灾、助残、孝老、医疗、教育、戒毒等多项社会公益活动的开展中奉献爱心、参与社会服务，得到各界的认可，成为一支不可忽视的社会力量。

3　宗教问题的"三性".国家宗教事务局网
　（http://www.sara.gov.cn/llyj/63732.htm）.2014-04-01.
4　白皮书：我们有宗教教职人员约36万人.新华网
　（http://news.xinhuanet.com/politics/2013-05/14/c_115761358.htm）.2013-05-14.

二、宗教团体的结构定位

世界宗教和平会议（The World Conference on Religion and Peace）认为：宗教组织是现今世界上规模最大、组织性最好的公民组织。他们在平息冲突、照顾病患、提供救济、促进人类友好和谐相处中发挥重要作用。然而不同国家因政治、经济、文化及历史背景不同，宗教团体的结构定位亦不同。

（一）西方宗教团体的结构定位

在西方，学者一般把整个社会分成三个部门：一是政府；二是企业；三是非政府、非营利性机构。三个部门都有各自的行动逻辑：政府是层级权力的逻辑，企业是盈亏的逻辑，非政府、非营利组织是自愿主义的逻辑。三者关系如图 3-1 所示：

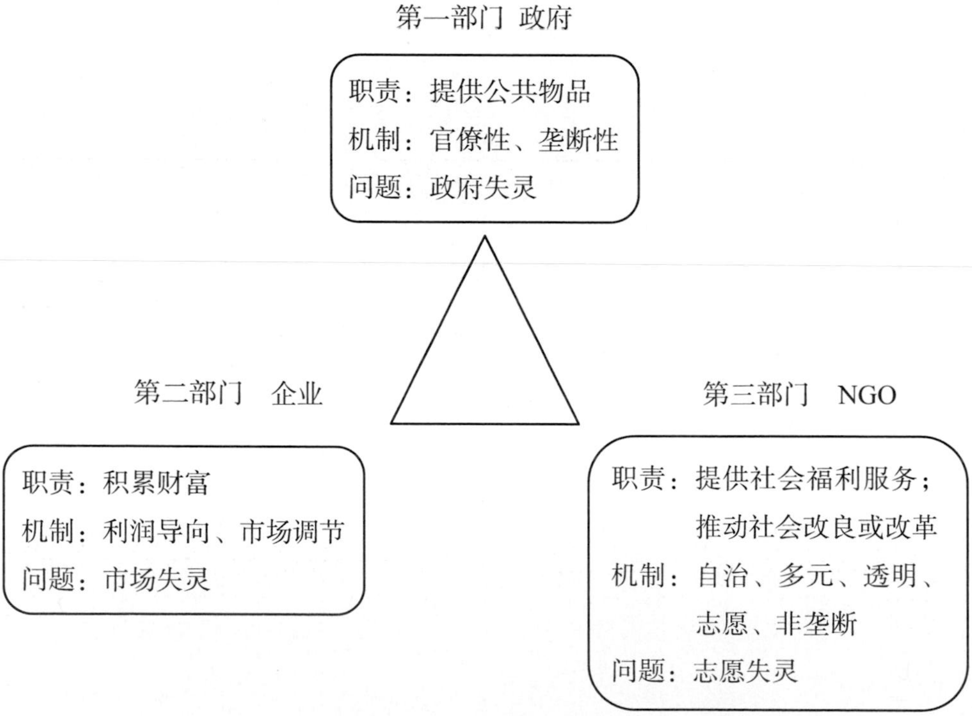

第一部门 政府

职责：提供公共物品
机制：官僚性、垄断性
问题：政府失灵

第二部门 企业

职责：积累财富
机制：利润导向、市场调节
问题：市场失灵

第三部门 NGO

职责：提供社会福利服务；
推动社会改良或改革
机制：自治、多元、透明、
志愿、非垄断
问题：志愿失灵

图 3-1：西方政府、企业、NGO 三部门关系

20 世纪 80 年代以来，国际经济、政治与社会环境发生剧烈变化，石油危机和通货膨胀导致全球性经济不景气，政府无力满足人民日益增长的需求，政府主导的福利国家出现危机。企业作为盈利型组织，以追求市场利润为主

要目标，也很难为民众提供社会公共物品或服务。作为对西方国家"政府失灵"和"市场失灵"的回应，非政府组织在这个时候得到快速成长与发展，各式各样的非政府组织如雨后春笋般凸起，并纷纷参与公共事务。[5]

在此背景下，20世纪90年代以来，宗教组织在社会职能等方面也发生了相应变化。在众多非营利性组织中，宗教组织无论在数量，还是参与质量上都最引人注目，由于宗教组织秉承奉献、怜悯、同情的价值观，他们除了积极参与慈善公益和社会服务外，在志愿者招募和资金筹集上也更有效率，显著地凸显了非营利组织的公益特性。在海外，宗教组织是人们参与公益慈善和志愿服务的重要媒介之一，也被称为"宗教型非营利组织"。可以说，对于将宗教组织作为一种第三部门的结构定位越来越被广泛认可。

非营利组织研究专家美国学者莱斯特·萨拉蒙（L.M.Salamon）认为非营利组织是指不以营利为目的，而且不分配组织盈余给组织成员的组织。他指出非营利组织有以下六种特性：法人组织、民间私人组织、盈余不分配、自我治理、成员志愿参与和公益导向。[6]而宗教组织符合其定义的不以营利为目的、组织盈余不分配与信徒志愿参与组织等要素，因此，Salamon & Anheiery在1997年提出非营利组织的国际性分类中（The International Classification of Non-Profit OrganiWation，ICNPO），将非营利组织分成十二种主要类别和二十七种次类别，并将宗教组织作为十二种主要类别中的一种明确列出。[7]

徐以骅、秦倩则从非政府组织产生的源头方面，论证了宗教组织应属于非政府组织的观点。他们认为，西方国家所谓"非政府组织"的历史演变，首先源于基督教传统。早在社会慈善服务成为国家的责任之前，数百年来西方的基督教会就已在提供这样的服务，如教育、医疗和赈济。到19世纪，许多基督教会更通过一些专业的组织来提供社会服务，这些组织就是现在"非政府组织"之雏形。

与宗教组织的非政府组织定位相适应，西方普遍实行"政教分离"的政策体制。政府无权干涉宗教组织的精神信仰，唯一能做的是依照法律对国内宗教组织进行严格的财务审核，确保其非营利性。政府无法在政治上直接利

5　许世雨.非营利部门与公共行政[J].中国行政，1995（8）.

6　徐以骅等主编.宗教与美国社会：宗教非政府组织（第五辑）[M].时事出版社，2008：240.

7　徐以骅等主编.宗教与美国社会：宗教非政府组织（第五辑）[M].时事出版社，2008：243.

用宗教，同时，即使是在社会中占有了绝对优势的宗教团体也无法作为社会团体直接参与政府的决策。作为两种互不隶属的庞大的社会力量，世俗政权的更迭与宗教内部各派力量的消长相互独立。可以说，政教分离原则有效保证了宗教组织的非政府性质。

总之，相对于营利性的市场经济部门和私人企业而言的，萨拉蒙认为，宗教组织属于非营利性组织，而相对于国家或政府机构来说，学者将其归入非政府性组织。在西方，宗教属于第三部门的范畴。

（二）中国宗教团体的结构定位

我国自改革开放后，随着国家与社会关系的不断调整，"社会"领域的自主性得到显著提高，社会组织迅速增长，国内对第三部门的研究持续升温。但是这些并不意味着中国形成了一个与西方"国家—市场—社会"三元模式下相对应的社会自主领域，因为我国的社会组织不是在有限政府、自由的市场经济体制的基础上实现权力制衡的产物，而是在经历了国家与"总体性社会"高度合一的状态后，随着政府职能的转型而逐渐从国家领域分离出来的局部的、具有一定依附性的社会空间，在组织性质、登记管理等多方面依然延续了计划管理体制时期的社团管理模式。如在登记管理方面，我国对民间组织一直进行"双重管理"，1989 年颁布的《社会团体登记管理条例》规定，社会团体在向登记管理机关（即各级民政部）申请登记前，必须"经过有关业务主管部门审查同意"。"登记管理机关"及"业务主管部门"构成中国政府对社会团体的双重管理体制。1998 年新修订的《社会团体登记管理条例》继续沿用这种双重管理模式。民政部门是社会团体的"管理机关"，后者要向前者注册登记。同时，各社团须接受自己的"业务主管单位"（即国务院或各级人民政府有关部门、组织）的管理。2004 年底，国家民政部社团登记服务中心有关干部曾表示，取消双重管理"是势在必行"，但是可能还要再执行一段时间。2013 年 3 月，国务院宣布将放开四类社会组织的登记，包括科技类、城乡社区服务类、行业协会商会类及公益慈善类。今后成立这四类组织，不再需要业务主管单位审查同意，直接向民政部门申请登记即可。此举具有重大意义的改革新突破，表明中国社会组织的积极面将得以有更多释放，中国社会逐渐"脱政治化"，开始"更像社会"了。但是最终要对所有社会组织废除业务主管单位，无疑还要再维持一段长的时间。

中国宗教团体的生存及自主空间，跟现行社会团体管理体制的改革方向及步伐有着密切的关系。1950 年，政务院发布《接受外国津贴及外资经营之文化教育救济机关及宗教团体登记条例》，正式确立对宗教团体及其附属事业进行管理的登记制度。1951 年初，文化教育委员会颁布《接受外国津贴及外资经营之文化教育救济机关及宗教团体登记实施办法》，正式赋予各地设立的登记专门处权力，要求接受外国津贴的宗教团体向登记专门处登记，并呈交报告。《社会团体登记管理条例》在 1989 年颁布后，民政部及国务院宗教事务局在 1991 年 5 月颁布《宗教社会团体登记管理实施办法》（下文简称《宗教团体登记办法》），双重管理、分级管理及非竞争性垄断的特色，成为《宗教团体登记办法》的指导思想。2005 年实施的《宗教事务条例》，实际上仍深受这种管理模式制约，没有跳出有关的框框。2017 新修订的《宗教事务条例》（以下简称"条例"）则是一个重要文本政策转变，条例第五十二条规定，宗教团体、宗教院校、宗教活动场所是非营利组织。第二十三条规定，宗教活动场所符合法人条件的，经所在地宗教团体同意，并报县级人民政府宗教事务部门审查同意后，可以到民政部门办理法人登记。尽管在具体登记程序上还有待细化，但是这标志着未来宗教型非营利性组织将是我国各大宗教组织未来的发展方向。作为非营利组织的宗教组织，一方面宗教团体可以通过动员信徒积极参与社会主义和谐社会建设，协助国家开展社会治理和社会服务，化解社会矛盾、提升民众道德水平，帮助政府减少政治管理成本，另一方面也可以为正当的宗教组织谋求更大的合法活动空间，发挥宗教的正面影响力，壮大第三部门的力量，弥补政府失灵和市场失灵的不足，形成国家、企业、非营利组织之间的良性互动，最终实现个人与国家之间的平衡。

第四章　宗教团体 J 教会概况

　　宗教作为人类社会中一种复杂的社会现象，它不仅仅是一种主观的信念形态，而且是一种客观的社会实体。信教者基于同样的宗教信仰，为了满足相同的宗教心理需要往往会形成各种宗教群体或组织。因此，宗教组织作为社会组织系统中的一个子系统，也具有社会组织的一般特性，即必须依靠一定的手段与制度加以维系，包括组织目标、成员资格、权力结构和制度安排、经济资源等。

一、成立缘由

　　宗教组织一般由创始人发起。宗教社会学的奠基人之一马克斯·韦伯将宗教组织的创始人称为具有"卡里斯玛"品质的先知，意指他们具有超众的品质与人格魅力（感召力）。甚至信徒会认为卡里斯玛领袖与神具有特殊关系，可以与超自然力量沟通，因此，宗教团体创始人的言行对信徒会有很大的影响力。[1]卡里斯玛领袖通常是宗教组织最初建立和勃兴的原动力。

　　J 教会成立于 2006 年 8 月。创始人 WYX 牧师为朝鲜族，出生于 1969 年，1988 年就读于某名牌大学建筑设计本科专业。1991 年由他人介绍，开始信仰基督教，随后边读书边在大学校园宣教、带领大学生团契。之后又攻读研究生，读研期间他感受到上帝呼召他做传道人，于是放弃学业开始在一间教会做全职传道人。两年后，WYX 与妻子结婚，妻子 JRC 为韩国人，出生于一个基督教家庭，从小在教会做音乐服侍。同年，WYX 申请到去美国神学院进修

1　戴康生、彭耀.宗教社会学[M].北京：社会科学文献出版社，2007：106.

的机会。在国外学习的 8 年时间里，他边读书边参加教会服侍，同时也不断地思考自己未来要在哪里建立教会，建立一间什么样的教会。边学习神学边侍奉教会的经历奠定了他神学及教牧思想的基础，在思考中，他逐渐地对教会的目标、理念和如何实践有了想法。他回忆道："大概学习到第五六年的时候，我突然感觉神学和牧养连成了一片，找到了在教会中实践神学的具体方式。于是我祷告问上帝，我应该在哪儿建立教会。"2005 年 10 月，他带着妻儿回到 B 市，准备在 B 市独立开拓教会。回国后，经过几个月和当地教会的接触，他们认识了后来一起建立 J 教会的 ZGL 及其妻子。2006 年 3 月，他们两对夫妇加上一个信徒共 5 人开始第一次聚会。2006 年 8 月，教会发展到 30 多个人，并搬迁至一个写字楼里，至此，每年 8 月的最后一个礼拜天成为教会的周年庆典。

二、组织目标、理念及活动

在 WYX 回国前，他已经构思好了教会的名字、目标、理念和主要事工活动。在百度网站搜索 J 教会的介绍，上面写着教会的目标"以福音得着全人、全社会、全世界"。教会的理念包括四个方面："怜悯（主动接触不信的社会，为主得人）、服侍（通过自己的牺牲，建立人）、见证（活出与这个世界不一样的生活）、秩序（实现耶稣的旨意在生活的每个领域）"。

访谈中，牧师对教会的目标即"使命愿景"做了解释，"全人的意思是信仰要指导全人的生活，不应当脱节；全社会是指耶稣关心的是所有阶层，要得着一个城市不同行业、领域和阶层中的人。"关于教会的理念，WYX 认为是依照耶稣的价值形成的。其中，见证和秩序主要指，要教导信徒按照《圣经》的教导和信仰原则为人处事，做决定，将信仰实践在工作、家庭、教会及社群生活中。他谈道："教会应该成为支持性的组织，教会不应该成为和社会隔离开的，要鼓励信徒们在社会里活出信仰。这个和中国的特征有关。80、90 年代中国民众还比较悠闲，大家有大把的时间聚在一起读经、祷告、聚会。2000 年后，大家聚在一起比较难了，社会生活很复杂，多元，而且压力很大，人际关系难处理，每个人每天决定诸多的事情，生活变的很不一样，你的决定影响社会越来越多。基督徒的生命就是你在家庭、工作、教会生活中怎么决定，信仰怎么履行出来的。教会应该支持他们，帮助他们做出正确的决定。教会不是组织大家做什么，而是组织大家因为信仰活出美好的生活，社会上的生活。"怜悯和服侍是指，基督徒应该主动关心、同情、怜悯和服务教会里有需要的人和社群中不信的人，将他人的利益置于个人利益之上，作为优先考虑。

总的来说，J 教会的目标和理念是成员之间要彼此互助、相爱，结成信仰共同体，并且信徒要知行合一，将信仰和家庭、工作及社会生活密切地结合起来，活出美好的信仰，进而吸引、帮助和影响身边的非信徒加入教会，成为基督徒。

为了使教会的目标和理念得到有效实施，WYX 牧师构思设计了教会的三大主要事工活动：周日礼拜、小群和门徒训练。周日礼拜是指教会全体成员参加的聚会，共两场，每场 150 人左右，聚会由唱诗、祈祷和牧师讲道组成。小群是指由 5-12 人左右组成的每周小组聚会，由一个负责人即"小牧人"带领，小群聚会一般是在小牧人家庭或其他接待家庭进行，成员会一起吃饭，唱诗，讨论主日讲道，分享一周的工作、生活感恩见证，最后以小牧人为每个人祷告作结束（有时也会特别为某个身处困境中或有特殊需要的人集体祷告）。门徒训练则属于阶梯型的《圣经》课程学习，共有 4 期，每期历时 12-14 周，4 期门训的培训主题根据信徒不同的信仰阶段设定，因此内容各不相同。1 期门训要求参加者必须受洗，属于本教会的成员，讲授内容主要包括基督教是什么，基督徒的生活是怎样的。2 期门训要求信徒必须参加小群，认同小群，而且在小群里有志愿服务，讲授内容包括小群为什么重要，怎么能更好地参与小群的志愿服务等内容。3 期和 4 期门训主要是在前两期的基础上，深入学习圣经和宣教工作，一般由小牧人参加。

关于以上三大主要事工活动的不同功用，WYX 牧师谈道："三者缺一不可，门徒训练是对信徒价值观的塑造、理念的传递和共建。从圣经的教导中找到包括家庭、教会、职业三个方面从圣经而来的共同价值，让教会全体成员有共同认定的理念。小群是关于家庭、职场和教会理念价值的具体实践。在具体的社会生活中，依靠小牧人及成员间彼此的支持、祈祷，帮助信徒活出信仰。礼拜则主要为信徒提供激励和支持，教导信徒走和上帝同行的人生道路，找到人生使命和方向，鼓励信徒在困境中依然坚持走跟随上帝的道路。"可以说，J 教会的主日礼拜、小群和门徒训练活动各司其职，形成了"三位一体"的整全系统。在教会内部宣传单页上也写着："礼拜是节日的庆典，为你带来正能量；小群是温暖的家庭，给你支持和力量；训练是真理的道路，带你找到人生的方向"。这三大核心事工在 WYX 牧师在神学院读书时就已设计规划好，他谈道："礼拜、小群和门徒训练是我在读神学时产生的确信。可能这三个中有一些和其他教会相同，但是没有说哪个完全相同，全部的话就更没有相同的了，有的教会给了我这里的灵感，有的给了我那里的灵感。"

除了以上常规的活动外，J 教会也会在一些节日举办圣诞节、感恩节、复活节、周年庆、运动会等大型活动，还成立了相关的兴趣爱好类、生活类、工作类的跨小群小团体，如足球队、羽毛球队、辣妈群、企业家团契等。

三、组织发展历程及规模特征

WYX 牧师 2005 年 10 月回国后，经过几个月和当地教会的接触，认识了后来一起建立 J 教会的 ZGL 及其妻子。ZGL 在一家建筑公司工作，谈及初来J 教会的经历，他谈道："2005 年见到刚回国不久的 WYX 牧师时，我已信主多年，并在一间教会担任同工。平日忙公司的工作，周末忙教会的工作，星期天带给我的不是更新，而是新的疲惫。我一直希望寻找解决之道。虽然平日经常读圣经，但问题并未得到解决。现在想想，根本的问题是信仰和生活是脱离的，大部分的人回到教会是一种逃避，认为工作岗位是污秽的。来到 J教会之后，牧师在主日礼拜中鼓励大家在工作、家庭中活出信仰，大家在小群中彼此分享见证、代祷、鼓励、支持，大大改变了从前生活和信仰脱节的状况。后来，WYX 牧师邀请我一起建立 J 教会，在原教会牧师许可后，我就带着全家开始和 WYX 牧师一起建立教会，参加 WYX 牧师家的小群。之后工作中的见证逐渐增多，信仰也从纸上的经文变成鲜活的生命。"

访谈中，我们了解到，初来教会的很多人都和 ZGL 一样，被牧师所提倡的"信仰应该实践在生活中"的理念所吸引，并从别的教会转过来，在小群中积极实践这种理念。但是，起初小群实践起来却并不顺利，WYX 牧师谈道："一开始大家都觉得小群模式太轻松了，不学圣经，就是聊天分享，但两三个月之后就觉得太难了。因为我要求的和其他教会不一样。周一、周三、周五都来教会，这个容易做到，但我要求你在工作、家庭和信仰生活中要有见证，而且小牧人还要帮助引导别人也活出见证，还要给不信的人传福音。所以大家迟疑：能做到吗?非得这么做吗?但是当第一个人做到了，第二个人做到了，小牧人就纷纷都做到了。直到三四年左右的时候，大家不再迟疑，开始确信这么做是对的，并为自己的教会感到自豪。比较感谢 ZGL，他从来没有质疑，而且第一个做到了，树立了典范。"

此后，随着信徒对教会的价值、使命目标和小群实践模式越来越认同，J教会规模也在不断增大。2006 年 8 月，教会发展到 30 多个人。2008 年人数达到 80 多人。2009 年，教会成立宣教会，WYX 牧师谈道："我们觉得 2009 年宣教的时机逐渐成熟。宣教是拿着自己觉得很好的东西去给别人，信徒一旦觉得我们的这个很好，那就可以开始宣教，把我们的方式和神学理念传递出去。"2010 年开始差派成立新的教会，并成立敬拜研究所。2012 年初，J 教会开始接管一家以朝鲜族为主的小教会，人数也增加到 250 人左右，周日礼拜分为两堂，第一朝韩语礼拜有 40 至 50 人，第二堂汉语礼拜有 200 人左右。2012 年 10 月，教会第一堂由朝语礼拜改为汉语礼拜，朝鲜族和汉族的信徒完全融合在一起，并组建新的小群。2013 年 9 月，敬拜研究所升级为北京 XX 音乐学院，开始全日制课程。同年 10 月份，原来的宣教会改为发展委员会，并投入更多的精力考虑教会未来的发展。截止 2015 年，据教会内部统计，J 教会共设立 5 个分教会，小群达到 22 个，参加周日礼拜人数为 350 人左右。

在调研中，我们也找到了一份 J 教会 2012 年的一个随机调查数据，数据虽然比较简单，但是从中还是能窥探出教会的一些人口统计特征。当时教会共有 250 人左右，参加随机抽样的有 128 人。

性别方面，男的 45 人，占 35%；女的 83 人，占 65%。可见，J 教会和一般教会一样，女性居多，几乎是男性的两倍。

年龄方面，20-30 岁的有 58 人，占 45%；31-40 岁的有 44 人，占 34%；41-59 岁的有 19 人，占 15%；其他有 7 人，占 6%。由此可得出，J 教会信徒以中青年为主，这和学者们对中国新兴城市教会的判断相一致，即城市教会出现了信徒急剧增多和多元化、年轻化的特点。

婚姻方面，在 128 人中，已婚的有 72 人，占 56%；未婚但有固定恋爱对象的有 32 人，占 25%；单身的有 24 人，占 19%。在已婚和有固定恋爱对象的人中，另一半信基督教的有 64 人，占比为 67%；另一半不信的有 32 人，占比为 33%。可见，J 教会以已婚人士居多，且超过一半的信徒，伴侣也信主。

四、组织结构及制度

任何组织除了有明确的共同目标和理念外，组织自身还需要有成员的分工、权力的集中与活动的规则，必须通过有效的交往模式（组织结构）及一套井井有条的工作模式（组织制度）来协调组织内成员的行为，用以实现其共同目标和价值观，为组织的存在、运行及获得实际利益提供保证。[2]宗教组织与其他社会组织一样，也有自己的权力结构及与之相应的制度。

每个组织都有一定的社会角色组成，J 教会的角色主要有牧师、传道人、小牧人、预备小牧人和信众。牧师和传道人属于带薪神职人员。J 教会有 1 位牧师，即创始人 WYX。传道人有 3 名，年龄都在 30-40 岁之间，大多有过在神学院学习的经历，主要职责是协助牧师做好各项牧养及行政工作。小牧人是指带领小群的人，一般由信仰较成熟、愿意奉献服侍的信众担任，小牧人的职责是牧养带领自己本小群的成员。小群成员一般有 5-12 人组成，当超过12 人时，小牧人一般会考虑遴选 1-2 位小群成员志愿做预备小牧人，一方面协助其牧养本小群成员，另一方面为将来分群做准备。当人数不断增多需要分群时，预备小牧人会被小牧人提名，然后牧师任命就可以担任小牧人了。J教会小群和小牧人的产生如细胞裂变一般，最早成立的小群是由牧师担任小牧人，第二个小牧人是由牧师委任，第三个小牧人再由已有小牧人委任，这样传递下去，呈倍数递增。不过也有个别小群没有母群，是临时组建或者拆分重组而成的。J 教会目前共有小群 22 个，小牧人共有 35 人，有的小群小牧人是夫妻共同担任，算为 2 人，而有的小牧人 1 人带 2 个小群，所以小牧人人数与小群个数不等。WYX 牧师在谈道小牧人的资质及产生时说："小牧人在本质上是自愿产生的，但也不是任何人愿意都可以的，需要通过他对教会、小群的委身和贡献来体现出来，不是通过年限、知识和资历啊什么的。小牧人需要通过贡献得到大家的认可和尊重。另外就是要按照教会要求的方式带领小群，以分享工作、家庭和信仰生活为主，而不能成为祷告会、查经小组或者学习小组什么的。能做到这些，就可以当小牧人。

小牧人产生的程序是原来的小牧人来推荐，本人愿意，最后是我的确认。一般他自己愿意的话，都会让他做。因为小牧人不是大家争着做，很多人是要激励起来，小牧人都是看着自己的小牧人做的，大家都是害怕，不是争着做。这个是和其他教会的区别，其他教会同工之间会争着做，为什么呢?因为觉得同工没有比我强什么。而在我们教会小群中愿意做小牧人的人都是接受原来小牧人的帮助起来的，总会觉得自己不够格。所以小牧人和我也好，一般会鼓励他，不够格也没什么，你能做得到，小群是用贡献考量，不是资历，你都看了什么书，学了什么知识，所以你愿意做最重要。这样教会的特点是

2　戴康生、彭耀主编.宗教社会学[M].社会科学文献出版社，2007：94.

小牧人的产生没有那么快，有小牧人的话，一般信徒成长会比较快，但是似乎没有太好的办法，人才的产生很少是批量性的，不能快，只能慢慢来。"从以上可以看出，在 J 教会志愿服务投入时间多少及贡献大小是小牧人的重要遴选标准。

　　牧师、传道人、小牧人、预备小牧人和信众之间的关系如下：牧师负责牧养、训练传道人，为传道人将来受差遣建立教会做准备。而传道人是牧师的助理，协助牧师做好各项牧养及行政工作。牧师、传道人与小牧人之间是牧养和被牧养的关系，牧师和传道人会根据各自的年龄、牧养经验分工牧养不同的小牧人。如牧师牧养年龄在 40-50 岁之间的小牧人，一般一个月聚一次，彼此分享带小群过程中的困难和挑战，牧师给予帮助和指导。70 后出生的传道人牧养 30-40 岁之间的小牧人，80 后出生的传道人牧养 20-30 岁之间的小牧人。而小牧人、预备小牧人和信众之间的关系则是小牧人牧养预备小牧人和信众，同时小牧人和预备小牧人的关系还有训练和被训练的关系，预备小牧人和信众也有牧养和被牧养的关系。小牧人、预备小牧人和信众的关系是阶梯式的，要做小牧人，必须按照信众—预备小牧人—小牧人的层级逐渐发展。他们之间的关系如图 4-1 所示：

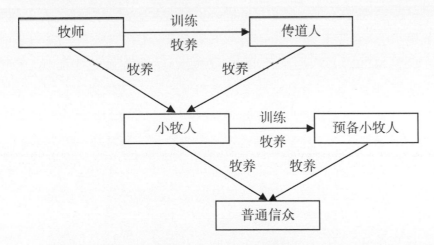

图 4-1：牧师、传道人、小牧人、预备小牧人和普通信众关系图

　　教会的组织机构是在以上不同角色基础上形成的。小群是教会的最基本治理单位，因此，小牧人就构成了教会重要的治理者。牧师在谈道自己和小牧人的关系时，说道："小牧人自主性是最强的，有很强的主动性，我不会进行任何干预。除非小牧人来问我，怎么样的。从我得到的尊重是最大的，权

限也是最大的，和其他教会相比起来。我只会建议，但是不会干预。有点像地方自治的模式。教会的架构有点像美国的联邦制。联邦制本质就是从下往上建立的，基础单位的权限的能动性很大，我们也是这样，各个小群的权限和能动性很大。你是通过牧养得到上帝给你的冠冕，不是替教会来管，教会不是说我给你这些人，你来替我管。教会只是帮助小牧人来管。"因此，教会的治理是由全体小牧人组成小牧人全体委员会（以下简称"小牧人会"），作为教会的最高决策机构，小牧人会的职责是商讨教会内部重大议题，做出决策。至于为什么小牧人会是教会最高机构，牧师谈道："我的一个确信，一个组织赋予人的影响力和权力，必须和他的贡献、牺牲相平衡。之所以小牧人会权力最大，因小牧人是最委身的人，是实实在在做贡献的人，所以应该赋予他们权力。"

小牧人全体委员会下设小牧人执行委员会（以下简称"执委会"），来具体执行小牧人全体委员会所做的决策，执委会由 2 名时间、精力较多，有一定管理经验的小牧人担任负责人。执委会又下设六个部门：财务部、敬拜部、活动部、创意部、行政部、媒体宣传部。

随着小牧人的增多，宣教事工的扩大，教会又成立了发展委员会（以下简称"发委会"），发委会的前身是宣教会，是由牧师主导成立的。关于成立发委会的初衷，WYX 牧师谈道："教会在长大，需要一个群体，思考教会的发展方向，及时地做出决策。以前我们通过小牧人会做发展决策。小群多了后，小牧人也在增多，讨论起来比较难，成立发委会是为了让少数有宣教意向的人深入探讨和交流关于差派教会的事宜，使每个人的意见都得到充分尊重。发展委员会主要是针对外部宣教事工的，教会内部有些重要的事情还是要由小牧人会决定，譬如教会建堂；如果以后我退休了，继任者的产生；小群模式转型啊等，还是小牧人会做决策。总之，发委会是对外差派宣教的机构，小牧人会则是对内的机构。"发委会的主要职能是负责教会发展规划和发展决策，具体包括聘用及训练传道人、差派建立教会等各项宣教事工。目前发委会共有 8 人组成。除了牧师外，其他人都是一些信仰比较成熟、有宣教意向、愿意以更大的经济奉献（每人每年不低于 2 万元）来支持教会宣教的人构成，他们的产生是经由牧师邀请，个人自愿选出来的。在教会宣传栏里，我们看到了关于发委会成员的介绍及分工职责：

WYX：J 教会主任牧师，负责传道人训练

ZGL：某外企中国公司销售总监，小群小牧人，分管宣教事工

AL：某著名互联网公司副总裁，企业家团契董事，分管外联与拓展事工

WBE：某外企公司总裁，企业家团契董事，分管外联与拓展事工

LJJ：某律师事务所主任　小群小牧人，分管外联与拓展事工

YKJ：某外企公司财务部信用总监　小群小牧人，分管财务事工

GFW：某著名外企公司查询代表　小群小牧人，分管行政事工

XSN：某出版社大众图书事业部编辑总监　小群小牧人，分管敬拜和祷告事工

从以上介绍可以看出，发委会成员大部分属于小牧人，对教会有很深的认同感，且属于公司中高层管理人员，经济比较富足，成员年龄一般在 40-50 岁之间，阅历也比较丰富。谈道发委会成员的特质时，XSN 说："发委会成员不是有钱就行，还必须是很好的小牧人，有成功的牧养经验，在服侍小群上被大家公开认可或者在某项事工上有特殊才能，所以你在教会里不可能时间短啊，属于教会长老级的。我们也不是权力监督的机构，必须是委身奉献的，像牧师说的，是命运共同体，我们的一生都要贡献于这个教会，有共同的使命，共同建立教会。属于在教会外面留个墓地，死了埋在教会这种，在最开始成立的时候，牧师就问我们，谁愿意做命运共同体，我们就举手啊。"

虽然在访谈中，牧师认为小牧人会是教会内部最高权力机构，发委会是外部决策机构。但是事实上，成立发委会后，教会不单单外部宣教事工由发委会决策，内部事工也基本上由发委会决策，这从教会宣传栏里对发委会成员的介绍可以看出来，这些成员大多是小牧人，有的分管宣教、外联及拓展事工，有的分管内部敬拜、祷告、行政、财务等事工，所以基本上发委会成立后，架空了小牧人会，教会内外整体的讨论和决策权力也都集中在了发委会。传道人 LMB 谈道："小牧人会是针对教会内部的，发委会是针对差派教会的，但是其实也不严格，人是重叠的，发委会的大部分成员也是小牧人会的成员，没有将的太清，把教会内部的事情和发展的事情就揉在一起。现在小牧人会不定期召开，有什么事情，就在那里提一下，一般人没什么意见，比较松散。基本上就是牧师和发委会成员说了算。"所以教会基本上演变为以发委会为核心的"长老制"管理结构。

北京 XX 音乐学院成立于 2013 年，其前身是 2011 年成立的 J 教会敬拜研究所。院长由牧师妻子 JRC 担任，JRC 四岁开始弹钢琴，并在教会服侍，并先后在韩国和美国拿到本科和硕士音乐学位。学院设有三年全日制课程和短期培训班，面向全国招生，目标是致力于用专业的音乐敬拜上帝，培养具有专业素养的音乐人才，服侍中国的教会，开设有钢琴班、架子鼓班、吉他班、声乐班等。

以上是 J 教会组织结构基本情况，我们用图 4-2 表示：

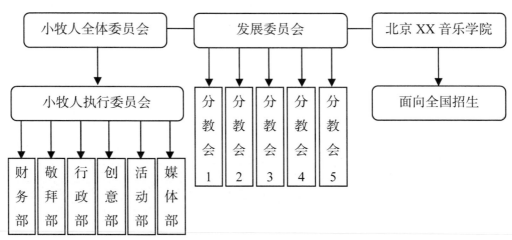

图 4-2：J 教会组织架构图

需要注意的是，教会的这些组织架构不是一开始就设立的，而是随着教会的实践模式越来越成熟，人数规模增多后，才慢慢建立起来的。传道人 LMB 说道："最早我来教会时，教会理念和牧养都很清晰，但是关于人力的管理很模糊，我来了之后才建立小牧人执委会、发展委员会，最早什么都没有呢。"发委会成员 XSN 提到："我刚来到这个教会时，感觉有种百废待兴的感觉，什么都不行，事没有人专门负责，架构也不完整，眉毛胡子一把抓，我来到第 6 年成立执委会，并划分了 6 个部门，财务部，敬拜部、活动部、创意部、行政部、媒体部，把所有的事工划分开，每个人负责一个部门，具体干什么。这时教会装修啊才开始，基本的日常运作也起来了，之前他们搞不懂怎么运作的。"

另外，这些组织机构几乎都没有明确的规章制度，只是"口头委任"和"会友默会认可"，出现问题临时讨论解决方案，有很强的灵活性，内部结构比较松散，没有明确的规章制度。传道人 LMB 谈道："日常的就那么多事，教会在管理上面不是太严格，比较随意，没有规章制度。譬如去年说要给传道人涨工资，需要发委会这些人有时间讨论一下，但是效率很慢、很低，讨论得有半年，年前就讨论，也没有新的进展。"

五、组织资源

任何一个社会组织要实现其组织目标，都需要掌握一定的资源，包括有形资源和无形资源。有形资源是指人力、物力（场地、设施等）、财力（经费等）；无形资源是指那些不具有实物、实体形态的资源，包括影响力、权力、信息、关系、形象等。宗教组织也不例外。

（一）有形资源

有形资源包括人力、物力和财力资源三种。建国后，中国基督教发起了三自（自养、自传、自治）爱国运动，割断了同外国教会在政治上与经济上的联系，走上独立自主、自办教会的道路。J 教会的资金全部为信徒自愿奉献，奉献有四种类型：第一种是基督教的传统宗教奉献即十一奉献（或什一税、十一捐），信徒将自己收入的十分之一捐给教会；第二种是特殊节日的奉献，如感恩节、复活节、周年庆时，教会对广大信徒会发起感恩宣教奉献，数额不限；第三种是发委会成员每年至少 2 万的宣教奉献；第四种是其他，即信徒或者有关企业单位的活动赞助支持，如音乐学院不定期开办大型音乐会时，信徒和有关企业单位会进行资金赞助。

除了财力资源对教会很重要外，丰富的人力资源也是不可或缺的。教会除了牧师和传道人是带薪之外，其他人力全部都是由信徒担任志愿者。他们的志愿参与包括，主持教会大型活动、活动演出、参加唱诗班、在小群担任小牧人和预备小牧人、参与教会管理及决策、担任部门负责人、后勤行政等。

同时，教会的物质资源包括租赁的三层小院，一层是主日学教室、牧师办公室、传道人办公室、小书店、厨房、卫生间；二层是培训室、餐厅和琴房；三层是礼拜大厅，能容纳 200 人左右，两个放映幕、录像设备、总控设备、讲台前还有吉他、键盘、架子鼓、音响等音乐敬拜设备。

（二）无形资源

宗教团体的无形资源主要是指灵性资源，也被学术界称为"灵性资本"。国内学者张志鹏将灵性资本界定为：个体从宗教或其他信仰中获得的有关人生目的和意义、使命及价值观的认知。在他看来，懂得人生意义、能把握人生机遇、有集体感、有自信心、珍视家庭和劳动等都是拥有灵性资源的表现。[3]具体到 J 教会来说，其拥有的灵性资源既有来自教会内部的，如牧师关于人生使命、价值和意义、工作、家庭、自我和社会的教导及教会成员在小群中的彼此支持和帮助，还有来自教会外部的，如教会会定期邀请其他教会一些灵性好的牧师、心理辅导老师或职场优秀基督徒做关于灵性成长、自我医治、婚姻关系、职场的讲座和培训，以提升教会整体灵性水平。

宗教团体作为志愿性自治组织的重要组成部分，是社会资本的重要孵化基地。大多学者都认同，社会资本的核心要素包括网络、规范和信任。从下一章开始，我们将以 J 教会为例，从网络、规范和信任三个方面，分析 J 教会所产生的社会资本。

---

3 张志鹏.灵性资本：内涵、特征及其在转型期中国的作用[J].南京理工大学学报（社会科学版），2010（4）.

第五章　宗教团体社会资本的培育
——关系网络

　　前文中已经论述到，随着市场经济的功利主义盛行、城镇化背景下人口的急剧流动及单位制的解体，人与人关系愈来愈疏离，原有的"熟人社会"性质的关系网络已经遭到破坏。在总体性单位体制时期，"单位"和"关系"是改革前人们社会资本的主要提供者，改革后，不少居民逐渐失去了"单位"的社会资本资源，人们的"关系"也从改革前的情感交换转变为金钱交换，城市社会亟需建立新的关系网络。宗教团体通过组织宗教信徒共同参与信仰活动，提供了互动、沟通和社会交往的环境，易形成公民参与网络中心。Harris指出，所谓教会就是指人们彼此之间的纽带关系，教会不是一幢建筑，甚至不是一个机构设置。[1]因此，加入一个小的宗教群体或者是宗教组织，就意味着属于一个社会关系网络。

　　普特南认为，在一个共同体中，横向的参与网络更有助于成员之间的合作。因为这种参与网络的形成是基于成员拥有相同的权利，承担平等的义务，是合作互惠的横向关系，而不是庇护与附庸的垂直关系。不过他也指出，在公民共同体内，也不可忽视分工带来的政治领导和利益的必要性，只要领导人把自己看作是对同胞公民负责任的，也是有利于合作的。[2]所以，在普特南

1　Fredrick Harris. Ties That Bind and Flourish, In Corwin Smidt. *Religion as Social Capital:Producing the Common Good*.Texas: Baylor University Press,2003.

2　（美）帕特南著，赖海榕译. 使民主运转起来[M]. 江西：江西人民出版社，2001：101.

看来，这种基于平等关系形成的横向参与网络及基于责任分工而形成的纵向领导网络都是社会资本的重要组成部分。

J 教会主张"上帝造人，生来平等"，因此成员人人平等，人人都可参与，同时教会作为组织，又必须各有分工，形成不同层级的领导者。因此，教会内既有普特南所说的成员基于平等关系形成的横向参与网络，也有基于教会事务分工形成的纵向领导网络。

一、成员基于平等关系形成的横向参与网络

J 教会的横向参与网络形成方式有三种：一是小群体层面；二是教会层面；三是社会层面。

（一）小群体层面的参与网络

一般来说，在规模较大的宗教团体里，成员容易变成听众而不是"社区"。因此，大型的宗教团体产生社会资本一般倾向通过建立小的从属组织，即具有相似背景和兴趣的人聚集在一起组成小群体，来满足宗教团体成员的参与需要。普特南在《在一起会更好》（Better Together）一书中指出，"许多大的机构中，人们的忠诚感、连接感和身份感都来自于花费时间在一起互相了解的小团体或者群体。"之所以小团体能更好更容易地建立和维持网络关系，普特南认为，首先，倾听和信任在小的环境下更容易。与远程的、非个人的交流相比，一对一、面对面的交流在建立关系、产生同情和理解方面更有效。其次，小的团体因为更具同质性，所以更容易使大家相互熟悉，参与者有更多共享的机会和更容易有心照不宣的交流。

J 教会成员约有 350 人左右，在人数不断增多的情况下，教会面临如何将参与者从"观众"变为"会众"，形成"社区"的挑战，他们采用了小群体的网络连接策略。牧师谈道："一般超过 200 人的大教会，会众之间没办法熟悉所有的人，这是大教会避免不了的，无论用什么样的方法动员参与，在教会总有不认识的人，因此我们从开始建立教会构想时，就放弃成员通过参与教会层面的大型活动来彼此熟悉，小教会可能还可以。基督教最重视的是彼此的关系，而关系只能在小群体中建立。"J 教会在实践中，根据成员的需要，形成了各种各样的小群体。其中，"小群"是最重要的小团体组织，也是成员关系网络的重要根基所在。因此，我们将"小群"和其他小团体分开，进而分析 J 教会的关系网络构成。

1、"小群"内部形成了类家庭般的亲密关系网络

小群作为 J 教会最重要的信仰类小群体组织，凡是委身在教会的人基本上都有一个自己的小群，截止 2015 年，J 教会共有 22 个小群。每个小群都有 1 名或 2 名（夫妻共同担任）小牧人负责，有自己的名称，有的以地理位置命名，如天通苑小群，还有的以寓意命名，如"爱之泉小群"等。成员规模 5-12 人左右。小群一周聚会一次，时间一般在晚上。成员一起约定时间到某个家庭，一般都是由小牧人的家庭进行接待。每周都会有人准备晚餐，成员一起享用，吃完饭后开始唱诗、祷告、分享主日讲道信息、轮流交谈这一周生活中感恩的事情和面对的挑战，交谈内容不限，包括工作、家庭、婚姻、恋爱、亲子教育、人生话题、信仰、人际关系等。每个人分享时，其他人倾听和发问，成员在分享交流中诚实、开放并且勇于讲出自己的脆弱，互相提供信仰支持。最后是小牧人为大家祝福祷告。通过走访，笔者发现每个小群聚会流程都相差不大，只有一些微小的差异，如有的会颠倒一下分享讲道信息和唱诗的次序等。J 教会以分享、交流为主的小群牧养模式非常不同于一般教会的常规小组，如查经学习等。谈到小群的设立和功能，牧师说道："我们的小群主要是牧养，因此既不是祷告型的，也不是学习型的。小群是这样一种小群体，大家一起分享感恩的事情和生活信仰中的困难挑战，一个人面对的问题成为大家共同面对的问题，通过互相的爱、支持和帮助度过难关。一个人的喜乐也成为大家的喜乐，爱的关系是从小群体开始的。基督徒需要爱别人，但是如果说让你爱全世界的人或者是全教会的人，太大我们完成不了的，还不如学会爱你小群里的几个人。通过做具体的很小的事情来参与小群，爱小群里的人，这在实践上也是更有效的。小群的程序也是固定的。赞美 15-20 分钟，主日讲道 15-20 分钟，每个人分享生活，小牧人祷告、激励结束。小群不能学习资料、不能看录像，无论这个资料或者录像多好。我们把信仰和实际生活的联系看做是最重要的。"

关于小群成员构成，小群是将距离位置比较近、具有相似背景的人聚集在一起，形成了不同特征和种类的小群。截止 2015 年，J 教会的 22 个小群中，既有家庭主妇小群、农民工小群、80 后小群、职业经理人小群、企业老板小群、北漂小群、姊妹小群、朝鲜族小群，还有一些是混合不同年龄、职业、民族的小群。当然，以上种类的划分仅仅是根据小群大部分成员某一个共同特征简单划分的，实际中并不必然包括全部成员。另外，成员即便在某一方

面相似，但是在其他方面仍具有很强的差异性。以下是笔者走访的其中 13 个小群的大概构成情况，见表 5-1：

表 5-1：J 教会部分小群构成概况

小群	年龄（岁）	性 别	人数	民族	职 业
1	30-45	男性为主	8	汉族	公司中高层经理、自由职业者（律师及撰稿人）
2	23-52	男女都有	13	汉族	保姆、保洁、收废品、博士后、个体户、家庭主妇、教会工作、建筑装修包工头、幼儿园教师
3	20-35	男女都有	6	汉族、朝鲜族	销售、建筑设计等
4	20-30	男女都有	7	汉族	广告公司策划、幼教、硕士在读生、公司职员
5	21-47	男女都有	12	汉族	IT 公司职员、出版社职员、国企员工、金融公司职员、公益组织职员、公司老板
6	30-40	男女都有	13	汉族	医生，中学教师、IT 职员、家庭主妇、产品广告、奔驰售后服务
7	25-35	男女都有	10	汉族	销售、前台、小公司职员、百度公司职员、教会音乐服侍
8	20-45	男女都有	13	汉族	幼儿园教师、律师、编辑、歌手、记者、公司老板、公务员、银行职员、大学老师、家庭主妇、影视公司职员
9	20-50	女性	12	汉族	大学老师、博士后、公司职员、出版社编辑、幼教、外企职员、媒体
10	30-55	男女都有	8	汉族、朝鲜族	网络媒体、外企会计、教会工作、外企经理、企业老板、保洁、IT 职员、物流公司职员
11	20-45	男女都有	9	汉族、朝鲜族	企业会计，音乐学院学生，自由摄影师，个体户，销售员、播音员、空姐
12	35-35	男女都有	7	朝鲜族	IT 公司职员
13	20-50	女性	6	汉族	清洁工、保洁、保姆、家政工、酒店前台

托克维尔在《论美国的民主》一书中指出，自愿性组织有一个有趣之处，它能在许多不同的人群之间建立纽带，能够跨越各种社群和宗教，并将种族背景与职业各异的人吸引在一起。[3]J 教会通过"小群"这种小团体方式，组

---

3 [法]托克维尔.论美国的民主[M].北京：商务印书馆，1988：692-708.

织成员一周一次面对面的交流和分享，加强了成员之间的沟通和互动，在不同年龄、性别、职业和民族的人群之间建立了类似家庭般的亲密关系网络，在访谈中有的小牧人甚至认为小群中成员之间基于互爱的关系超过了基于血缘形成的家庭成员间的关系。小牧人 XSN 谈道："小群是教会基本的生命共同体，我们在小群中一起吃饭、赞美、分享、祷告、见证神。小群里的关系是非常近的。每个小群有小群文化，但是有个共性，就是小群的人的关系非常紧密，像亲人，有的时候可能比亲人都近。"小牧人 WDM 谈道："我们在小群中很少称呼弟兄姊妹，大家称呼家人，我觉得在原生家庭也很难得到这种无条件的认可、接纳和鼓励，工作中的成绩大家都一起高兴，有困难的时候，大家一起度过，这里就是家，很温暖的家，大家在一起彼此付出，相互影响。"

那么，小群这种类家庭的亲密关系网络是如何形成的呢？笔者认为有以下几方面的原因：

第一，成员通过志愿参与小群中的公共事务，加深了彼此之间的沟通、理解与合作。

小群参与是成员参与教会的重要途径之一。小群中所涉及的一切活动、人力和物力资源，都是成员自愿参与和奉献的。WYX 牧师谈道："教会达到一定规模后，很难人人参与，星期天两三个小时，超过 200 人后，我们放弃周日大范围的参与，而是让大家更多参与小群。"

走访小群时，笔者也发现，几乎每个小群都有任务分工，成员参与的内容也很多，包括：每周通知大家参加小群、开放家庭接待、做饭、买水果、洗碗打杂、带领赞美唱诗、梳理周日讲道信息等，小群中所有的事务几乎都是大家自愿参与的，在共同参与小群事务的过程中，成员之间通过互动和沟通增进了了解和合作。

小牧人 DW："周五下了班，我们就在敞开接待的家庭里预备饭食，弟兄姊妹一起参加。我们推崇不要小牧人什么事情都做了，而是要大家都参与进来，大家才能更加能融入进来，互相熟悉和认识。牧师也强调尽量所有人都参与进来。在我们小群有人带赞美，有人负责做饭，有人服侍打杂，有人负责洗水果，有人负责扫地，有人负责读经，有人负责分享主日讲道，大家都参与进来，一起准备好。吃饭的时候一周没有见了聊聊家常什么的。在一起参与中，就加深了彼此的了解，拉近了彼此的关系，慢慢形成了一家人的感觉。"

小牧人 XSN："在我们小群，大家全部参与，小群中没有旁观者，这也是小群原理所要求实践的。有的新人刚开始来小群的时候可能比较陌生，他们可以不用参与，在小群呆的时间比较长的那些"老人"一般都会自愿做些什么，如通知小群时间、参与赞美选歌，参与搜集祷告事项，还有的负责小群拍照，教会有活动需要展示小群时做个 PPT 什么的，而预备小牧人一般会主动关心几个人，我还在小群之外把预备小牧人召集起来在网上建立了一个预备小牧人微信群，遇到谁有特别的情况或者大的事情，我们一起祷告，那段时间，我们就一起为 XX 的婚恋问题祷告。有时哪怕是给新来的人倒一杯水呢，也是一种参与，反正小群基本没有坐着不动等着别人伺候的人，是全部参与。"

第二，小群以"分享故事"的方式形成了彼此情感联结的纽带，增强了人际交往的深度。

普特南认为，人们喜欢讲述自己的故事，也喜欢听别人的故事。讲故事和听故事能创造同情，帮助人们找到他们的共同点，创造信任，使群体中的关系网络更容易建立起来。[4]因此，在组织中分享个人的经历和故事是社会资本产生的重要来源。J 教会的小群成员每周聚集一次，每个人轮流诉说自己近一周的经历和故事。大家通过互相分享彼此的故事，透过信仰，给予爱、接纳和理解，使每个人在小群中愿意打开心扉，分享自己的脆弱和难处，其他人给予倾听、理解和支持，进而营造了一种友好、温暖的氛围，加深了彼此的情感连接，促进了关系网络的形成。WJR 今年 50 多岁，从河南到北京打工，在麦当劳做保洁工作，是某小群的成员，WJR 谈到小群给自己带来的轻松温暖时说道："我对这个小群，挺感兴趣的，挺恋慕这个小群的，特别想来。有些事情想不开，不开心，经过大家开导，说说，一下子就想开了，没有感觉那么难了。小群对我起很大作用，像家一样，想说什么就说什么，没有什么隔阂，特别受安慰。大家分享一下，帮助特别大，在一起有亲切感，有爱在里面，挺好的。以前我们在老家聚会，主要是唱歌啊，讲道啊，没有分享，有时感觉是一种负担，感觉是基督徒就必须得去聚会，现在没有那个负担了，周五到了，在一起聚聚会，心理挺疏通的，有这种感觉。"

---

4 Putnam, R.D. *Better Together : Restoring the American Community*. New York: Simon & Schuster, 2003.

以下是笔者整理的几个小群的部分分享信息，从中我们可以看出，小群是如何通过讲述个人经历故事将成员连接在一起的。

小群 1：

SDF 和丈夫是香港人，来大陆做生意，共同抚养丈夫和前妻的孩子。在小群中，她分享了自己做继母过程中的痛苦经历，她想和孩子沟通，但是孩子却不接受她的关心，而且丈夫的前妻经常挑刺，提出各种无理要求，她和丈夫为了和睦，只能迁就孩子的生母。说到激动的地方她还小声抽泣起来。她分享后，小群成员纷纷回应、安慰她，成员 A 用分享自己故事的方式表达理解和同情，成员 B 则表达了同理心，并且给予支持；成员 C 则给予了一些提醒和建议。

A：其实 SDF 的困扰，我以前也经历过。前几年，我侄女来我家，你如果不 24 小时为她服务，很多就说都说不清楚，带一个不是自己亲生的孩子，你管严厉了不行，你不管也不行，是一种说不清楚的感受，所以我特别能理解你。你和那个孩子没有任何血缘关系，我至少还是婶子吧，但是也不行，处理不好，我婆婆家人就觉得是我的问题，我和我的家族也有一些问题需要处理。

B：我们为你祷告，理解你做母亲的艰难，不单单是照顾的事情，还有孩子生母的看法给你们带来很大的困扰。我们的爱确实有限，很难做到让所有人都满意。好像言语也很难改变孩子的生母，很难对她说 NO，求上帝在这个事情上保护你的家庭。

C：我站在一个弟兄的角度来看，一方面，觉得孩子的生母影响到你们的家庭重建一种秩序；另外，我在想孩子的生母不担负照顾孩子的责任，还向你们提各种要求，你们一直迁就她，对她的这种爱是不是能造就孩子的生母，也是你们夫妇要考虑的。如果你的爱是给一个没有见识的，这种爱是不是可以完全的无偿地付出去。或许你们在有些时候可以拒绝她。

小群 2：

一位成员讲述了妻子生病的事情后，其它成员给予关心或分享自己身边人的经历给予理解和支持。

A：这周感恩的事情没有，祷告一下吧。一个是工作头一次拿到大单，非常重要，必须做好，希望用车能平顺一些，安全啊，让客户认可。第二个是妻子的身体，最近特别不好。祷告让她身体慢慢好起来，体质能有所提高。

B：妻子什么症状？

A：眩晕。以前工作的时候，特别卖力，不顾一切豁出去的那种，身体没有顾得上，现在身体一下子就下去了，本来今天想争取来的，结果身体发冷，住的又比较远。她妹妹也回去了，在北京住了 7 天，和妹妹说说话。

C：让妻子和李姊妹沟通一下吧，李姊妹也是这种症状很多年，一晕就无法工作，最后越过去了，现在没有问题。让你的妻子来和她交流一下。

D：我妈妈也是一样，一发作就起不来，吐、头疼、头晕，我妈妈必须得输液，也可以让你的妻子输液治疗一下。

小群 3：

小群成员在谈到周边同事、亲朋好友对基督教的看法时，大家纷纷谈到自己的经历，通过共同的遭遇和感受，建立起"我们"的身份连接和认同，并且相互影响。

A：我们公司对信仰比较放松。有些同事信佛教，以前他们老和我辩论，头两年在山西出差的时候。

B：现在人家是不是已经放弃你了，觉得你不可救药了。

C：你们还算好了，还能辩论。我们公司的人在茶水间，看到电视上的新闻，以色列和巴勒斯坦战争，就指着给我说，你看你们以色列[5]又在打仗，就是这种状态。我听到这些，就说是吗，挺好的，只能愣愣地回答她。

A：其实坦然接受就好了，我参加车友会，去庙里我就不去。你不去，有人就嘲笑你两句。我觉得要坚持，但是不是那种对抗的，也没有必要，要坚守自己活出幸福满足的东西，慢慢地影响他们的看法。后来我真的成功影响了别人，我和同事们去绵阳自贡县。那里有一个特别有名的庙，道教、佛教和儒教都有，忘记多少钱了，他们去的时候说那个庙特别灵，去那里一定要拜一拜。我说这东西我不会拜，我还有一个同事，没有直接说自己信，只说爱人是基督徒，我们俩坚持不拜，后来他们所有人也都不拜。我觉得挺好的，潜移默化的影响了他们。

D：我老家一个亲戚打电话就给我说，D 啊，你不能信基督教太真，她是长辈，我又不能说什么，但是气死我了。她不信，她还让我为她求这求

---

5 据《圣经》记载，以色列是上帝的选民，是最早被上帝拣选的民族。后来经过使徒保罗开始将福音传给"外邦人"，即其他民族。后来，基督教徒在属灵的意义上，也称自己为以色列民，即上帝的选民。

那，她就是想得到好处，但是不想付出，感谢上帝给我一个愿意付代价的信仰。

小群 4：

小群一位成员比较颓废地分享了自己本周的经历后，尤其是在教育孩子方面的难题后，其它成员分享自己育儿的经验和方法，分享自己的一些看法和建议。

A：周六周日带我妈去扬州转了转，忙忙叨叨的。孩子让我头疼，用我媳妇的话说就是养孩子没有乐趣了。这个星期一家人都生病。感恩的事情想不出来。

B：这就是上帝给你的功课，什么时候你换思维，你看到感恩的事情了，家庭就会越来越好。你家孩子在我们小群 C 弟兄眼里很好，孩子才几年级，但是愿意和他聊飞机啊什么的，真的不简单。C 觉得孩子很聪明，大有前途，在你眼里问题却很大。孩子之前学习紧张得有疾病时，你觉得学习好不好都无所谓，关键是病怎么办呢，病好了后，你又回到孩子的学习上面了。把孩子往框框里推，被老师评价体系带着走，觉得这孩子有问题，其实无非是孩子呀八股文背不好，数学小数点马虎啊这些小问题。你需要常为孩子祷告，看上帝怎么看这个孩子，希望你做什么。

A：迷茫啊，不知道。

B：其实原来我那个孩子也一样，三、四年级时候成绩也不好，老是完不成作业，甚至我觉得这孩子没希望了，后来我们夫妻一起祷告，挺平安的，觉得孩子现在学不好，将来会学好的。就把这个状态给孩子，老师给我发短信说让家长签字什么的，我就给他说授权你可以签字啊，考试不及格也没什么事。我也是慢慢改变的，觉得孩子的身心成长大过成绩。健康快乐最重要，现在那么多小学生想着自杀，家长都不知道。结果我那孩子四五年前自己突然明白过来了，有一次，他没带作业，给老师解释，老师说你肯定没写，他认识到如果是好孩子忘带作业了，即便真没写，老师也会说写了。所以他觉得我得努力学习改变老师。上帝启示他，他就改了。也没有那么难。你不妨换一种方式对待孩子，每周找孩子三个优点，赞美他，表扬他，鼓励他，尝试一下，回头给我们分享一下，坚持三个月，看他能不能改变。

A：天天事情挺多的，想不起来找他优点什么的。

B：那就工作和孩子两边都操练，工作上有什么事，平时多祷告，工作效率会好很多的。我们也为你祷告。

C：家长的观点很重要。你的评价标准如果和学校一样，孩子真的挺麻烦的。孩子就诚心气你，叛逆，我诚心写不好，你打我，越打我我越气你。我小时候字写不好，就是因为父母老说我，真的需要家长辨别，把重要的东西抓住，多关注孩子的身心，不能把孩子往教育的框框里推，需要发挥这个孩子特长，被老师评价体系带着走，这孩子肯定有问题。

总之，从以上四个小群的部分分享内容摘要中可看出，小群成员间通过倾听、分享个人的经历、表达同理和支持、共享信息等方式，建立了基于情感的关系纽带。

第三，小群外的社交活动加强了成员沟通交往、互动的频度和强度，为关系网络的建立提供了平台和条件。

小群成员之间除了在每周固定的小群时间内参与、交流、分享、沟通合作外，在小群之外也有很多的社交活动，如一起出游、打球、聚餐、过生日、成立读书会。而这些社交活动对于小群成员之间建立关系起到了很重要的催化作用。传道人 LMB 说："小群除了一周一次固定时间聚会之外，如果光有小群，没有其他活动的话，小群就只是宗教团体。小群之外有活动的话，大家会更容易建立关系，一起吃饭，玩啊，出游啊，看电影啊，圣诞节互换礼物啊，所有的这些日常生活中很多的活动都得想办法做，就是能想的到都会去做，就像平时朋友之间交往的那些我们都会做。说实话，我们就是一群朋友，我觉得小群做到这个份上就是成功。"小牧人 GFW 谈道："我们小群比较活跃的四个人，目前组织看一本书《21 世纪的领导》，不是所有人都在看，S姐是领导者，她会组织大家在小群之外的时间分享，分享完了大家会一起聚餐吃饭交流啊，挺开心的，大家都挺乐意参加的。"

小群成员之间除了面对面的交往外，网络社交媒体也为他们提供了交流便利，几乎每个小群都有微信群，成员每天可以及时沟通交流，还可以发布通知、代祷事项、就业信息、优美文章等。有的小群小牧人也会每天通过手机短信的方式发经文和代祷事项，以此来连接、维持和加强成员彼此的关系。CLX 谈道："我们小群的人大部分是农民工，他们年龄较大，不会用微信，所以我每天就给他们发信息，我把那个信息的名字起做：爱在走动，然后冒号。后面接着是一两句经文信息，说一些祝福的话语，然后提醒大家今天我们为谁谁代祷。一周下来，基本上大家能为每个人祷告一遍。有次聚会的时候，有个姊妹就给我说，我们的"爱在走动"太好了，每天提醒我要为小群每个人祷告，经文也对我很有帮助。其实这就是大家相互关心，保持小群外持续的联系，这种关系就会越来越稳固。"

总体来说，"小群"作为 J 教会实践信仰的重要基层小群体，成员之间通过在小群中的参与互动、分享故事、表达同理与支持及小群外的频繁交往，形成了类家庭般的关系网络，培育了丰富的社会资本。

2、通过其它小群体活动，将小群内的成员关系网络扩展到小群外

雷和泰勒指出，纵横交错的各种小团体，有助于将小群体内的社会资本散布到群体之外。当个体属于不同的组织成员时，从不同组织内部的互动产生的网络连接就有可能扩展到群体外。[6]

除了"小群"外，J 教会的其它小群体主要包括：慕道班、祷告训练班、门徒训练班、时尚妈咪群、企业家团契、小牧人退修会、单身团契、80 后夫妻团契、祷告会、弟兄退修会、小群联合退修会、篮球队、足球队、羽毛球队等。

这些自组织是根据不同成员的不同需要成立的，有的由教会发起，比较正式，有明确的活动制度和成员参加制度，如慕道班、门徒训练班、企业家团契、80 后夫妻团契、小牧人退修会等。慕道班主要由还未受洗的新朋友加入，教会要求信徒受洗前必须参加完慕道班。慕道班一般是由教会传道人带领，讲授信仰基础知识，一年两次，上半年和下半年各一次，每期持续 12-14 周，截止 2015 年，教会共约有 200 人左右参加。门徒训练课程是针对已经参加过洗礼的人开设的，主要由牧师主讲，共 4 期。每期课程针对不同信仰程度的信徒设计，课程一年讲授两期，上半年和下半年各一次，每期课程持续 12-14 周，学员招募 10-12 人，并成立班集体，设立班长、学委等职位。根据传道人 GLX 的统计，参加过门徒训练的约有 280 人。企业家团契是针对教会中高层职业经理人、企业主成立的团契，一年举办两次高级论坛，讨论员工管理、领导力、企业经营、基督徒和职场如何结合等论题，教会约有 12 名会友参加。80 后夫妻团契又称"佳偶团契"，由 9 对 80 后夫妻组成。团契每个月活动一次，活动地点通常在郊区，内容包括分享、祷告、烧烤、露营、爬山等，由牧师和师母带领年轻人如何做丈夫和妻子，预备成为合格的父母。小牧人退修会是专门针对小牧人的休假活动，每年举办两次，上半年和下半

6 Rae, Douglas&Michael, Taylor. *The Analysis of Political Cleavages*. New Heaven:Yale University Press,1970.

年各一次。活动内容包括：运动休闲、课程训练、分享见证、祷告赞美等，每次约有 30-40 人参加。

有的小群体则组织比较松散，活动也比较随意，如小群联合退修会、篮球队、足球队、单身团契、时尚妈咪群、弟兄退修会、祷告会、祷告训练班等。SNF 是时尚妈咪群的一员，她谈道："我们的妈咪群其实就是一个微信群，很松散，不像小群和其他组织那么紧密，大概有 20-30 个人参加，大家会在群里聊很多东西，如彼此代祷啊，有些妈妈有困难，大家就一起奉献，支持他们，小孩子喂奶、训练睡觉，怎么做啊，孩子生病一起祷告啊，好文章一起阅读啊。"

通过以上各种跨小群的小团体活动，J 教会成员与小群外具有共同兴趣、爱好和需要的会友有机会认识、沟通、成为朋友，从而将自己的人际网络扩展到小群之外。如教会一个成员除了参加小群，认识熟悉本小群的成员之外，如果他还参加弟兄退修会、祷告训练班、小群联合退修会、足球队的话，就会成为不同小团体的成员，认识各种小团体中的成员，他的人际网络就从小群里的几个人扩展到了几十个人。当成员能够参加不止一个小的团体时，小团体之间摇摆的私人纽带能加强对整个教会的认同感，建立教会成员之间的横向纽带。牧师 WYX 谈道："除了在小群中大家会建立关系外，我们还组织的有小群联合退修会，关系比较好的小群，联合两个、三个做，如果在全教会退修会，超过 100 人，吃饭、住宿都麻烦。教会还建立横向的，如青年夫妻团契，企业家团契等，通过建立这些横向的同类型人之间的关系，大家一起开展活动，就可以认识小群外更多的人。"小牧人 WDM 和 WY 夫妇担任一个小群的小牧人，平时除了参加小牧人退修会，他们还参加了 80 后夫妻团契，访谈中，他们说道："我们在教会认识的人，除了我们小群的十几个人之外，还认识小牧人们，大概有 30-40 个吧，大家都是在小牧人退修会和小牧人微信群里熟悉起来的，开退修会时一起祷告啊，打球啊，就认识了，有时在小牧人微信群里，大家也会发一些自己的代祷事项啊，帮助了解彼此的情况。另外我们在参加夫妻团契时，大家在一起彼此分享，也认识了一些夫妇。认识后，我们也经常和其他夫妻一起交通，上周还去 XL 家，和他们夫妇一起吃饭聊天，我们两对夫妇坐在地上，聊了一下午，彼此都受益匪浅。"ZMP 谈道："一般的人，人际关系网络主要在小群里，但是如果参加门徒训练班，就会有同学了，参加慕道班的话，这批人都一起上课，一起参加洗礼啊，就能有机会互相认识和熟悉。参加周二晚上的祷告会和周天下午的祷告训练，大家除了一起祷告和听课外，还会分组进行祷告，在分组祷告时就会彼此分享代祷，这时候就很容易认识，成为朋友。参与这些公共的活动越多，认识的人也会越多。"YWL 谈道："除了认识我们小群的人外，还有些是我参加周日下午祷告训练时认识的，也有一些是参加祷告会时，有做饭吃，在一起吃饭的时候，刚开始不认识，后来一起吃饭就认识了，以前我认识人很少，通过参加活动和服侍就能认识小群外更多的人。"

（二）教会层面的参与网络

除了小群体外，成员通过教会层面的参与也促进了彼此之间的沟通和互动。教会层面的参与主要包括以下三个方面：

1、教会组织的一些有规模的、大型的活动为成员的沟通和互动提供了平台和条件

教会常规的大型活动有主日礼拜、复活节、洗礼、周年庆、感恩节、圣诞节、运动会、敬拜赞美音乐会、讲座等，这些活动在全教会范围内举行，所有的人包括会友或者非会友，都可以参加。

其中星期天的主日礼拜是最主要的活动，也是教会最重视和吸引人参加的活动，WBA 于 2011 年初来到 J 教会，他谈到星期天来教会的第一次经历时说道："我突然间有一种像是回到家的感觉，首先吸引我的就是赞美，非常有感动。刚来教会那会儿，我刚经过高考，考上大学，还不知道新的生活该如何面对，这时候周日敬拜总能给予我力量，让我一直坚持到周五。在牧师的讲道中，我也找到和自己的学习、生活非常切实的结合点。主日礼拜对我是非常重要的日子，像是一个加油站，如果一次没参加，就像一天里少吃了一顿饭一样，很别扭。"ZGL 是 J 教会的小牧人，教会刚成立时，他就从别的教会来到了 J 教会，他谈道："来到 J 教会之后，牧师在主日礼拜中鼓励大家在工作、家庭中活出信仰，信仰和日常生活结合了起来，教导可实践，并且好理解，大大改变了从前生活和信仰脱节的状况。所以在工作中忙了一周后，礼拜天大家一定是会来参加的。"主日礼拜也为成员之间的人际交往提供了机会和途径。笔者曾参加了 J 教会的一次主日礼拜，观察到，在礼拜开始前，大家会相互打招呼、交谈、向认识的人介绍自己带来的新朋友。礼拜刚开始时，牧师也会邀请大家向自己前后左右位置上的人问候。礼拜结束后，牧师匆匆

地从讲台走到门口，和每一个离开的人握手，所有人井然有序地去二楼排队吃饭，人们边排队边交谈，吃饭的时候人们也会三三两两地热烈交谈。这些都为成员创造了沟通和互动的机会，YWL 谈道："我和小群的人最熟悉，也有一些是在教会认识的，譬如礼拜结束，吃饭的时候大家在一起，坐到一起，我是这个小群的，你是哪个小群的，就会互相询问和聊起来，聊过后就互相认识了。"

除了主日礼拜，教会也会通过参与其他大型活动吸引成员加入，加强了彼此的认识和熟悉。成员 JQZ 谈道："我是 2013 年圣诞节来教会的，当时是我的朋友带我来的，我感觉很好，竟然有这么好的圣诞节，我觉得教会的信仰也很好，感觉很自由，大家都很优秀，也很成功，以后我就来 J 教会参加聚会了，在参与聚会中认识了一些弟兄姐妹。"WYY 谈道："除了圣诞节，感恩节啊，洗礼啊，运动会啊，主要在活动中，只要你参与到活动中，就有机会认识，你是旁观者，进入不进去，别人也不认识你。譬如洗礼啊，也许有不认识的人受洗，大家还是很高兴为他庆祝啊，这样就认识了。"小牧人 YWL 谈道："我认识熟悉的人，除了本小群的人和小牧人外，还有就是咱们教会办音乐演唱会时，有些人做评委，譬如做律师的 LYJ 弟兄，还有卖飞机的 XB 弟兄，之前不熟悉，他们当评委时，我就认识他们了。"

2、成员通过参与、治理教会公共事务，加强了彼此之间的沟通、理解与合作

教会作为自治性组织，其公共事务由成员自主治理。J 教会的公共事务治理主要由小牧人委员会、发展委员会及执行委员会下属的六个部门组成。其中，小牧人委员会由 35 名小牧人组成，讨论和决策教会的内部事宜。发展委员会由 8 人构成，主要职能是负责教会的外部战略发展，如训练传道人，差派拓展教会。执委会分为六个部门，包括财务部、敬拜部、活动部、创意部、行政部、媒体宣传部。小牧人委员会和发展委员会的成员基本上全都是小牧人，执委会六个部门的负责人和工作人员则主要由普通信徒担任。

成员通过参与教会的公共事务，畅所欲言发表自己的看法和主张，提出对教会的批评意见和建议看法，为教会遇到的发展问题出谋划策。同时通过对公共事务的参与，也为成员提供了互动沟通的平台，增进对彼此的了解，发展友谊伙伴关系，同时使成员学会用宽容、理性的方法发表看法，并在共同讨论的基础上，互相理解、互相合作，达成共识。XSN 是发委会的一员，她谈道："我和发委会的几个成员非常熟，我们每年有好多会议，都在外面开，我们还有自己的微信群，探讨一些重要的问题，牧师有重大的事情都会在那个群里让我们讨论，所以我们之间肯定是最熟的，我作为小牧人，一般不会在小群里讲一些自己的问题，但是我会和发委会的成员讲，我们平时还会一起聚餐啊，到郊区找个地方一起退修祷告、旅游。我们在开会讨论决策时呢，一人一票，先讨论，然后投票，大的决策，大家全部都同意，不同意就再讨论、重新投票。譬如上次，其中一个差派出去的教会换传道人，刚开始有人弃权，说不了解传道人这个人，我们就宁可拖了几个月，你要拿出意见来。最后八个人都同意这么处理。"小牧人 WB 是小牧人会的成员，他谈道："在小牧人会和小牧人退修会上，有时我们会互相讨论带小群的经验啊，教会购买器材啊，怎么让大家积极参与小群和教会敬拜啊，在小群里遇到传销的事情怎么办啊这些问题，我们会以各种形式讨论，提出处理解决问题的方案和对策，这个过程大家就会互相熟悉、彼此沟通和了解。"JFX 是媒体部的成员，也是 J 教会内部杂志《JQ》的编辑，她提到："我在教会主要负责采访弟兄姐妹的见证，所以也通过采访认识了一些弟兄姐妹，有的时候和他们约在咖啡厅，有的时候是约在家里，他们会给我讲他们的故事，在家里的时候还会做一些可口的饭菜招待我，通过采访，我就和他们认识了，成为朋友。"

3、通过志愿服务参与，加强了成员交往的频度，提高了成员的集体合作意识。

J 教会的志愿服务参与形式多种多样，包括大型活动演出、主持及活动后勤服务，主日敬拜赞美队、唱诗班，担任主日学教师，儿童夏令营志愿者、总控设备服务队，以小群为单位的周日献唱、打饭等志愿服务。成员通过参与这些志愿服务，在一起共事中，彼此互相认识和熟悉，产生合作和集体意识。XSN 提到："活动部每年的洗礼、感恩节、圣诞节、复活节、周年庆都需要志愿者，尤其是洗礼需要很多人，诗班安排、场地布置啊，设备啊，至少需要 10 多个人参与。还有圣诞节的诗班，要招募 20 多个人参加唱诗班，一起训练。我时间相对比较自由，参与这些活动比较多，所以在洗礼、婚礼和唱诗班里都认识了不少人。"

教会在 2010 年，教会成立了主日学事工，每周日上午会有专门的志愿者担任主日学老师带领孩子阅读、游戏，这些主日学老师一般都是教会的妈妈们担任。2011 年，参加主日学孩子数目达 30 人左右，2012 年底，增长到 50

人。主日学共有 3 个班级，包括 3-6 岁的学龄前小班，1 年级至 3 年级的中班，还有 4 年级至初中的大班。WJT 是一个 8 岁孩子的母亲，在朋友的介绍下来到教会，她谈到自己为什么愿意来 J 教会时说道："我愿意来教会，一方面是喜欢小群，觉得大家敞开分享很好，很有安全感和归属感。另外就是孩子上主日学，在这个氛围里挺好的，在主日学里，还能认识一些家长，和他们交流一下育儿经验。"JQK 是主日学的一名志愿者老师，她谈道："除了小群的人之外，我跟我们主日学的老师也很熟，前几天我心情很不好，加上孩子马上要参加春季高考，我压力特别大，后来我就给在主日学认识的 XXX 老师打了电话，她开导了我很长时间，给了我很大的安慰和支持。"

另外，教会的主日带唱赞美队和总控设备组也是由招募的志愿者组成，赞美队大约有 10 几个人，周日分为一堂和二堂两个班次，总控设备组有 7-8 人，在参与志愿服务的过程中，成员会互相认识，一起合作，加深彼此的了解，并且通过一定的社交活动，如退修会啊、聚餐等，成为比较熟悉的朋友。FXJ 是赞美队的成员，她谈道："平时，我们会一起排练啊，一周会来教会排练两次，星期六下午和周日上午开始礼拜前和礼拜后，星期六下午，师母选歌，师母主带，我们几个跟着带唱，偶尔师母出差，我也会带，其他人也会带，周六大概有两个小时的排练，主日敬拜提前半个小时来排练，一堂九点，二堂十点半。二堂结束之后，也会有下一个礼拜选歌和排练。每次排练前，我们会一起祷告，也会为成员中有特殊需要的人祷告，在排练过程中，我们会互相沟通、协调，譬如有时候跟不上节拍啊，或者唱慢了或快了，大家会停下来商量调适，在这个磨合的过程中，大家合作起来越来也越容易。平时，我们也会一起聚餐啊，一起出去退修会啊，关系就很近了。"

（三）社会层面的参与网络

教会通过组织教会层面的参与和小群体层面的参与，除了帮助成员在教会内部建立丰富的人际关系网络外，也不断吸引非信徒加入，从而将公民参与网络从教会内扩展到整个社会。

牧师在讲道中会强调信徒要积极参与完成"大使命"，[7]鼓励信徒在工作、家庭和生活中向周围不信的人传教。教会每周主日礼拜都有"欢迎新朋友"

---

7 《圣经》马太福音 28：19 节，"你们要去使万民作我的门徒，奉父、子、圣灵的名为他们施洗。"该节经文常被基督教理解为耶稣离世前留下的大使命。

环节，这些新来教会的人一般都是教会会友的家人、朋友、同事、同学等，有的甚至是偶然认识的陌生人。欢迎新朋友环节，教会全体成员会给新人集体唱一首祝福的诗歌，为他们祷告，志愿者给他们发放教会的宣传单页。礼拜结束后，志愿者会引导新人到接待室，向他们专门介绍教会，鼓励新人选择一个小群加入。当新人稳定参加小群后，还没有经过基督教洗礼仪式的，可以报名参加慕道班课程，课程一般持续12-14周。课程完成后，就可以参加教会一年两次的洗礼，表示自己将委身于教会。目前，教会平均每年约有 30 人受洗归入教会。

除了主日礼拜向所有人开放，有新人加入外，其他活动几乎也都是开放性的，凡是愿意了解信仰的人都可以参加。

成员 LHX 谈道："我来到 J 教会起因于我的室友。我室友公司的老板信主，他的老板每周有一天会请 J 教会的传道人去讲道，也因此我室友参加了 LMB 弟兄家里的小群，室友后来也带我一起去了，我就一直坚持参加。"

成员 SY："我参加工作后，在工作上经历了一些挑战，当时很迷茫，想找一个信仰，我的妈妈信基督教，但是我从来没有去过教会。恰巧有一天在公交车上听说了两个姊妹在聊他们的教会，就是现在的 J 教会，我就问他们地址，周日第一次来参加礼拜后，参加了一位弟兄的小群。后来我就一直在这个教会，并参加了受洗。"

成员 LLL："我大姨和三姨都是基督徒，所以我从小就对耶稣不陌生，但信得并不清楚。由于父母婚姻不幸福，我从小就在他们的争吵中长大，后来他们离异。参加工作后，我的工作也总是不顺，不是我炒老板鱿鱼，就是老板炒我，每份工作干的时间都不长。有一天我陷入了痛苦和迷茫中，甚至想轻生。上班的时候，我实在干不下去，就到楼下的麦当劳独自难过，此时一位弟兄刚好坐在旁边的座位，他和我聊天，不断地安慰我，并介绍我来到了 J 教会。"

总之，教会通过开放性的活动，动员成员利用个人已有的社会网络来传教，鼓励那些已经在教会网络中的人去接触网络外没有被连接到的人，使教会这个组织处在不断地正在组织的状态中，将教会网络扩张到社会中。

（四）横向参与网络形成机制

宗教团体通过组织宗教信徒共同参与信仰活动，提供了沟通和社会交往的环境，易形成公民参与网络中心。Harris 指出，所谓教会，就是指人们彼此之间的纽带关系，教会不是一幢建筑，甚至不是一个机构设置。[8]加入一个小的宗教群体或者是宗教组织，就意味着属于一个社会关系网络。那么，J 教会的横向参与网络是如何具体形成的呢？

1、共同的信仰提供了网络关系连接的纽带。

教会作为信仰型的志愿组织，共同的信仰是人们聚集在一起的重要纽带。凡是愿意来到教会的人，几乎都是信仰基督教的人，而且对自己委身的教会有着较强的认同感。而这种信仰身份的相互认同及在同一教会内的归属感就构成了成员建立网络连接的基础。同时，不同于其它宗教，如佛教和道教比较注重个人修行，个人和超自然之神的关系，基督教教义则比较强调成员之间的团契关系，注重每周有固定的聚会分享、礼拜和团契生活，通过稳定的讲经、聚会、分享交流和团体活动，促进彼此之间的熟悉和了解，达到感情的升华，形成社会网络关系，在关系网络中实践彼此相爱。小牧人 XSN 提到："基督教信仰是我们个人和上帝建立关系，上帝爱我们，同时我们也要像上帝那样去爱人。而爱只有在关系里实现，人和人不可能不放在关系里去实现爱，我祝福你，你也要成为别人的祝福。我们要成为生命共同体，需要到群体里面实践信仰。上帝和我们个人有关系，但是不是你只要一个人就可以。不委身教会的人是没有什么理由的，《圣经》上也说，你们要彼此相爱。"

2、丰富的活动为网络关系连接提供了平台。

此外，教会丰富的活动设计为成员间关系的连接提供了平台。在 J 教会，既有信仰类的小团体，如"小群"、"小牧人退修会"、"祷告会"、"门徒训练"、"慕道班"、"赞美队"等，也有成员基于共同的兴趣爱好成立的小团体，如足球队、羽毛球队、读书会、探访孤儿义工队等，还有基于工作、生活需要成立的小群体，如企业家团契、时尚妈咪群等。

教会每年举行的大型活动，如主日礼拜、复活节、洗礼、周年庆、感恩节、圣诞节、运动会、敬拜赞美音乐会、讲座等，也为成员的沟通和互动提供了平台和条件。尤其是遇到一些节日时，J 教会非常注重节日的仪式感，如每年的感恩节，教会会要求信徒着装喜庆，带上一些初熟的农产品，如蔬菜、水果等来参加礼拜，礼拜结束后也会有不同于往常的丰盛的爱宴，大家欢聚一堂，有专门的人来主持，选 2-3 人来做感恩见证。应当说，这种大型活动除

8　Fredrick Harris. Ties That Bind and Flourish, In Corwin Smidt. *Religion as Social Capital:Producing the Common Good*. Texas:Baylor University Press, 2003.

了增加信徒参与、接触的机会外，也非常有效地形塑了教会成员作为信仰共同体的身份感和认同感。

总之，以上丰富的活动设计为 J 教会成员网络关系的建立提供了平台与机会。

3、个体—小团体—群体的组织结构模式提供了人际网络连接的途径。

一般来说，在规模较大的宗教团体里，成员容易变成听众而不是"社区"。面临组织规模和范围较大的困境，教会的组织结构模式也会在很大程度上影响教会的社会资本形成。

在 J 教会，小群是教会最重要的小团体，也是成员参与的重要场域。成员通过参与小群的集体事务，在小群中一周一次面对面的交往和互动及小群外的社交活动，促进了成员之间的熟悉、了解和互相合作，形成了类家庭般的亲密关系网络。

一般人们会担心，群体内对"我们"的强调，有可能对"他们"群体形成区隔。那这种小群内部的网络关系怎么扩展到小群之外，从而建立小群外的人际参与网络呢？J 教会的解决策略就是成立各种跨小群的小团体。通过成立各种跨小群的小团体，人们与小群外具有共同兴趣、爱好和需要的会友有机会认识、沟通、成为朋友，从而将自己的人际网络扩展到小群之外。通过这种相互交叠的成员身份的存在，人们从不同组织内部的互动获得的网络连接就有可能扩展到组织外部。而且 J 教会还非常强调小群对外要保持开放性，鼓励成员通过积极向家人、同事、朋友传福音，不断吸纳新的成员加入。

小团体能帮助成员更好地建立和维持团体内的私人关系网络，但是作为一个组织，要完成多样性、如何帮助成员建立更大范围的网络连接呢？普特南认为，一个比较有效的解决办法是实行筑巢式的联邦策略，即将小的组织整合进更大的组织中，如将 10-12 个邻里家庭组成一个农村社区发展组织。J 教会采用了该策略，通过组织全教会层面的一些有规模的、大型的活动，加强了成员在跨团体中交往的频度，促进了彼此之间的沟通、理解与合作，建立了教会成员之间的横向纽带，在小群体认同的基础上形成了大的教会共同体的认同。小牧人 XSN 说道："教会太大，教会每个人都是以自己小群为基本生命共同体的，小群如一个个细胞一样，小群是小家庭，教会是家族。"

总之，J 教会通过小团体的细胞结构将个体与个体的之间的关系连接起来，同时，又通过组织教会层面的大型活动，并动员各小群体成员积极参与，将小团体中的所有成员聚集在一起，以"群体"的方式，将各个小团体连接于更大的、更有包容性的组织，以此平衡了小团体中"亲密"的好处和大的组织中"宽度"的好处，既实现了小团体中私人关系网络的连接，又完成了具有多样化的、全教会范围内的网络连接。正如 XSN 提到："在我们教会，一般个人能做的，如读经和灵修，小群不做，小群能做的，教会不做。教会是大的共同体，小群是小的共同体。在我们小群，大家的关系网络都在小群中，但是我也鼓励他们参与到教会组织的活动中，如号角赞美队啊，参加祷告会，来早了做个饭呀，大型活动中哪怕没有什么节目，负责个道具啊，指挥车辆或者搞卫生，总之，让大家参与到大的家庭中，有教会共同体的意识，同时他们也能认识更多的人。"综上，笔者认为，J 教会参与网络的形成就是一个不断从个体到小团体再到群体的人际网络的发散式聚合过程。

二、基于教会事务分工形成的纵向网络关系

一般在大的教会，牧师不可能直接接触每个信众。J 教会信众约有 350 人，牧师很难和每个信徒直接建立联系，因此教会实行"小群"这种小团体基层治理的方式来实施具体的牧养，并形成纵向网络关系，即"牧师（传道人）—小牧人—普通信众"三级体系。其中牧师直接对小牧人负责，每周为小牧人祷告，并带领传道人一起牧养小牧人；而小牧人对自己小群所在普通信众负责，每周为小群成员祷告，并负责牧养他们。

普特南区分了两种不同的网络形式：水平网络和垂直网络。他认为在一个共同体中，水平的横向互动网络越密，其公民就越有可能为了共同利益而互惠合作，解决集体行动问题，社会资本存量也越高。相反，纵向的网络关系则会产生较低的社会资本。他在《使民主运转起来》一书中认为，意大利南部仍然是垂直形式结构和个人政治，人们基本上没有机会参与，因此产生较低的社会资本，而意大利北部则有各种各样的水平型公民社团，社会和政治网络被水平地而不是等级化地组织起来，因此产生了较高的社会资本。与普特南观点相同，Fredrick Harris 对比美国的天主教教堂和基督教教堂中非洲裔美国人的参与后发现，与参与纵向组织结构的天主教教堂相比，非洲裔美国人在横向结构的基督教教堂中里更容易获得公民意识和公民技能，参与更多。[9]

9　Fredrick Harris. Ties That Bind and Flourish, In Corwin Smidt. *Religion as Social Capital:Producing the Common Good*. Texas:Baylor University Press, 2003.

但我们在调研中发现,J 教会的纵向领导网络关系作为公民共同体的必要部分,也有助于产生社会资本。尤其在动员志愿服务参与方面,牧师或小牧人作为垂直领导者,通过他们的权威,为志愿服务参与提供了合法性和鼓励,发挥了有力的号召动员作用。在 J 教会的微信群里,笔者发现,当某事工负责人发出招募志愿者的信息后,牧师一般会紧跟着很快发出号召,请各个小群小牧人推荐志愿者,牧师信息一发出,小牧人们会马上回复并重视起来,在小群中进行积极动员。如 2014 年 11 月 13 日,J 教会小牧人微信群里,传道人 GLX 发出一条信息:"教会圣诞节招募诗班人员,请各小牧人动员后报一下名额,需统计人数,好组织星期天下午排练。"信息发出两天后,仅有部分小群将参加人数报上来,仍有一些小群没有回复。2014 年 11 月 16 日,GLX 继续发信息动员,这时牧师紧跟着发了一条信息:每个小群最少出一个诗班队员。之后没有回复的小群随即开始动员本小群成员参加,并进行了上报。从以上资料可以看出,牧师的号召起到了非常重要的动员作用。而小牧人作为小群的领导者,当教会事工需要志愿者时,小牧人则利用自己在小群中的声望和受尊敬的地位实现快速有效地动员。

可见,横向网络结构和纵向网络结构与社会资本的关系具有复杂性。这点与 Warren 的研究发现不谋而合,他通过实证考察美国一些天主教堂发现,在教堂中扮演重要角色的垂直领导者,如牧师或者主教能够利用自己的权威,为志愿服务参与提供合法性和鼓励,在草根的教区中提供了有潜力的招募,进而以一种很有力的方式动员了教区居民参与志愿服务。他把这种权力和水平参与结合起来的方式称为"垂直型参与",并认为这种"垂直型参与"实际上帮助建立了社会资本,而不是限制。[10]据此,笔者认为,产生社会资本的社会结构是被具体的社会组织所调解的,而不是仅仅从方法上偏向于横向水平网络。

不过,需要指出的是,这种纵向网络关系产生社会资本有一个关键条件就是,这里的领导人必须把自己看做是和同胞公民平等的人,而且对同胞公民负责,而不是等级式的上下级关系、庇护—依附型关系。在 J 教会,无论是牧师和小牧人之间,还是小牧人和小群成员之间并不是严格的等级关系,实施权力的限制与制约,而更像是基于平等的"仆人式"的领导关系,即上一

---

10 Mark A. Warren.Faith and Leadership in the Inner City:How Social Capital Contributes toDemocratic Renewal, In Corwin Smidt. *Religion as Social Capital : Producing the Common Good*.Texas:Baylor University Press,2003.

级通过服侍下一级、对下一级负责任以及委身于下一级的方式来实施领导。如牧师要领导小牧人，他需要每周为每个小牧人至少祷告一次，探访小牧人，当小牧人在服侍小群成员遇到困难时，他需要帮助小牧人解决难题。而小牧人要领导小群成员，则需要每周为每个成员至少祷告一次，开放自己的家庭接待小群成员、探访或电话关心他们。WDM 谈道："作为小牧人带小群，需要关心每个人，要付出时间啊，精力啊，真心关心他，你要是真心关心，他才能感到被理解，被关心，被接纳。要明白自己的身份，不是你要听我的，我要指教你，你有什么什么问题，你要改，而是要去爱他们，上帝怎么爱他们，我们也要怎么爱他。"WXX 牧师谈道："小牧人通过牧养小群成员得到上帝给他的奖赏和冠冕，整个教会最终是属于上帝的，教会不是说我给小牧人这些人，让小牧人来替我管，而是我要帮助小牧人来管。因此，小牧人自主性是最强的，也有很强的主动性，我不会进行任何干预。除非小牧人来问我，这件事情怎么处理啊，我会帮助他们，而且我只会建议，但是不会干预，最终决定还是他们。"

第六章 宗教团体社会资本的培育
——规范

规范是社会资本的重要形式之一。科尔曼指出，规范和为其提供支持的有效惩罚是社会秩序的保障，它能为某些行动提供便利，并且有助于克服集体行动中的搭便车问题而促进社会成员的合作，从而是"极其重要的社会资本"。[1]

奥斯特罗姆从制度的角度，比较了人们在管理公共事务，诸如牧场、水井和鱼塘等公共资源时所进行的合作尝试后，提出了在市场和政府之外的社区自治组织能够制订有效规范，达成集体行动。

普特南则从民主治理的角度，认为互惠合作是规范的重要构成部分。他将互惠分为两种："均衡的"和"普遍的"。均衡的互惠强调同等性、即时性，如同事间在节日交换礼物，儿童互换玩具等。普遍性的互惠是指交换关系在时间上是错位的，是不计酬劳的和不对等的，这种互惠使人们产生共同的期望，即就算我不认识你，就算我得不到丝毫立竿见影的回报，我也会毫不犹豫地帮助你，因为我坚信，你或者其他人在未来我需要帮助的时候，也会给我以回报。普特南认为，普遍的互惠是一种具有高度生产性的社会资本，它以平等主体之间的交往为前提，把自我利益和团结互助结合起来，促使个人为他人或群体的利益做出贡献，而不去计较眼前的个人利益，对达成集体行动非常重要。遵循了这一规范的共同体，可以更有效地约束投机，使那些经历重复互惠的人之间的信任水平提高，从而解决集体行动问题。普遍互惠准

---

1 科尔曼.社会理论的基础[M].北京：社会科学文献出版社，1999：370.

则是社会资本的试金石，是文明生活的基石，所有崇高的道德准则都包含有这个规范的一定要素。

福山则从文化的角度，将社会资本定义为促进个体间互相合作、可用事例说明的非正式规范，通常与诚实、履行义务、遵守诺言之类的传统美德相联系。[2]

宗教通过一系列的仪式和信念，使人们形成仁爱、同情、正直、公平、诚信等一些人生价值观，并以此为基础，形成了覆盖人类生活方方面面的社会行为规范。J 教会作为宗教团体，产生了诸多规范，包括正式规范和非正式规范。其中，非正式规范的培育有二，一是有助于解决集体行动的互惠合作规范，二是与社会传统美德相联系，并对成员的工作和家庭产生积极影响的家庭及职业规范。正式规范的培育主要指制度规范。下面将对这三种规范分别进行分析。

一、互惠合作规范

（一）小群体中的互惠合作

福山指出，非正式的团体规范最易在稳定的小群体中产生并实行。在 J 教会，小群是最稳定的小群体，也是互惠合作规范最集中形成的地方，成员通过长期的参与小群，相互熟悉、彼此了解、感情深厚，获得情感上的认同，形成集体合作意识，并在日常生活和共同的活动中互帮互助，彼此提供物质帮助和精神支持。这些互惠规范可以从小群成员之间的互助合作的行为中表现出来。

小牧人 WDM："我们小群互帮互助的事情很多，干什么都一起，一起爬长城、烧烤，都离不开这个小群。张大哥经常带我们去吃鱼，他很有奉献、服务大家的心，他是企业老板，有三辆车，面包车就是我们的专车，一块出去玩的时候，正好拉我们小群。还有的弟兄打官司遇到难题，大家一起出谋划策，提供想法建议，资金帮助的也有。我们夫妇被小群成员帮助的也很多。譬如我们家搬家，DB 姊妹早上一醒过来就来我家，和我妻子一上午打包完，张大哥把他家的车开来，本来下午还有事情，但是一趟还没有拉完，他就把下午的事情放下一直帮我们搬完，YL 和 XL 弟兄也来了，帮忙扛东西。总之，小群遇到一些小事情、大事情大家都是一起扛过来的。"

2　弗朗西斯·福山.社会资本、公民社会与发展[J].马克思主义与现实，2003（2）.

小牧人 LMB："我们小群彼此关系很好，平时大家也会互相帮忙。譬如彼此为对方祷告，推荐工作、也会奉献一些钱给明显经济有困难的，或者是有人急用钱也会借钱、介绍对象啊。"

小牧人 XSN："我们小群小魏，怀孕生孩子，她 34、35 岁才生孩子，第一个孩子还死在肚子里了，那时候我们小群轮流看她，WBP 姊妹那时候刚好没工作，就给她做饭，洗衣服，DJ 姊妹那时候怀孕大着肚子都去看她，陪伴什么的。医生当时说她很难怀孕的，几个月后她就又怀孕了，那时她老公在国外，有天半夜突然给我打电话，说她流血了，很害怕，让我帮她祷告。第二天早上，我也通知我们小群，一起为她祷告，后来孩子就保下来了。我起初带小群的时候，小群共 8 个人，我每天在家里至少祷告两个小时，深入的一个一个地为他们代祷。另外就是聆听他们，白天要上班，晚上除了周二要参加祷告会和周五小群时间之外，周一、周三、周四我都排满辅导，去探访他们，有时候是电话辅导，后来有微信方便一些，亲自上门的就少一些。他们也很关心我，生病时，他们会说苏阿姨您最近身体不好，我们也为您祷告，他们有的在我生病时也来我家给我做饭。平时我出去玩，旅行，每次都会给每个人带礼物。一到圣诞节，感恩节，他们也会买礼物送给我。每个人过生日，我都会准备蛋糕，还会买礼物，凡是我们小群的成员每个人至少平均两年一次会得到我比较正式的礼物，我也比较留意这个事情。去年 WBP 姐妹，回老家生孩子没有回来，当天他们回到北京后我就把红包给她，她也挺感动的，说过年的红包这么久还留着。所以小群就是一个生命共同体，大家彼此相爱，是一种爱的关系。我帮助祝福你，你也要成为别人的帮助和祝福，大家彼此帮助和祝福。"

综上可见，小群成员之间的互惠行为非常之多，包括搬家、借钱、经济援助、推荐工作、照顾病人、互换礼物、婚恋介绍、送喜红包等不一二足。而且，在小群中，成员形成的互惠更多是一种非理性互惠或者是普遍性互惠，即成员不会计较自己的得失，不会仔细考今天帮助了小群成员，明天受助者有没有能力或者会不会帮助自己，而是在长期交往中基于"家人"般的情感连接及信仰的号召、激励作用下产生的互惠行为。正如 XSN 谈道："我之所以在小群里愿意用大量的时间去帮助他们、建立他们，因为我们是一家人，是兄弟姐妹啊，另外我觉得是施必受更有福，上帝让你感动做什么就做什么，有热心就行。"

　　而实际上当成员做出互惠行为时，对其自身也是有益的。哲学家迈克尔·泰勒（Michael Taylor）指出，在一个互惠系统内行动的每一个人，通常都兼具两个特征，可以称其为短期的利他与长期的利己，二者结合在一起。我现在帮助你，并期望你会在未来帮我脱困，虽然这个期望可能是隐隐约约的、不确定的、未经精打细算的。互惠性是由一系列行为组成的，这些行为在短期内都是利他的（对他人有利，对助人者不利），但这些行为结合在一起，通常会让所有参与者都受益。[3]正如 XSN 谈道："上帝让我们有感动，愿意就去做，你越愿意做，上帝越加添更多愿意，也会得到很多的平安和喜乐。"总之，在小群中，成员通过这些琐屑的、不计回报的相互牺牲和帮助，使整个小群形成了互惠规范，并促进了彼此的信任和关系网络的建立。GLX 谈道："小群就像是一家人一样。这种关系就是每个人，把自己的心打开，遇到问题，大家一起关注他。一般来说，在小群中和别人建立关系有两种方式：你来帮他，或者是他来帮助你。你可以把自己的需要说出来，邀请大家来帮助你，另外你也可以帮助别人，这样关系就比较容易建立起来。"

　　此外，小群成员彼此之间的互惠行为还具有可积累性，即互惠行为会催化出互惠行为。小牧人 GLX 谈道："我们小群一个姊妹，常年有疾病，经前期紊乱症，一到生理周期来的时候，就会咳嗽、发烧、感冒、发脾气，家里非常不安宁，前段时间又出现这种症状的时候，她丈夫就打电话，让我们陪伴她，然后我就在外面找了一个地方，约他们夫妇沟通，那个姊妹说了很多抱怨的话，就让她倾诉出来。第二天她还没有完全好。我又邀请了我们小群里另外的一个姊妹，比较有祷告恩赐，我们一起赞美，一起祷告，加上她丈夫共有 4 个人，祷告完之后，她整个状态就好很多，生理周期就来了。那天我们小群另外一个姊妹就给她打电话慰问，本来以为她还没好，结果一打电话她说自己已经好了，而且还在电话里安慰了打过来电话的那个姊妹，因为打电话的那个姊妹当时正好遇到一件困难的事情，并用刚刚我们给她祷告的方式，为这个姊妹做了祷告，这个姊妹也非常受益。之后呢，就是那个星期小群的时候，安排哪个家庭接待的时候，那个被医治的姊妹很愿意敞开家庭来接待大家，这就是产生了互动效应。"

3　Michael Taylor. *Community, Anarchy, and Liberty.* New York: Cambridge University Press. 1982.Pp.28-29.

　　除了互惠规范外，成员通过参与小群的公共事务和集体活动，还形成了一系列合作规范和集体意识。

　　小牧人XSN谈道："在小群里，'一起'是小群的特色，小群作为基本的生命共同体，大家一起参与，一起祷告，一起分享，一起成长，困难一起面对，你在低谷里，大家一起在低谷里。"

　　小牧人WDM谈道："我们小群合作的事情挺多。譬如晚上小群时，有人负责通知，有人带赞美，有人做饭，有的打杂，有的准备水果，有的负责主日讲道信息，每个人都参与，结束一起收拾一下。尤其是给小群成员过生日的时候。譬如有次我背着我妻子，把小群所有人拉出来建立一个微信群，给妻子过生日，特别有意思，特别有爱，有人负责订蛋糕，有人负责做好吃的饭菜，还有人负责看着我妻子，不让她发现，最后给了她一个惊喜。每个人都很感恩，好几个姐妹都流泪了，这是我们一起完成的。还有一次是我们原来的小牧人LXL过生日，整个小群背着他，也每人给他准备一个礼物，那天刚好是礼拜天，上午礼拜结束后，我们就告诉他，我们很累，就回家了。等到晚上的时候，我们偷偷过去，每人做了一道菜，有"祝福的饼（一锅鲜）"、"甜甜蜜蜜（拔丝地瓜）"、"救赎的宝血（凉拌西红柿）"、"馨香的活祭（毛豆烧鸡）"、"如鹰展翅（可乐鸡翅）"、"团聚锡安山（麻辣香锅）"、"爆炒撒旦（炒鸡蛋）"，我们敲开他家的门，一个个进去，把自己做的菜作为生日礼物祝福他，当时他妻子哭的都不行了，LXL感动的也不行了，自己都哭了，第一次见他流泪，我们小群特别感动，每个人亲身参加，特别亲切，再过几年都不会忘。"

　　传道人GLX："节假日一般我们小群都会出去一起烧烤、天气好的时候就一起去野餐，这个五一我们去古北水镇去旅游，晚上找了一个酒店，住了一个晚上，第二天早上一起回来的。我们每次活动会有一些会费，会费基本上是每个人50元，用完之后再交，一般用作过生日或者一些特别的事情，如有刚加入的参加受洗啊，小群会送给他们礼物。不过我带的这个小群的人多半生活比较稳定，也不差这个钱。会费是有，但是有时有些活动还是会有个别人付出，当做奉献。另外，小群里会有人专门负责提醒通知大家谁过生日，怎么安排啊。我们出去玩，也有一个人专门负责选地方，安排车辆和食宿什么的。"

　　小牧人FXJ："小群就是大家一起参与，参与做饭，通知小群时间，参加选歌，赞美那部分，参与搜集祷告事项，参与到互相祷告中，中间大家也会有互相联系，谁有突然的事情啊，说我需要祷告，大家就一起参与祷告。我们小群有人遇到困难时，大家也会一起帮助。有一个姊妹，刚结婚没多久就离异了，很受伤，天天恐惧害怕，失眠，适应现实生活的能力也很差，总是换工作，工作上人际关系处处碰钉子，情绪也很不稳定，有抑郁症的倾向。她来到我们小群之前，已经到了很危险的地步，人生处于低谷中，真的是不能再低了那种，在什么方面都需要帮助。她这种情况，靠一个人的力量帮助她是不够的，那时小群每个人都探访她，关怀她。她有一年的时间没有去工作，消费观念很不好，之前的老公很能挣钱，在家里大手笔，消费观念不行，没有工作后，怎么办呢？房租都不够，她的原生家庭也不是很有钱，借的钱也花完了，对生活更绝望，找不到生计。我们小群给她奉献钱，帮她付房租。后来她生病做手术，花了很多钱，大家也大力帮助和支持她。后来就在三个月前，我们也一起为她祷告，帮她找工作，疏导她的想法，她后来找到了一个很好的工作，工作的报酬也很好，她也愿意工作了。以前一周只能起一次床，来一次教会，和社会都分开了，现在找到了工作生活规律一些了。生命改变是个很漫长的过程，她还有很多的问题，不过现在比之前已经好了很多，以后还需要长时间服侍、陪伴啊，过了这个坎就好了。这个是我们大家一起的，比较艰难的一个服侍，不过也一起走过来了，是集体扛过来的荣誉。"

总之，通过访谈，我们了解到每个小群几乎都有诸多互惠合作的行为，并且逐步成为小群的一种规范和文化。而在众多互惠合作的行为中，最值得一提的是"彼此代祷"。

祈祷是信徒向所信的"神灵"交流、沟通、求助的一种途径。小群作为信仰型小团体，由于成员拥有共同的信仰，膜拜共同的一位高于人之上的"上帝"，在面对困难时，成员共同向"上帝"祈祷成为教会区别于其他非宗教型社会组织的最大特征。因此，彼此代祷也成为了小群成员关系连接的一种不可缺少的仪式行为。笔者认为彼此代祷不单单是一件具有浓厚宗教色彩的行为，同时也是一种具有社会性意义的行为。关心、帮助他人不是我们人类的本性，但因着宗教信仰，当人们愿意把他人的事情当做自己的事情，向"上帝"祈求，为其寻求解决办法时，会产生对他人深深的理解和同情，同时产生一种神圣、崇高感和愉悦的感受，心灵得到涤静和更新。祈祷如同一个互惠培育学校，在为别人祈祷的过程中，人们会产生一种超越自私、孤立的美好心灵。

而祈祷的动力源自一方面，基督教相信"永恒"，认为为别人代祷是一种崇高并被上帝认可的行为，会在死后的永恒世界中得到奖赏。另一方面，基督徒相信施比受更有福。在为别人代祷时自己也会很受益。小牧人 XSN 谈道："我刚带小群时每天在家里至少祷告两个小时，深入地一个一个地为他们代祷。甚至一周几次地探访他们，为他们祷告，有时候白天上班，晚上去探访他们，身体会觉得很累，但是每次祷告完，我自己好像被加油了一样，有什么东西加进来一样。挺喜乐的，感觉施比受更有福。"

从某种意义上说，彼此代祷如同一个心灵操练学校，帮助信徒脱离孤立的自私自利，学习关心他人，在这个过程中，培养一种心灵的习性，从而使信徒在现实生活中更好地理解、关心同情他人的遭遇，帮助他人，并与他人建立连接和关系，产生更多的互惠合作行为提供了一种可能性。

（二）教会层面的互惠合作

"小群"如同教会的一个个小家庭，是培育互惠合作规范的最基础单位。信徒在小团体中学习和实践互惠规范后，也将这种规范带到小群之外，在整个教会层面实践互惠规范。

我们在调研中观察到，在教会层面成员也有诸多的互惠合作行为，主要体现在两个方面：一是信徒的经济奉献，包括十一奉献、感恩奉献、宣教奉献及物资奉献；二是参与志愿服务。

1、成员的经济奉献

教会作为志愿性的自治组织，要维持日常的运作，需要各种支出，包括水电暖、房租费用、购买设备、活动开支、牧师和传道人的工资等，这些支出全部来源于信徒的金钱和物资奉献。

J 教会的金钱奉献由以下几部分构成：主日礼拜的十一奉献、每年感恩节的感恩特别奉献、复活节及周年庆的宣教奉献，还有发展委员会成员的宣教奉献。十一奉献常用于指犹太教和基督教的宗教奉献。信徒需要将自己收入的十分之一奉献给上帝，表达对上帝的感恩。感恩节特别奉献和复活节、周年庆宣教奉献是 J 教会鼓励信徒在十一奉献之外所做的特殊奉献，奉献数额根据自愿，没有要求和限制。发展委员会的宣教奉献则是发委员的 8 个成员，每年每人拿出 2 万元用作宣教，支持新差派的教会，用于帮助新差派教会的正常运作。所有这些奉献全部都是在成员自愿的基础上。XSN 谈道："奉献这块，十一奉献，教会没有特别强调，只是在每年两次洗礼后的礼拜天，牧师会讲，你们受洗意味着什么，应该怎么做，就会讲到十一奉献。教会也不强制，仅在小牧人层面立约，要求小牧人必须做到十一奉献，一般会众不做要求。而在复活节、感恩节和教会周年庆三个礼拜上，一般牧师才会特别说注意奉献的事情。"尽管教会针对奉献实行自愿原则，没有强制要求，不过 J 教会收取奉献的方式是完全开放性的、在每周公开进行的。信徒礼拜天来到教会门口，就会看到有当周值日的小群专门负责发放信封，如果信徒今天想奉献，就可以向志愿者索取信封。牧师讲道结束后，有一个专门的环节是收取奉献环节。信徒们会将钱放进信封中，然后交给志愿者。

物资奉献方面，主要是由经济较为富裕的信徒捐助奉献一些物资。SNF 提到："我知道 XXX 小群和 XXX 小群的成员都属于事业成熟期，孩子也慢慢大了，这些人影响力也大，虽然在教会不是最活跃的，但是他们在奉献上很大方的，实际上教会举办晚会时的灯光，音响，录像设备啊，都是多少万一套的，都是他们奉献的，还有教会搞个讲座啊，他们会出赞助费和找人，资源都是从他们那里来的。他们是会贡献这方面，大家一般都看不着。"

信徒的金钱和物资奉献本身是一种非常重要的互惠合作行为，也是一种维系教会生存和发展的集体行动。在 B 市，由于房租较高，一般如果成员奉献较少，不足以支付房租和其它人力成本的话，教会将面临无法生存的困境。而当成员都积极奉献时，教会不单能正常运作，而且可以用于扩大组织发展。J 教会成立以来，不但本教会人数不断增多，而且还差派了几个新的教会，说明成员在奉献方面，建立了较强的互惠合作规范。

2、成员在志愿性参与中的互惠合作行为

教会是培育志愿服务的孵化器，伍斯诺指出，教堂作为一个社交网络，有助于培养公民志愿主义，宗教组织通过提供委员会、人际交往、电话号码、会议的地方或者其他能够帮助人们将好的想法付诸行动的事情，为人们提供在团体内外服务、沟通和合作的机会。[4]J 教会的人力资源供给，除了牧师和 3 个传道人是带薪之外，其他全部都是靠信徒的志愿服务。以主日礼拜为例，所需要的志愿服务包括：敬拜赞美带唱、收取奉献、打饭、打扫卫生、儿童主日学教育、新人接待、录像音响调控等；除此之外，各种大型活动和教会的治理几乎全部都离不开志愿者参与。可以说，教会就是由志愿者和志愿服务组成的，如果没有信徒的志愿服务参与，教会根本不可能正常运作。

---

4 Wuthnow, R. *God and Mammon in America*. New York:Free Press. 1994.P.242.

XSN 谈道："教会层面的互帮互助，我觉得更多是集体一起做事情，譬如圣诞演出啊，就会有主持人啊，分配角色啊，排练啊。总之，教会各种活动都需要合作，礼拜啊，洗礼啊，婚礼啊，退修会啊，音乐会啊，讲座活动啊，都需要合作。"SYK 谈道："我觉得有活动的时候，集体合作会比较明显。譬如圣诞节啊，有总导演，做主持啊，节目怎么安排，怎么写，然后还有的人排练节目，下班很累，还要排节目，我觉得这些都是集体合作，为这个家庭做的事情。在一起做事的过程中，大家取长补短，也许有的人有自己的观点，说出来后，别人觉得不太好，那我就收回，就是这样子合作，在活动中会体现的多一些。"

不过，需要特别指出的是，宗教团体作为纯粹的志愿性组织，和非宗教性组织不同，这种成员关系合作规范是非正式的，不是靠法律、命令等强制实施，而是一种心灵层面上的认同、约束和集体意识的形成。因此，成员在志愿服务中，只能通过理性、宽容和接纳的方式，说出自己的观点的同时，尊重和接纳不同的意见，并且修正自己的观点，进而形成合作。XSN 谈道："在教会合作啊,比在公司难，教会里不能命令，每个人都是有感动来志愿服侍的，因此都需要鼓励，而且每个人都不是专业的，不像公司啊，招聘肯定是招专业的，而且命令下去就行，在教会里只能以爱接纳那些志愿参与的人，不能要求你必须做到什么程度，只能祷告，帮助和培训他们。譬如赞美队，诗班，很多人想唱歌，但是五音不行，那只能鼓励，招募大家来，挑选一下，问问平时有没有多一些赞美啊什么的。在社会上，工作目标性很明确，大家什么时间段该完成什么就必须完成，但是在教会有的人演圣诞节目排练的时候，就会说自己累坏了，心理不高兴，节目演不了了，遇到这种情况，只能祷告解决问题。在教会里人比事情重要，一个人自愿报名参与服侍后，目标就是帮助他，建立他，使他也能经历到上帝，不是说把事情做得多么漂亮，当然如果能做的漂亮更好，不过人永远比事情重要。总的来说，教会的合作还挺好的，虽然我们这些人也不怎么样，但是加在一起就是好，加在一起连接起来，力量就特别大。"

（三）教会外的利他社会服务

研究表明，宗教在慈善捐赠、志愿服务方面也发挥着重要作用。在《独自打保龄球》中，普特南指出集体崇拜的信仰团体是美国社会资本最为重要的宝库。在美国的协会组织成员中，有将近一半与教会有关，一半的私人慈善行为带有宗教性质，一半的志愿行为是在宗教背景下发生的。[5]Roger J.Nemeth &Donald A.Luidens 通过定量的数据调查得出，宗教信徒比非宗教信徒更有可能贡献于慈善，不但贡献广，而且更慷慨，成员参与教堂越频繁，慈善参与也越多。[6]Greeley 也指出，宗教机构不但在内部成员之间产生志愿服务，创造社会资本，还能为外部提供志愿服务。[7]

J 教会除了在内部成员之间有利他互惠、志愿服务行为外，在教会外部也产生了一定的社会资本。访谈中，我们了解到教会约有 5 名成员在公益慈善机构工作，从事弱势群体服务，服务人群包括打工子弟、性工作者、孤残儿童、家政工等。他们都是 70 后、80 后出生，月收入在 2000-5000 元之间，依靠这样的工资水平在 B 市生活压力其实非常大，但是因着宗教信仰，他们却愿意做服务弱势群体的工作。

XNL 是个 80 后，大学毕业后，一直在一家服务打工子弟的公益机构工作。他谈到自己为什么坚持做公益工作时，说道："我信主后，就参加了教会的志愿服务活动，去探访孤儿，那时对我的触动挺大的，我很同情、怜悯他们，觉得孤儿很可怜。后来我在教会也担任主日学老师，慢慢就喜欢上服侍孩子的工作。所以当时找工作的时候，就选择了现在的机构。虽然工资有点低，但是我对金钱要求不是很高，我觉得最重要的是内在的满足，做孩子的工作我很喜乐、因为能服侍人，看到孩子们健康快乐，我也会很快乐，而且自己也能成长，也很有成就感，我的满足不来自金钱。信仰也给我很多的信心，因为在北京这个环境下，生个病啊，将来生个孩子啊，都可能会有经济问题，但是我觉得有上帝掌管，心理不恐惧，不担心，知道上帝会供应一切的需要。"

SLY 在一家服务性工作者的机构已工作 6 年，她工作的机构主要通过做饰品帮助性工作者自力更生，同时也为性工作者开展心理辅导，帮助他们开始新的人生。SLY 谈到当初选择这份工作的挣扎时，说道："当初是一个弟兄给我介绍的这份工作，做决定的时候，我很纠结，我还没结婚，之前又没有什么工作

5　普特南.独自打保龄:美国社区的衰落与复兴[M].北京：北京大学出版社，2011：62.

6　Roger J.Nemeth &Donald A.Luidens. The Religious Basis of Charitable Giving in America, In Corwin Smidt. *Religion as Social Capital:Producing the Common Good.* Texas:Baylor University Press,2003.

7　Greeley, Andrew M.Coleman. revisited:religious structures as a source of social capital. *American Behavioral Scientist*, Vol.40, No.5,1997.

经验，面对这样的一个特殊群体，我觉得很难。后来我就禁食祷告了一个礼拜，祷告后心里很平安，觉得上帝呼召我要做这份工作。后来我就去了，在机构，我主要做文案、结合《圣经》帮助他们做心理辅导。给他们做心理辅导挺不容易的，要陪伴倾听她们、给她们充分的接纳，她们有时候挺敏感的，需要特别保护。有时候她们也会骗我，一边在公司工作，一边还是偷偷地出去做以前的工作。但是我还是愿意受欺骗后仍然爱她们，这就是我的耐心。她们每个人性格不一样，我和她们住在一起，吃在一起，做一天两天还可以，但是我一直坚持做了 6 年。现在我一个月工资 2000 块，够干什么呀，但是我不是为了挣钱才做这份工作。面对家人、朋友，甚至是教会的一些人，有时候我不能说我工作的内容是什么，只能说我工作的公司是做饰品的，因为担心他们不接纳。所以做这个工作挺难的，是耶稣呼召后，我才做的一份工作。"

可见，信仰为信徒做公益慈善工作提供了极大的动力，宗教信念有效减弱了物质动机在志愿活动和慈善活动中的作用，提供了利他主义的源泉与动力。肯尼斯·瓦尔德（Kenneth D.Wald）认为，宗教理想是奉献精神和动机激励的有力的潜在来源，那些坚信自己受到某种神力驱动的人，会做出巨大的牺牲。[8]

教会则利用内部产生的社会资本，为在公益慈善机构工作的成员和所在的机构提供各种支持，包括捐赠衣物、书籍等。并且利用教会内部已有的社会网络资源为他们提供人力招募，动员信徒做机构的志愿者和义工。截止目前，教会成立的有"探访孤儿义工小分队"、"家政工服务小分队"、"打工子弟服务小分队"。"探访孤儿小分队"目前约有 18 名信徒参加，他们排班轮流去探访照看孤儿，并给孤儿奉献尿不湿、衣物、奶粉等。"家政工小分队"有 6 名信徒参加，他们主要协助机构帮助家政工学习外语，以更好地服务外籍家庭，并为他们讲解法律知识，帮助他们维权。"打工子弟服务小分队"成员都不固定，每次开展活动时会随机在教会招募志愿者。

除此之外，教会还成立了"公益教室"，公益教室主要用于接受捐赠物资。信徒会将衣物、吉他、烧烤架、帐篷、音响、奶粉、童车、玩具、图书等捐赠给公益教室。负责公益教室的志愿者再将衣物捐赠给周边的打工子弟学校或边疆的少数民族，如云南彝族地区。

8　Kenneth D. Wald. *religion and politics in the United States*. New York:Martin's Press. 1987.Pp.29-30.

调研中，我们发现，这些积极在教会外从事公益慈善、捐赠和志愿服务的成员，也都积极参与教会的志愿服务，如服务打工子弟群体的 XNL，在教会则担任多项志愿服务，包括主日学大班老师，负责总控室的录像、投影和音响等工作，同时还担任教会敬拜赞美乐队的鼓手。SLY 在教会外服侍性工作者，在教会里她还做小群的小牧人。XHH 在孤儿院工作，同时也是教会的小牧人。LWJ 是探访孤儿的义工，同时她在教会带领敬拜赞美。我们的上述发现也证实了国外学者的观点，即那些积极参与教会的人，会更有可能贡献出自己的时间和金钱来做善事，一个人的宗教参与越多，在宗教团体外的志愿服务行为也会越多。

以上是从成员个体层面对教会外所做的利他志愿服务的分析。但在整体教会层面，J 教会并没有专门针对社会公益慈善的事工，在访谈时，教会牧师认为公益慈善是有专门的机构来做，教会的主要职责是传福音、牧养信众，如果成员中有做公益慈善活动的，教会会全力支持。综上，笔者认为 J 教会在内部产生了大量基于互惠合作的社会资本，但是在外部社会资本的培育上还有待提升，这一方面与中国宗教存系的制度空间有关，另一方面也与教会牧者的神学观、教会观有很大关系。

（四）互惠合作规范形成机制

分析上述访谈资料，笔者认为，J 教会互惠合作规范的形成主要受三个因素的影响：一是宗教价值观、宗教教导的力量；二是宗教团体所体现的社会联系，即成员参与网络；三是领导者如牧师、小牧人的示范榜样作用。下面，笔者将对这三个因素逐个分析。

1、宗教价值观

一般来说，助人为乐不是人天生的本性，而是一个人从社会化和观察中学习到的规范。而世界上几乎所有主要的宗教，都有一套助人的教义和教规，强调对他人的福利和社会正义的集体责任，并且认为帮助别人是一种宗教使命和呼召，如基督教的"好撒玛利亚"的比喻。[9]

---

9 "好撒玛利亚人"（The good Samaritan）是基督教文化中一个著名成语和口头语，意为好心人、见义勇为者。源自于《新约圣经》"路加福音"中耶稣讲的寓言：一个犹太人被强盗打劫，受了重伤，躺在路边。有祭司和利未人（神职人员）路过但不闻不问。惟有一个撒玛利亚人路过，不顾教派隔阂善意照应他，还自己出

J教会作为信仰型团体，共同的价值观是其区别于其他非宗教组织的重要特征，J教会尤其强调"服务、助人"的价值观。在每周的主日讲道中，牧师几乎都会强调"服务、帮助人"作为基督徒使命的重要性，并且将"服务"作为信徒在"天国"里得上帝奖赏的重要依据。下面是笔者摘抄的牧师在"小牧人宣誓礼"上的一段讲话，从中我们可以看出教会在助人方面的有关教导。

"第一，作小牧人需要使命感。小牧人不是被别人选举和推举出来的，不是为了满足别人的期待。他们进入服侍，是因为知道了从上帝而来的使命。有使命感的人，是可以甘心乐意服侍的人。不管现在的服侍结果怎样，都是能够甘心乐意服侍的。我相信，这个世界上，最伟大的被造物是人，而不是其他的物品、组织或者权力、财富。人是上帝按照祂的形象创造出来的。因此，这个世界上我们能做的工作是多样的，但是最伟大的是为上帝得人和服侍人、引导人。做人的工作比其他任何的工作都更有价值和意义。在耶稣基督再来的时候，很多现在的东西都会失去意义，但是人拥有永恒的持久的价值。人要进入到耶稣基督带给我们的新天新地的祝福中的。因此，在这个世界最伟大的工作，就是做人的工作。同时，人又是这个世上最复杂的存在。我们对人的了解，到现在为止只能承认还是只是一点点，所以对人的服侍又是非常艰巨的，没有使命感我们无法甘心乐意地坚持下去。所以作小牧人的人，如果不是出于使命感，而是以其他的因素作为出发点，我们持续不了多长时间。唯有是出于上帝给我们的使命感的时候，才能持续下去的。

第二，作小牧人会得到上帝的奖赏。小牧人牧养和服侍的动力是认识到服侍人、建立人在上帝那里的伟大价值，会得到上帝的认可和奖赏，而不是出于世俗的目的，不是为了追求世上的利益而做的事情。我们不要把人分成能够给我带来利益的和不能带来利益的人，而是把服侍这件事情的价值和耶稣连接在一起。因此，我们服侍的对象，绝对不应该是从世上的角度看，能够给我带来金钱、名利，或者能够给我带来什么意义的，而是我们看重为上帝得人、服侍、建立人，当我们愿意做这样的服侍的时候，我们最终会从上帝那里得到奖赏。在将来，我们会得到上帝赐予的永不衰残的荣耀的冠冕，最终在上帝的国里得到更大的荣耀。"

钱把犹太人送进旅店。最后，唯有这个撒玛利亚人才能得到永恒的生命。目前，一些国家颁布了好撒玛利亚人法（Good Samaritan law）作为给伤者、病人的自愿救助者免除责任的法律，还有的颁布此法主要用于要求公民有义务帮助遭遇困难的人（如联络有关部门），除非这样做会伤害到自身。

从牧师的讲道中，我们可以看出 J 教会非常注重对信徒服侍、助人的教导，一方面强调帮助人是信徒的使命、呼召，是人之为人的重要价值和意义所在，另一方面强调助人的利益和回报重在彼岸，而不是在此岸。这样就将互惠合作的回报从今世放到了永恒，有利于激励信徒在助人过程中不求回报，产生普遍性的互惠合作。

另外，教会还特别强调成员的集体意识即"共同体"意识，小群是小的共同体，教会则是大的共同体，正如 XSN 谈道的："小群就是每个人的家，教会则是家族，我们是一个整体。"牧师通过主日讲道，也会不断教导成员 J 教会是作为一个共同体存在的。我们查阅牧师 2014 年的主日讲道，发现他几乎每次讲道都提到教会是共同体，而且"共同体"前面的定语也各不相同，包括"价值共同体"、"爱的共同体"、"怜悯共同体"、"服侍共同体"等。在牧师的一篇标题为"J 教会的 DNA"的主日讲道中，牧师形象地指出，教会的 DNA 就是共同体。他谈道："我们对上帝的委身要落实到共同体（教会、小群）。其中，教会是大家庭，小群是小家庭。作为共同体里的人，我们是紧紧相连的。这种连接体现在，一个人在工作、属灵、家庭、身体、人际关系上有美好经历和突破，是所有人值得庆贺的事情。一个人遇到挑战，也是所有人共同承担的事情。B 市人口中，当地人很少，绝大多数人没有根，教会就是你的家和"根"。无论你出生在哪，来到 J 教会，教会就是你的家。"

总之，教会对"服侍、助人、集体主义"的教导，在互惠合作规范的形成过程中发挥了重要的意识形态引导作用。

2、"仆人式领袖"的示范榜样作用

宗教价值观作为集体主义意识形态，教导信徒弃绝利己主义，并且强化个人应当为了集体利益而行动的观念规范，对社会资本的产生是尤为重要的。但是正如怀特利所提出的，这些规范不可能在真空中产生出来，为了它们的产生和持续，首先必须要求存在一个最低限度的社会资本作为"引导程序"以创造更多的社会资本，就如同在市场中，企业要营利，需要投资成本；一个人要赚取银行或股票收益，需要投入本金一样。但社会资本又是公共物品，像其他公共物品一样，社会资本的创造过程中也存在着一个集体行动的问题，因为个体具有搭他人劳动之便车的动机。因此，志愿组织要创造社会资本，首先需要解决如何从非合作的原始状态中生发出最低限度的社会资本。

在 J 教会，社会资本的互惠合作规范的培育和形成也需要最低限度的社会资本，而教会最低限度的社会资本无疑是由教会的领导者如牧师、传道人、小牧人等信仰较成熟的人，身体力行宗教规范或宗教价值观，牺牲自己的时间、精力来帮助他人，以自己的互惠行为带动小群成员的互惠行为而产生的，并以自己对教会这个集体的认同、奉献来带动小群成员的认同、奉献产生的。

（1）小牧人的奉献

J 教会的小牧人作为小群的领导者，他们通常也是在小群中贡献最多的人，并以自己的贡献带动小群成员的贡献。小牧人 XSN 在谈到自己对小牧人的理解时，说道："从做基督徒的那一天起，我就想做一个对别人有意义的人。小牧人就是要建立别人，以生命影响生命。小群，就是每个人生命成长的摇篮。但是小群不是幼儿园，小牧人不是幼儿园园长，小牧人也不是妈妈，小牧人最重要的就是要做示范，以自己的信仰见证引出别人的见证，以自己的奉献服侍引出别人的奉献服侍，以自己对小群和教会的认同、委身引出别人的认同和委身。"牧师在一篇主日讲道中谈道："小牧人服侍和牧养，重要的原则是带动，是通过榜样，而非发号施令带动大家。当小群刚刚建立起来的时候，小牧人要通过服侍让大家看到，原来互相服侍的共同体是这样美好的。小牧人要通过自己的服侍引出弟兄姐妹服侍，以自己的奉献、委身引出别人的奉献、委身。所以小牧人的工作既不是发命令，也不是一个人做所有的工作，而是以自己的服侍、爱心、委身，引出大家的服侍、爱心、委身。"

小牧人在日常生活实践中的付出，主要包括敞开自己的家庭接待、做饭、祷告、探访、主动关心等，凡是涉及小群成员方方面面的需要，他们都需照顾考虑。在访谈中，提到小牧人在小群中的付出时，几位小牧人和小群成员谈道：

小牧人 WDM："小牧人付出首先是物质上吧，需要敞开自己的家接待，预备饭食，为大家提供一个环境，一起吃饭，一起分享，一起祷告。另外，小牧人在平时的生活中，要关心每一个人的忧虑、生活所需、信仰所需、他目前面临的难题和需要突破的地方是什么，要帮助他如何在这些难题中经历上帝，得到翻转，要服侍他，建立他。这些需要付出时间啊，精力啊，你只有真心关心他，他才能被理解，被关心，被接纳。譬如前段时间我们小群的XX 失恋了，很痛苦。看到他遇到难处的时候，就特别想关心他，就像自己遇到难题一样，像自己的弟弟一样。我就给他说你来我家吧，我们准备几瓶酒，喝完酒，他哭诉了很多，在我们家睡了一晚上，第二天早上就好受一些了。我上班忙，然后我妻子就天天通过微信联系他，从早上起来就关心他，一直到晚上。"

小牧人 XSN："刚开始分群，让我做小牧人，我也比较紧张。在以前的教会很多事情都是我做，退修会，婚恋，带领圣经学习小组啊，这些都没问题，但是这和带小群还是不一样，以前带的小组是以学习为导向，讲解就行了。而小群是以生命影响生命为导向，大家要一起吃饭、赞美、分享、祷告、见证神。小群还要结'果子'，一个就是传福音的果子，带新的人来信主；一个就是已经信主的人生命要不断成长，结出品格的果子来。我们小群当时分出来共 8 个人，都是姊妹，每个人生命几乎都是非常破碎的，都是非常负面的人，很多有原生家庭的问题，自我评价很低，比较自卑，不知道如何处理人际关系。她们当时之所以愿意跟着我到新的小群，由于我比他们都年长，和她们的妈妈年龄差不多，所以这种权威很自然，不过权威不是学识和阅历，都是因着爱。刚带小群我觉得很有压力。只有祷告，每天在家里至少两个小时祷告，深入的、每天一个一个地为他们祷告。我以前学过心理辅导和婚恋，那时候，除了周二晚上教会祷告会和周五晚上小群外，我周一、周三、周四晚上都排满辅导，安排时间探访他们，有时候是电话辅导。小群一年四季都是在我们家，几乎 90% 的时间都是我来做饭，能做就做，不能做我们就到外面吃。节假日一般还会做特别丰盛的饭菜。每个人过生日，我都会送礼物，蛋糕。我也告诉他们，我的手机 24 小时都为你们开机，你们有任何事情都可以找我，需要陪谈啊，倾诉啊，祷告啊，这些事情都可以找我。"

小牧人正是通过牺牲、奉献自己的方式感化小群成员，带动小群成员一起参与服侍，服务他人，使互惠行为在小群中成为一种规范和文化。小牧人 FXJ 提到小群成员怎样逐渐参与，彼此服务的经历时，说道："小群时大家聚在一起是很大的事，一定要有饭食服侍，刚开始很长时间都是我一个人在做。周四小群原来就 2-3 个人，那时候人少饭食服侍不是特别难，人多了之后就不一样，洗碗都是很大的工程，买菜做饭，挺累的，差不多有一年的时间都是我自己主动做所有的事情。后来有些人就从很远的地方搬到这边来了。他们也开始参与，刚开始是掰蒜，洗个水果什么的，到后来就是他们买菜下厨，有的时候有人会说，我今天买菜，谁来做？或者我做什么，谁来帮忙买菜，就慢慢开始融入到服侍里面，大家就像家人一样。"小群成员 WZ："我们小牧人魏姐付出很多。她带两个群，中间还带过三个，除了工作以外，她几乎全部的时间和精力都用在小群上，小群成员平时也会打电话，有困难就问她。对我来说这是需要学习的，因为这会严重打扰到个人生活，而且我们的小牧人从来不会指责我们这做的不好，那做的不好，很接纳我们，她做的很好，是我需要学习的榜样。"小牧人 WDM 和 WY 是夫妻，谈到他们从普通成员到预备小牧人，再到做小牧人的经历时，他们认为是深受自己小群小牧人人格魅力的影响，WY 谈道："第一次我刚到小群时，就觉得特别有人情味。小牧人 LXL 和 LL 夫妇对我们特别好。记得我们刚认识他们的第一个周末，那是个周六，他们说教会有活动，问我们要不要一起去帮忙，就想带我们去教会，我就答应了。那段时间我失眠特别严重，周五晚上我一晚上都无法入睡，没有休息好，第二天状态特别差，当时看表是早上五点多，我们约好早上七点一起过去。当时我想早点给他们说不去了，我五点多发个短信过去他们应该还在睡觉，醒来就看到了，也不会影响他们的安排。结果我发过去，我们俩就震惊了，当时 LXL 立马发过来说，"行，没关系，你们好好休息，我在为你们祷告呢。"当时我特别感动，觉得自己妈都不过如此了。那是我印象特别深，特别感动的一件事情，我觉得像这样的事情我做不到，我一方面手机不会调出声音，我晚上都是飞行模式，第二天醒来才会看短信。像类似的事情很多，这件事情因为是刚开始发生的，所以印象尤其深刻。他们夫妇在小群里真的是发自内心地关心每个人，我们两个人就是 LXL 亲自建立的，一方面离的近，我们两对夫妇一周总会找一天聚会，聊得特别 high，特别亲，外地没有亲人，他们就是我的亲人，那种爱特别让我感动，也愿意去被他爱。我们俩在小群里也比较有活力，参与也比较多，突然有一次，LXL 对我们说你们两个要预备一下做小牧人，那会儿还不知道他们要离开，当时一下子好有使命感，好骄傲，我们刚信主这么短时间，就让我们带，我特别羡慕小牧人的工作，特别想像他们一样，为主做工，牧养人，愿意成为他那样的小牧人，所以 LXL 讲了后，就特意向他学习，以他为榜样，他对我们的影响特别大，觉得 LXL 就是小牧人代名词，他这样的才是小牧人，他是一个很好地榜样，给了我们很大的鼓励。"

尽管小牧人在小群和教会要付出很多，为了他人的利益，牺牲了自己的很多利益，但是他们也在教会和小群收获了声誉、认可，自身也得到了成就感、内在的满足。

XSN："在小群服侍不是完全付出，也是一个收获的过程，每次听大家一周的见证和分享，有种被填满的感觉，会很有成就感。每次下班之后还要给他们做辅导，虽然很累，但是每次给他们做完辅导，我自己好像被加油了一样。我觉得施比受更有福。"

WY："这些也是相互的吧，你去付出，服侍他们的时候，自己也在成长，他们对你也会认可，有时候会依赖，把你当作亲人，对我们也是一种鼓励。"

WDM："我们自己真正带小群的时候，在我家小群，来了快 20 个人，坐满了，地上都是，我就是从头到尾，在厨房忙活，服侍大家的时候，特别累，但是感觉很快乐，当时其实我挺犹豫是否做小牧人的，现在带了后才能品尝做小牧人的喜乐，虽然很累，要求付出，幸福感只有做了才能知道。为上帝服侍人，特别幸福，小群弟兄姐妹有生命长进的时候，你比他还幸福，特别开心。虽然有误解啊，难服侍的时候，但是看到别人成长的那一刻所有疲惫都忘掉了。"

YWL："牧师对小牧人很认可啊，也很关心小牧人，每个礼拜天都会让小牧人在公众面前代祷，也让信徒为小牧人祷告。主日讲道也经常提到小牧人是教会最宝贵的礼物，如同生命初熟的果子。牧师私下也总是讲，你让我关心你啊，就来做小牧人，因为牧师关注每个人是不可能的。"

福山指出，社会资本既产生于人们自发组织社群并进行各种互惠合作的天性，同时又产生于人类争取被认可的本性。他指出，人们之所以愿意与他人交往，因为从中能获得承认和认可，产生一种满足感。在社会生活中，几乎每个人都需要来自他人的尊重和对其自我价值的认可。[10] 这种追求被承认的欲望是人类精神异常强大的部分，对社会资本的形成非常有必要，也是推动人类历史进步的一种主要动力。他举例谈道，金钱不但是物质的标志，更是身份成就或社会地位的标志；工人为争取薪金增长而罢工，实际上主要是为了寻求经济正义，即他的劳动得到合理的认可；创业家经营企业的目标并不单纯是为了积累更多的物质财富，同时也是为了获得社会认同。经济领域中人们的行为目的是为了获得承认，其他社会领域则更是这样。[11] 在 J 教会，成员获得认可的途径和表现是服侍和贡献多少。当成员服侍和贡献越多，得到宗教领袖及教会成员的认可也越多，这种被认可会让人产生一种价值感、愉

---

10 王列.文化差异与社会发展——评福山新著《信任》[J].开放时代.1997（4）.

11 郑小鸣.信任：基于人性的社会资本——福山信任观述评[J].求索.2005（7）.

悦感、成就感，这些认可会使小牧人甘愿付出自己的利益，因为他或她自身也得到了精神满足和回报。

不过，这些满足、认可和回报并不意味着小牧人的付出可以一直持续，没有枯竭，小牧人作为有限的人，他们在服侍中也会遇到各种难处和压力。

小牧人 WY："在服侍小群的时候也有难处，他们每个人信仰程度不同，有的很好服侍，有的很难，有人情绪很不稳定，一阵一阵的，我们小群有一个姊妹，情绪很不稳定，偶尔觉得她信仰很好，偶尔又跑偏了，你会跟着她一天一天变化，只能安慰她建立她。有时她觉得很有力量了，想做什么什么事情，你明明知道这个决定不可行，她自己也搞不定，但你也不能给她说不能这么做，只能以上帝的眼光去看她，问她有什么需要帮助的。但是同一件事情，往往第二天她又改主意了。有时候挺泄气的，建立不起来的感觉，挺疲惫的，服侍她好累啊，你自己被她整的，会觉得自己是不是无能啊。当长时间服侍一个人，半天没有起色的时候，也会气馁啊，觉得是不是我这个小牧人失职啊。"小牧人 XSN："我们小群的人最初都挺负面的，在小群里大家基本上是敞开了裸交，以生命面对生命，裸露状态，把自己的弱点全都暴露出来，所以有时在小群里，他们有的给我吵架，有的还给我摔盘子。他们就看我怎么示范处理，我就给她说，你坐下，想说什么就什么，在信仰里面我们来解决。有一次他们把我气的都退微信群了。后来她们就知道我也有软弱，也是有极限的，也不是无所不能的，他们就用她们的爱爱我。我要是凭着自己，真没法喜欢他们，至少大部分人都没法喜欢他们，觉得都是挺奇怪的，现在想想觉得他们都是挺可爱的。"小牧人 FXJ："服侍的时候，也有很多时候想要放弃，那个放弃是觉得自己的服侍没有结果，别人没有变化时很难受，后来想我自己不也是这样过来的嘛，人变化起来都是挺难的，所以虽然难，看不到果子，但是觉得还挺充实的。牧养是一辈子的事情，所以就坚持一下吧，这种想法一确定下来，没有想过要放弃，继续坚持为他们祷告，坚持小群聚会，能够探访和服侍的时候就探访和服侍。只是有的时候也会累。"

（2）牧师和传道人的奉献

牧师和传道人作为教会的神职人员，是一种职业。牧师的主要职责是专职负责带领及照顾信徒。信徒要想成为牧师，需要三个条件：得到上帝的呼召、进入神学院学习、教会的按立仪式。教会没有进行"按立仪式"之前则被称为"传道人"。J教会共有牧师 1 名，传道人 3 名。牧师在教会的具体工作包括：负责教会整体的运作和发展方向、讲道、门徒训练、牧养小牧人和传道人。传道人的职责包括：负责行政事工、带领 1-2 个由普通信徒构成的小群、带领小牧人小群等。

牧师和传道人放下世俗的工作，专职在教会工作、服侍，薪酬待遇一般仅够养家糊口，这本身就是一种委身和付出。

XSN："牧师是八几年的大学生，从清华毕业，学建筑专业。如果是参加工作的话，他现在工资会很高的。他的同学现在都是开名车，家里好几套房子，有的移民到国外。上帝呼召他做传道人，他就选择了这条路。"

ML："每次看到传道人那么服侍教会，传道人放下挣钱的工作来做这个事情，我特别尊重所有的传道人，有时候也和他们开玩笑，但是内心对他们非常尊重。对他们的赞美也是发自内心的。"

牧师会每周至少为小牧人祷告一次，并安排时间探访小牧人。小牧人 YFK 谈道："牧师和传道人会无条件地帮助小牧人，帮助生命更好，带好小群。牧师承诺每天 24 小时都可以接你的电话，如果你觉得，这个人见了牧师后，会帮助他更靠近上帝，牧师愿意安排时间见面，和他一起聊，牧师会给小牧人这样的支撑。另外每个月一次的小牧人会，会分享一些小群的原则，结合一些问题，会给大家说解决的办法。有时候牧师也会诸个问大家，最近小群怎么样，谁和谁都是什么情况啊。"

综上，我们可以看出，牧师、传道人和小牧人作为教会的领导者，他们不是通过权威，要求指挥教会成员来进行领导，而是通过服务、榜样、以身示范的方式实现领导。这种领导方式，在管理学界被称为"仆人式"领导，又称为"服务领导"。仆人式领导是近年来西方领导学和管理学的前沿课题，是指领导者以"仆人"的服务工作方式实现对下属的领导。

"仆人式领导"的概念最早由管理顾问罗伯特·K.·格林里夫(Robert K. Greenleaf) 在 1970 年首次提出，格林里夫在一篇名为《作为领导的仆人》中指出："要做一名仆人式领导, 有天生愿意服侍他人的心是第一位的。[12]Mayer, Bardes &Piccolo 指出，仆人式领导是一种立足下属需要，并且渴望帮助下属挖掘潜力、发展成长并取得成功的领导模式。[13]劳伯（laub）在其博士论文中

---

12 罗伯特·格林利夫.仆人式领导[M].南昌：江西人民出版社，2008：22-28.

13 David M.Mayer, Mary Bardes&Ronald F.Piccolo.Do Servant-leaders Help Satisfy Follower Needs An Organizational Justice Perspective. *European Journal Of Work and Organizational Psychology*, Vol.17, No.2,2008:180-197.

认为"仆人式领导看待领导角色有完全不同的角度，他将被领导者的利益置于领导者自身利益之前"。[14]以上学者认为仆人式领导是一种全新的、与传统的自上而下的领导模式相颠倒的模式。但是也有一些研究者认为"仆人式领导"不是一种领导方式，而是领导者应有的一种高尚人格与道德价值观。[15]

关于仆人式领导的特质，学界有不同说法。格林里夫研究中心的 CEO 斯皮尔斯（spears）认为"仆人式领导"有十大特质，包括倾听、同理心、医治、内省、说服、远见、管家意识、抽象化、责任感和社区建设等特征。Farling给出的四大特质为：信任、愿景、服务和影响力。而我国学者提出了六个特质：愿景、同理心、成长向导、赋权、信任和服务。[16]尽管学者们在一些特质上有不同观点，但是总的来看，领导者通过牺牲自我，关心服务下属实现领导力是其最核心的特征。

在 J 教会，牧师、传道人和小牧人作为仆人式领袖，甘愿牺牲自己的利益，率先实践宗教价值观去爱人、为集体做贡献，他们是社会资本的最初"投资者"，他们的互惠、牺牲自我的奉献行为为教会储存了"本金"，使教会的社会资本有了运转起来的可能性。

3、平等的公民参与网络

福山认为，人们在一定时间里不断重复的交往互动、相互交换，往往有助于发展普遍互惠规范。因为人们一旦知道在很长一段时间内，自己将和同一群人交往，人们一般会谨慎自己的言行，并且对他人真诚相待，乐于帮助别人，因为相信下次在自己遇到困难时，别人也会伸出援手。在这种情况下，互惠规范很容易产生，因为名声和信誉已成为一种隐形资产。

科尔曼指出，密集的社会关系网络使成员之间的互动具有稳定性与持久性的特征，并使得关系网络成员之间重复性互动得以发生，个体在可持续的基础上互动，通过重复博弈可以克服短视问题和搭便车的动机，促进了合作的产生。

普特南认为，在一个共同体中，横向平等的公民参与网络更容易增进人们之间的合作，产生普遍互惠规范。公民参与网络增加了博弈的次数和频率，

14 Laub, J. A.Assessing the Servant Organization:Development of the Servant Organizational Leadership Assessment Instrument. *ProQuest*, 1999.

15 Patterson K. A. Servant Leadership : A Theoretical Model. *Dissertation Abstracts International*, 2003.

16 丁社教，叶玲玲.基于仆人式领导理论的新型人力资源管理路径探析[J].企业管理，2013（9）.

提升人们在交往中欺骗行为的成本，并且促进了个人品行和名声的传递，督促人们做出合作行为，促进信任关系的建立。若其他条件相同，参与者之间的交往频度越高，他们之间的信任就越高，更容易出现合作行为。

具体到 J 教会来说，教会的参与网络是如何促进互惠合作产生的呢？

首先，宗教作为一种组织，定期的宗教集体仪式是其中一个重要组织特征，通过固定的、有规律的集体活动，教会成员交往的频率会提高，相互间重复博弈的次数也会增加。在 J 教会，信徒通过参加主日礼拜、小群、门徒训练、各种大型活动等，彼此交往增多，博弈的机会也增多，他们之间不再是一锤子买卖，每个人在教会里也会注重维系自己的名声，相互之间也会传递和"溢美"好的名声，并监督彼此的行为，而为了维护自己的声誉，处于理性的考虑，人们会倾向作出互惠合作行为。

传道人 LMB 谈道："小牧人小群带的好，大家是有目共睹的，你小群对教会委身够不够，奉献够不够，都是摆在桌面上，通过每年受洗是否有你小群的人员参加，平时你小群的成员参与教会的服侍等都能看到。小牧人在教会很有影响力，尤其是发展委员会的那些成员影响力更大，但是他们稍微有不努力的表现，在教会的影响力就会没了。"

小牧人 YFK 谈道："在教会服侍，有时候特别磨脾气，有时感觉和公司的人更容易合作，因为在公司，大家都是在为着一个事情往前推，不会因这个人能力不足而迁就他，公司也不会要求你迁就下属或同事，对就是对，错就是错，做的好就是好，不好就是不好。和公司里面的人，不用特别走心，什么矛盾啊，都是为了工作。但是在教会里要求你更有爱，就磨性格。因为你的表现多多少少会牵涉到你和上帝的关系，大家会看你做了多少啊，你如何待人啊，做的不好就会被质疑你和上帝的关系。"

除了通过在教会层面的参与，成员彼此监督，产生互惠合作行为外，小群参与也是 J 教会培育互惠合作规范的理想场域。小群成员每周至少聚会一次，成员之间交往频繁，而且规模较小，每个人在小群中的付出和贡献很容易被观察到，如一周一次聚会时哪位成员做的饭，带的水果，洗的碗，可以说一目了然，成员之间也会彼此赞誉那些贡献多的人，当成员赞誉那些志愿服务做的多的人时，无形之中也会对他人产生压力和影响，并促使他人作出效法的行动，这时互惠规范就产生了。传道人 LMB 谈道，"每次小群大家来我们家，都会带个菜或者水果什么的，都很主动，不需要提醒。一般人都会不好意思空手来，但是如果一些人确实经济能力不好，我们也会给他说尽量少带或不带。"

可见，教会作为一个自治组织，宗教团体成员在参与的过程中，人们之间也会有名声和声誉的传播与监督，并作为一种社会资本在组织中发挥着功能。

总体来说，宗教价值观、领导者的示范榜样、横向的公民参与网络是 J 教会互惠规范产生的"三驾马车"，缺一不可。助人、服务及集体主义的宗教价值观为社会资本的产生提供了意识形态引导；领导者的身体力行、榜样示范，则在实践层面为教会储蓄了最基本限量的社会资本，是教会社会资本运转起来的"本金"；横向的公民参与网络则提供了社会资本增殖的机制，通过不断的参与，提高了成员之间博弈的次数，督促人们做出互惠行为，参与越多，社会资本存量越高，通过不断的参与，教会的社会资本进入投入、产出、增殖的良性循环中。

二、社会规范

宗教规范作为一种神圣化的社会行为规范，强调施善、仁爱、怜悯、诚实、公平、正义等一些人生基本价值和信念，并覆盖人类全部社会关系。尽管 J 教会在外部基于社会公益慈善性质的利他志愿服务产生的社会资本较少，不过 J 教会非常注重建立"基督化家庭"秩序和职业伦理规范，以影响和建立社会规范，创造外部社会资本。下面我们将结合调研资料，分析 J 教会是如何透过教导和实践家庭、职业规范来创造社会资本的。

（一）教会在建立家庭规范方面的正功能作用

西方学者大多认同，两性角色的变化对文明社会会产生重大影响，家庭结构和家庭价值观在确定社会结果方面起着重要的作用。福山在《大分裂》一书中指出，家庭和社会资本之间关系密切。在家庭中，父母双方需要共同抚养教育子女，因此是培育互惠和长期合作的基本场域。福山指出，家庭既是社会资本的源泉，又是社会资本的传输者。[17]如果缺乏家庭这种最基本的社会资本，则社会将表现为全面缺乏社会资本。

17　（美）福山.大分裂：人类本性与社会秩序的重建[M].北京：中国社会科学出版社，
　　2002:52.

　　洛瑞（Loury）是社会资本研究的早期学者，他也指出，"社会资本"是一种存在于社区的社会组织与家庭关系之中的资源，这类资源对儿童或青少年的心理成长以及社会化至关重要。在洛瑞的基础上，詹姆斯·科尔曼将社会资本定义为"社区社会组织与家庭关系所固有的、有益于儿童认知、心灵健康和社会发展的一系列资源"。[18]

　　普特南在研究社会资本时，虽然没有着重强调家庭在产生社会资本中的作用，但是他在《独自打保龄》中"非正式社会联系"这一章节中，也提到家庭共聚，如共进晚餐、出游、一起看电视、参加宗教活动、坐着闲聊等活动的减少使美国的家庭纽带松弛，离婚、家庭规模变小等因素降低了亲属联系的重要性。

　　根据以上学者的观点，笔者认为，家庭在社会资本产生中扮演着重要角色。但是目前国内诸多研究表明，我国家庭婚姻领域却出现了诸多变迁和危机，离婚率居高不下，非婚性关系增多，结婚率、生育率下降，家庭暴力增多，夫妻关系沟通不畅，亲子关系不良等，亟需重建或调适形成新的家庭规范，以应对危机。教会作为道德型的社会组织，在建立家庭规范方面发挥了一定的作用。

　　基督教的教义中有着丰富的婚姻伦理思想。李世峥将基督教的婚姻伦理总结为以下四个方面：1. 一男一女原则。基督教认为，婚姻关系中的双方必须是生物学意义上的一男一女，只有男女结合，才可能实现上帝对人类繁衍子孙后代的计划。2. 一夫一妻原则。一夫一妻制是相对于一夫多妻或者一妻多夫而言的。基督教禁止人以任何形式多妻或多夫，认为任何在配偶之外的男女关系，都被视为奸淫。因此，基督教婚姻伦理是反对婚外情、重婚、包二奶等行为。3. 一生一世原则。一生一世的原则主要指，基督教认为婚姻是上帝设立的，具有神圣性，也是双方之间的一份契约，上帝是婚姻契约的中介人和见证人。而"上帝所配合的，人不可分开"，因此婚姻要延续一生，人不得随意提出离婚，婚约关系要持续到其中一方的死亡之时。同时，圣经也例外地提出了基督徒可以离婚的一个理由，就是对方犯了奸淫罪，而且拒不悔改，在这种情况下，受害方可以提出离婚。4. 一心一意的原则。一心一意的原则是指双方要互相忠诚，彼此相爱。[19]

18 Coleman, J.S. *Foundations of Social Theory*. Cambridge:Harvard University Press. 1990.P.300.

19 李世峥.婚姻，人人都当尊重——浅析基督教的婚姻伦理及其对当代中国社会的现实意义[J].天风，2006（15）.

在 J 教会，牧师的教导也特别强调家庭婚姻的伦理，除了教导信徒遵循以上一男一女、一夫一妻、一生一世、一心一意的原则外，还有一些指导婚姻家庭生活实践的具体教导，帮助信徒实践基督化的家庭婚姻生活。总的来说，J 教会在建立家庭规范方面的作用大体表现在以下几个方面：

1、夫妻轴取代亲子轴成为家庭关系的主轴

在中国社会，纵向的亲子轴一直是中国传统家庭关系的主轴，婚姻的重心主要在养育孩子，而忽视夫妻关系的沟通交流。近几年，随着家庭的小型化和核心化，家庭内部关系更为平等，一些家庭社会学学者，如杨善华、徐安琪、沈崇麟等认为，随着家庭关系内部变迁，夫妻轴取代亲子轴成为家庭关系的主轴。但仍有一些学者指出，虽然在现代的家庭中，亲子关系较之以前更加平等，亲密关系的重要性也在提升，但并不意味着夫妻轴已经取代或超越亲子轴。[20]有心理学专家也指出，中国家庭存在的诸多问题，都和家庭次序颠倒有关，即过于注重亲子关系而忽视夫妻关系，而不健康的夫妻关系就容易给孩子带来不安全感和成长障碍，影响孩子人格发育。

J 教会在针对家庭的教导中，非常重视夫妻关系，认为一个家庭要良好运转，应将夫妻关系作为主轴，亲子关系作为副轴。牧师在一篇讲道中也提到："家庭由婚姻开始，美好家庭生活的基础是健康的夫妻关系。因此我们需要把夫妻关系放到家庭生活中最优先的位置。为了享受美好的家庭生活，我们需要以上帝的方式养育我们的下一代。中国的很多父母都围绕着孩子组织家庭生活，恨不得把一切他们认为最好的东西都给自己的孩子。但是，对于孩子的健康成长来说，比我们能给的一切更加宝贵的是让他们看到父母之间健康的夫妻关系、享受从父母而来的充分的爱。"在家庭日常生活中，信徒也会以牧师的教导为实践指导。

2、提倡两性角色次序及分工

关于两性角色，教会也有着不同于世俗社会的教导。基督教认为，婚姻是上帝所设立的制度，而且上帝制定了婚姻中夫妻之间的次序和分工，《圣经》记载，"你们作妻子的，当顺服自己的丈夫。你们作丈夫的，要爱你们的妻子。"根据《圣经》原则，J 教会在教导夫妻在家庭中的秩序时强调：丈夫在家庭中

---

20 参见：康岚.论中国家庭代际关系研究的代差视角[J].中国青年研究，2009（3）；沈奕斐."后父权制时代"的中国——城市家庭内部权力关系变迁与社会[J].广西民族大学学报（哲学社会科学版），2009（6）.

要做头，是领导者、决策者和担当责任者，但丈夫领导的方式不是发号施令，而是以爱、舍己的方式来服侍领导妻子。而妻子的角色则是参谋者和帮助者，要顺服丈夫的领导。除了教导，教会也带领信徒在家庭积极实践这一原则。

WDM 和 WY 是一对 80 后夫妻，刚结婚一年多，WDM 谈到家庭中的夫妻角色时，说道："在我们家，教会服侍、我的事业、我妻子的工作都是听我的，她懂得自己没有能力，自己现在也不愿意做决定了。现在中国社会，大部分，不能说所有，都是女的说了算，尤其是 70、80、90 后，女的强势，不是说女的强势不好，上帝赋予的权柄就是丈夫做头，就像耶稣做教会的头一样，家庭中如果妻子非要做头，位置弄反的话，对家庭会成为阻碍。我们俩还好，我其实觉得她顺服挺多，顺服打动我，妻子的顺服也让我越来越有责任感，基督徒是有使命的，所以很多时候我在祷告中也是向上帝祈求我们家的使命，我自己的使命，怎么使用我，怎么使用我的家庭。"

访谈中妻子 WY 在丈夫 WDM 说完后，接着说道："我可以补充一下，其实做到顺服挺难的。刚开始不信主的那会儿，我简直就是小霸王。那时候没信主，也比较任性，觉得自己是女孩，男孩应该让着自己，对方应该让着自己，听我的，虽然当时也知道自己很多时候不对。后来信主后，一点一滴地改变，每次脾气收回一点点，慢慢地学习顺服。举个例子，前段时间，他的驾照过期这件事情。在过期之前我提醒了他 N 多次，给他说，快过期了，快去办理换证手续吧。结果他不去，一直到真的过期了，就来不及了，导致我们假期不能开车。以前我肯定生气，他不去我就会给他闹。但是这次他说没办成，我说没办成就没办成吧，其实他自己也很郁闷。牧师也经常讲，妻子要做的就是提建议，但是决定是丈夫做，如果决策是错的，责任是丈夫要承担的。所以驾照没办成，他自己也很郁闷，下次就知道我给他提意见时，他会听了，认真考虑了。我理解的顺服就是妻子可以向丈夫提不同意见，不是什么事情都附和丈夫都是对的，妻子可以提不同意见，但是丈夫听不听，做决定是丈夫，责任在丈夫身上，结果在丈夫身上。即便丈夫做了错误的决定，但是在错误中丈夫也才能慢慢成长。我们夫妻现在慢慢达成了这个程度，他在家里做主，我来帮助他，给他做参谋。不信主那儿会，我真的就是个小霸王。"

圣经和教会的教导除了规训家庭中的夫妻角色，建立家庭秩序外，基督教信仰所倡导的"无条件的爱"也帮助信徒克服自私、偏狭的心理，学习宽容、理解、付出和牺牲。在神圣力量的启示下，完成一种"内里的反观"同时，也提供了强大的改变动力。

WDM 谈道信仰带给他婚姻的改变时说道："恋爱的时候，我在北京工作，她在青岛，为了结婚能在一起，她放弃青岛的工作调动来到了北京。但是我们最初领证的头半年，北京雾霾很严重。我们俩也经历雾霾，两天一小吵，一周一大吵，她睡眠也不好，是老毛病，持续了好几年，我们吵架时，她很后悔来北京嫁给我，在北京也没有朋友。我好歹还有朋友圈，自己的圈子玩一玩。她没有朋友就缠着我。我们俩婚姻雾霾，天天吵。后来信主之后，觉得应该不会吵架了，发现信主后照样吵架，心想基督徒怎么还吵架呢？当时不懂，直到参加小群后，发现教会其他弟兄姊妹，夫妻家庭也都会吵架。而这都是人的软弱和自私的本性造成的，靠上帝帮助，婚姻才能经历翻转。而我们婚姻后来之所以改变，我觉得教会讲道、小群还有教会其他活动都是辅助的，最重要的是自己生命的成长，靠着耶稣改变自己，这个是核心的东西。在之前，我们都坚持自己的世界观，觉得对方应该改变啊。其实婚姻没有什么大事情，每天都是小事情，磨两个人，有时在无数个小事情上，达不成共识，沟通就越来越困难，之前我觉得婚姻就是让人经历患难的。我们现在的状态比以前好太多了，现在每次我要生气的时候，我就求上帝安慰我，冷静我，让我耐心一些，每天让步一些，对方会越来越看到你的付出，婚姻越来越好。现在我们两个人有很深的默契和理解，都慢慢学会克服不耐烦啊，生气啊，懂得为对方付出，一时的忍耐就带来改变，温暖很多，我为她牺牲很多，她为我牺牲很多，现在很享受这个关系。"

DHF 在小群分享时，说道："今天给我爱人吵了一架，我性格比较急，也比较自我，有些话讲出来时，和自己亲的人不会想一想，一下子火就起来了。路上我还很生她的气，想让上帝改变她。后来想了想还是我自己有问题，祷告我自己能改变，好一点，改变自己随便说话的毛病。"

托克维尔在《论美国的民主》一书中指出，"宗教能通过约束家庭来引导民情，人们从家庭中吸取对秩序的爱好，然后再把这种爱好带到公务中"。[21]基督教徒在家庭中学习夫妻相处的秩序、宽容、沟通合作和理解、学习倾听别人的观点，修正自己的观点等，这些秩序也会扩展到家庭之外的公共领域，如教会、职场、社区等公共事务中，增进社群的福祉。

---

21 [法]托克维尔.论美国的民主[M].北京：商务印书馆，1988：796-797.

ZGL："我和太太再有 2 年就结婚 20 年了，我们以前也经常吵架，磕磕碰碰很正常，不断有磕碰，我们就不断改变使自己更好。别人打架越来越远，我们是越来越近。不信主的人，婚姻遇到矛盾，可能会越来越挑毛病，觉得丈夫或妻子一无是处。我们打完架，上帝会启示我们自己有什么问题，以后不要做这种事情。我觉得婚姻挺磨练性情的，也有助于到公开场合出去办事，和人交往，家庭成为操练的地方。"

LCG："在婚姻里，我感觉上帝让我经历很多，也明白很多。越来越明白夫妻两个人是不同的。有时两个人会产生矛盾，我觉得自己并没有做错什么，我很正常。但是因为两个人不同，你觉得正常的，对方可能会觉得受伤害。所以这件事情不是说你做对或做错，给对方讲道理，而是要考虑到妻子的情绪，你这样做让对方受伤害了，那就是错了，要理解接纳她的感受，而不是一味地讲道理。以前我感受不到自己是什么样的，对别人会有什么影响？我做的事情会对别人产生什么影响。我挺感恩，上帝让我从婚姻中学习到很多，这种学习应用在我的工作上，也有很多帮助，让我学会多考虑别人的感受，站在对方角度理解他，我觉得对我处理人际关系挺有帮助的。"

3、强调女性的特殊作用及男女平等

托克维尔在《美国的民主》一书中指出，社会的民情是由女性创造的。凡是影响妇女的思想、习惯和地位的一切东西，在托克维尔看来都具有重大的社会意义。他通过对 19 世纪 30 年代美国社会的观察，分析了美国人怎样理解男女平等及女性的特殊作用这一问题。

托克维尔认为，在欧洲，人们认为男女平等就是指男女完全相同，承担同样的职责和义务，赋予同样的权利才是平等。但是在实际生活中，男人却经常认为女性虽然外表迷人，但是却是软弱无用和怯懦的，尽管他们常常向女人百般献殷勤，有时甚至表现得像女人的奴隶，但是他们内心从来没有把女性放在和他们平等的地位上。女性本身也这么看待自己。而美国人理解的平等却和欧洲不同。美国人认为，男女在身心方面存在极大的差别，平等并不是赋予男女共同的权利和职责，而是要让男女各尽所能，男人主要职责是进入政界、做买卖、下田去干粗活，而女人的职责是管理好家务，虽然男女分工不同，但是作为人的价值是相等的。同时，美国男人充分相信女性的智力和理解力，认为女性的头脑和他们一样清晰、可靠，是值得尊重的。但是任何团体要想有效地运作，必须有一个首领，而在夫妻的小家庭里天然首领

就是丈夫。妻子则心甘情愿放弃自己的主见，认为丈夫有权指挥自己，不认为丈夫在行使自己权利的同时，在侵夺她们的权利，使她们被迫服从。

最后，托克维尔指出，美国的妇女虽然处于社会的下层，但是在道德领域和智力活动中却和男人处于相同的水平。因此，她们的地位还是很高的。托克维尔还认为，美国的繁荣和国力蒸蒸日上应当归功于妇女们优秀。[22]

综上，我们可以看出，托克维尔认为的男女平等是指男女基于生理差异各司其职，男人做家庭的领导者，同时尊重女人的智力和自由。在一个社会中，女性的服从和智慧对于形成好的民情至关重要。而目前中国人如何看待男女平等的呢？女性在社会中又发挥着怎样的作用呢？

改革开放以来，伴随着越来越多的中国女性进入有偿劳动力行列，女性的社会地位有了显著提升，思想观念也出现诸多变化，女性逐步开始反抗摆脱男尊女卑、男强女弱的两性不平等关系，女性对婚姻家庭也有了不同的态度和认识。中国人民大学舆论研究所抽取了五座大城市中处于不同阶层的5223位女性进行调查，研究发现当代女性关注度最高的问题依次为：工作（55.0%）、健康（48.4%）、爱情（44.7%）、家庭（34.7%）。[23]我们从半数以上的女性将工作列为第一位可以肯定，当代女性职业化已成为一种趋势，家庭在女性心中的重要性在逐渐下降。当问及女性走入职场给女性带来的最有利的改变是什么时，有53.3%的人认为提升了女性地位，有62.2%的女性认为实现了经济独立。[24]

一些国内学者据此认为，女性职业化是革命性的，经济的独立使女性逐步摆脱了对男性的依赖，实现了真正意义上的男女平等。[25]但是对此，许多西方经济学家却并不看好，他们认为，女性的收入与家庭的破裂有关，加里·贝克尔（Gary Becker）在他的《论家庭》（A Trouble on the Family）一书中对此种观点作了详尽的阐述。他认为，在过去，女性由于没有工作经验和技能，在身心上只能依赖丈夫，即便女性对婚姻不满意，但是因为无力养活自己而必须接受。但随着女性进入职场，收入的增加，她们养活自己和孩子的能力大大增强。此外，女性收入的增加也使抚养孩子的成本加大，致使出生率降

22　（法）托克维尔.论美国的民主（下卷）[M].北京：商务印书馆，1988：821-822.

23　喻国明.近察城市女性—我国城市女性的生活状态与生活观念[J].民主与科学，2000（2）.

24　同上。

25　刘蕾.从女性的角度分析离婚率升高的原因和对策[J].北京社会科学，2001（4）.

低。而子女数越少，维系婚姻的共同资本越少，离婚的可能性会更大。福山在《大分裂》一书中也指出，西方大量经验和事实表明，女性收入越高，离婚率和婚外生子的概率就越大，而且影响男性的责任感。

无独有偶，在中国，也开始出现女性收入和离婚率成正比的趋势。向月波等指出，伴随着女性职业化和社会地位的提升，女性成为离婚率推高的"主力军"。[26]对此，笔者认为，中国女性在传统社会中，因为受父权政治和男尊女卑的文化束缚，只能在家庭中处于从属和被动地位，受到不公待遇。在现代社会，女性走出家庭，进入职场，寻求独立自主，这对于减轻家庭经济负担、提升中国女性的自信及在家庭和社会中的地位非常有益。但是若女性"矫枉过正"、将经济独立、丰厚的收入作为自己唯一的价值，而忽视妻子和母亲的角色，并以经济独立为由凌驾于男人之上，将会给女性的身心带来极大的危害，也会让女性的婚姻陷入危机，即一旦有了经济保障，夫妻过不下去就选择离婚。因此，在女性职业和幸福婚姻中间需要一个中间变量来平衡，即正确的女性观、家庭价值观。

J 教会倡导的家庭观和前文托克维尔提到的男女平等观念及女性的作用差别不大，即认为男女虽然生理和心理有别，但女人的受造地位和男人一样是平等的，有尊严的。因此，应该按照男女天然的秩序组织家庭生活，丈夫要爱妻子，妻子要顺服丈夫。只有在承认性别差异基础上的互相尊重和遵守次序才是真正的男女平等，而不是男女经济平等，做一样的工作，承担同样的义务和权利才是男女平等。

我们在访谈中，发现 J 教会的女性在家庭生活中，也经历诸多挣扎，不同程度上受到"唯有工作才能体现女人的价值"的观念影响，但她们在教会的教导中逐步习得基督教的家庭价值观，并实践应用在家庭生活中。

WLH 的丈夫经营一家公司，刚来 J 教会时她正经历婚姻危机。在访谈中，她谈到自己信主前后婚姻观念的变化及婚姻的转变时，说道：

"信主前有一段时间，大概是几年的样子，我对自己的状态很不满意。结婚后，我先生一直工作比较忙，我因为是两个孩子的母亲，还要照顾家里的一些琐事，所以工作方面也没有太大发展。但是我总是感觉自己的价值不应该在家里。我经常感到不公平。为什么我要放弃自己的事业，每天管理家务，每天照顾孩子，陪孩子做作业，练琴，每天做这些很花费时间又消磨创

---

26 向月波等.当代中国家庭离婚的特征分析[J].前沿，2011（6）.

造力的事情？因为对自己不满意，不接受，我就对周围的一切都挑剔。我觉得我和我先生的感情不再像刚开始的时候那样充满爱意与美好。两个人之间除了孩子好像没有什么共同语言。很多方面我们在心里面不认可对方，总是希望改变对方，但是谁都不愿意放下自己。记得2002年因为爱情，我放弃很多东西来到北京时是那样的心甘情愿，满怀热情与期待；可是在一起生活十多年之后，只剩下无奈的凑合。。。我和我先生虽然个性差异，但都是责任心很强的人，为了孩子我们是一定不会离婚的，我觉得我被困在没有爱的婚姻里面，感到绝望，很害怕。甚至我想到国外读书一段时间，与他们分开一下。

去年十月份，一位老师带我和丈夫来到教会开始认识上帝。期间做礼拜，参加小群聚会，读经，灵修。在天父和主耶稣的爱里边，慢慢地我们夫妇开始亲近神，蒙受上帝的恩典，今年十月受洗成为基督徒。我们也有了共同的价值观，一切都不一样了。我认识到我的价值不是和别人比较。我的价值是上帝爱我，主耶稣爱我。我是上帝创造的独一无二的艺术品。虽然我的先生还是一样的粗心，不拘小节；孩子还是一样的顽皮，可是现在我明白了。上帝把我放在这里，是因为我的丈夫需要我。上帝让两个不一样的人在一起，是要我们互相成全。上帝给每个人的恩赐不一样。天父预备我的先生是要让他成为思维清晰，逻辑分明，能掌控大局而不是拘泥于细节的弟兄。天父安排我照顾好孩子和家庭，是让我的先生可以安心的追寻上帝给他的使命。我现在经常会感慨上帝太爱我了，给我安排这么适合我的丈夫。我现在感觉夫妻感情比热恋的时候还要恩爱。婚姻不是爱情的坟墓。天父为我们设计的婚姻是充满爱，感恩与幸福的。"

DWM在访谈中，谈到自己的婚姻改变时，说道："其实说起改变，我想说说我之前的状态，2012年我生了一个宝宝，因为有了宝宝，我感觉自己牺牲很大，因为没有人照顾他，我必须辞掉工作，在我看来，我是在工作中找到了自己的价值，为了照顾孩子辞掉工作后，我觉得自己的价值没有了，我的自信没有了，我的个人时间也没有了。我觉得孩子是我的累赘，所以我心里埋怨孩子，导致我的情绪化，很容易发脾气，致使那段时间我的孩子也是情绪化，我老公是做IT的，工作很忙，基本上一天从早上要忙到晚上九十点钟甚至更晚，所以他如果晚回来，我就不和他说话，不理他，自己在那生闷气，所以他说我不理解他，工作那么晚回来还发脾气，我又说他不理解我，只想着工作，所以我们经常吵架，也使孩子受我们的影响经常生毛病，可以说那段时间我真的很绝望。自从我来到教会后，听牧师讲道说，丈夫是妻子的头，妻子要顺服丈夫，尊重丈夫。我学着用上帝的爱去宽容，尊重他，理解他。我的改变使我和老公之间的关系也慢慢好了，我老公对我说你最近改变很大，说话和气多了，也理解他了。而每次聚会在公交上，老公都会给我发个信息，让我注意安全，让我感觉心里很暖。所以我感谢上帝，是他的爱加热了我的心，让我的心扩大，使我容下以前容不下的东西，学着顺服和尊重丈夫，让我的家庭更和睦。"

GFW 在访谈中提到："我是感觉在家里，全中国的社会大状态是女性在家里说话算话，女性说要怎么着，怎么着，男的不怎么在家里管事，其实这是很大的问题。女性不能剥夺家里男人的地位，该是男人处理的事情就要让男人去处理。有的女性在家庭付出很多，但是也挺委屈的，觉得得不到丈夫的认可和爱护。所以我在小群里经常给妻子们说，女人要认识到自己真正的价值，女人应该成为丈夫的帮助者，成为存在的美丽的东西，要有依靠男人的心态，不能在前面冲啊冲。"

从以上访谈资料可以看出，当 J 教会所倡导的家庭秩序中不同性别角色的分工在信徒家庭中实践时，为其家庭生活带来了不一样的改变。尤其是当女性从"超自然力量"那里找到个体存在的价值和意义后，也会帮助其找到在家庭中的角色定位，甘愿屈居丈夫地位以下，同时又保持人格独立和尊严平等。而在其中，信仰作为一种神圣的维度发挥了重要作用，能改变人的价值观和身份观。当女性带着一种新的身份价值，重新进入家庭生活时，也会影响整个家庭生活秩序的重建和改变。由此可见，在尊重男女生理、心理差异基础上的男女平等，并且发挥好女性的作用，对于建立家庭社会资本非常重要。

4、禁止婚外性行为

基督教禁止婚外性行为，包括未婚同居、外遇、包小三等行为。《圣经》中摩西十诫第 7 条和第 10 条记载"不可奸淫"、"不可贪恋人的妻子"，一旦违背，就被认为是犯了奸淫罪。教会通过这些宗教教导约束信徒的行为，并且逐渐使其内化，从而有效地降低了婚外性关系的发生。J 教会不支持婚外性关系，但是如果发生了，只要信徒愿意悔改，教会也会接纳。

小牧人 FXJ 所带的小群成员大多都是未婚的年轻人，在关于婚前同居问题上，她谈了自己的困惑和观点："我带的周五小群有一个姊妹，之前不信主，和男朋友一直同居。这个姊妹后来信主了，但是她男朋友一直不信，但是和我们的关系很好，她男朋友也会来参加我们的活动啊，但是还没有愿意信。我也同样纠结于他们同居是不是要分开，过圣洁生活。问牧师，牧师说婚前同居不好，但是他们信主前就已经这样了，两个人都快要结婚了，分开有可能会破坏他们的关系，教会也不是要拆散人。后来他们结婚也邀请牧师证婚了，现在她老公和我们关系很好，也参与教会和教会服侍，但是接受信仰可能需要一个过程。还有另外一个姊妹是认识了一个不信主的男朋友，各方面都合适，就是他的男朋友不信基督教，但是不反对。教会姊妹多弟兄少，所以你在主内找不到的话，能不能找一个不信主的人，还能继续过信仰的生活。牧师认为，单身的弟兄姐妹不要老在教会里盯着看有没有合适的，也可以通过传福音，使你带的新人成为你的丈夫或者妻子。这个姊妹和男朋友认识没多久，就同居了。家里逼婚也很严重，她男朋友就是不愿意来教会，最后姊妹和他结婚了，有了孩子，但是她刚开始有些苦恼，矛盾，觉得自己不圣洁啊。我也为她祷告，知道她比较痛苦，人一旦有了情感后很难拒绝发展，她有一些顾虑，曾经都分享过，她想过一个圣洁的生活，想来小群，又不敢来，我去探访她，和她沟通，她就释怀了。婚前同居这个问题对现在的年轻基督徒是一个苦恼。一方面生理上需要，另一方面心理上又很挣扎。这个问题怎么解决呢，我认为是大家要一起祷告，一起分担，信仰不是律法框框，不能干这个，不能干那个，最重要的是爱。当然我也不提倡婚前同居，只是如果发生了，我们也应该接纳她。"

5、鼓励生育

在生育问题上，J教会禁止堕胎，认为孩子的生命是上帝的财产，父母只是幸运地得到了监管权，没有任何权利去处置孩子的生死权，堕胎等同于谋杀。另外，针对现代人生育率越来越低，尤其是年轻人不生育的问题，教会则鼓励信徒生育。牧师在六一儿童节的讲道中提到："儿女是上帝赐给我们的祝福和享受，应该珍惜和享受上帝给我们的祝福。很多现代人不愿意生孩子，觉得麻烦。可是今天的经文告诉我们，儿女是上帝给我们的美好的祝福。上帝说施比受更有福，这在家庭生活和社会生活中都是如此。所以，夫妻应该憧憬和等候、计划而非惧怕孩子的到来。如果已经有了儿女，应该尽情享受孩子成长的过程。"

6、全面的亲子教育观

J 教会对于养育孩子有一系列的教导，如在亲子角色关系定位上，认为孩子是上帝赐给父母的礼物和产业，父母只有监管权，而不能作为私有财产和附属品，任意干预处置。

DJG 谈道："孩子是上帝赐给我们的产业。有一次我们一家三口拉手祷告，我给上帝祷告说，我感谢你，感谢你把 XXX（其儿子的名字）放在我们家，使我和妻子做他的父母，我们愿意按着你的教导养育他、关心他、爱他、帮助他，使他成才。但是因着人的局限性，我们做得不够，求你看顾 XXX。祷告的时候儿子突然哭了，他突然意识到，中国传统，孩子和父母是连体的，我给上帝说谢谢你把他放在我们家里，使我们成为他的父母，他一下子心灵就震撼了，和上帝关系近了，明白他的身份是独立的，但也并没有和我们疏远，他知道我们一家三口是一个团队，要相互合作、扶持往前走。"

教育方式上，教导父母要尊重孩子的意愿，按照孩子的成长阶段来教育孩子，不能过于干预、严厉。

WXH 作为一个 18 岁孩子的母亲，说道："在女儿青春期时，我和女儿的矛盾冲突变成了家常便饭，常常吵架，关系降到冰点。孩子把自己封闭起来，与家人几乎不说话，我对女儿也是一肚子的不满。在小群分享时，小群成员帮我分析，说要尊重孩子的意愿，把她当朋友啊倾听孩子的声音，不能凡事都干预孩子。后来我自己也发现我们母女冲突不完全是我女儿的问题，也有我需要改变的地方，我就求上帝给我与女儿沟通的智慧。后来遇到一些事情的时候我不再是让女儿按着我的意思去做，或是把事情都给她做好了，而是去倾听她、鼓励她去面对。刚开始她还是不接纳我，不理我，后来有一次母亲节的时候，我很想女儿能给我打个电话或者发个祝福的短信，但是等了一上午都没有，当时我很伤心，我也不抱什么希望了。当时我们的小牧人还鼓励我不用担心，还是有希望的，期待上帝做奇妙的事情。谁知道到中午的时候，我女儿就发来短信，祝我母亲节快乐，还在网上给我订了一个巧克力，等会就送到。我听了后非常高兴。这是我平生第一次在母亲节收到女儿的礼物。自那次之后，我们母女的关系有了很大的改善，她有时还会主动请父母吃饭，关心我们。"

另外，教会还教导父母要了解孩子的内心，在鼓励中进行引导，建立爱的亲密关系。要注重孩子"全人"的培养，包括智力、道德品格、身体、人际交往、灵性等全方位的教育，而不是迎合现今的教育体制，仅仅注重成绩。

牧师在讲道中谈道："儿女作为上帝赐给我们的礼物，我们应该珍惜儿女，对他们而言最重要的是父母的爱。无条件地给孩子最贵的东西，未必是祝福。父母能给孩子最最好的礼物，是以上帝的名祝福他们，当着他们的面祝福他们。或者晚上睡前，或者早上出门前，或者其他时间，总之要常常奉上帝的名，当着孩子的面祝福他们。"

DJG 在谈到自己对儿女的教育时，说道："我儿子学习成绩一直不好，我每次开家长会，老师就把我留下，说你们两口就这一个孩子，怎么不好好管教呢。我就给老师说，让你费心了。一般的家长可能会朝着孩子发火。孩子也挺怕我的，天黑了才敢回来。但是我给他说，老师说你这次有进步，你虽然学习成绩不好，但是我觉得你很努力，很聪明，人际关系也好，以后会成大气候。儿子听了就没那么害怕了，下次他就在学习上努力一些了。其实换一种说法，是一种鼓励。孩子不是上清华北大才是人才啊，但是他必须也得努力。我儿子有次给他妈妈说，你和爸爸一起睡，我自己睡害怕，我也想找个媳妇，我就不怕了，我都 12 岁了，我都喜欢人家，人家也喜欢我。孩子有这种想法，一般家长的第一反应，就是灭了他这种想法。我妻子一听就生气了，训他了一顿。后来我妻子给我说这个事情，我觉得儿子这个事情还没处理完，我得帮他把想法澄清捋顺。第二天，我就给儿子说，儿子，我们出去玩，男人之间的事情，去河边聊聊天。我就问他最近学校有没有发生什么事情，同桌是谁啊？你学习怎么样啊？同学有没有彼此喜欢的，慢慢引导他说出来。后来他就给我说，爸爸，给你说个事情，然后就把他想娶媳妇，他妈骂他的事情给我讲了一下。儿子说完后，我给他说，儿子，我为你高兴，老爸娶你妈费多大劲，你比老爸高啊。当时他眼神立马亮了。就说老爸啊，还是你好啊。然后我就给他说，这个事你睡觉害怕，想娶媳妇。但你认为娶媳妇是怎样的境况呢，怎么过日子？他也说不上来，其实儿子什么都不懂，他唯一的理由是娶个媳妇来我们家，他就不害怕了。我就给他讲，解决害怕还有别的方法，我就问他你为什么害怕，聊了两个多小时，聊完他就没那么害怕了，知道爸爸妈妈会保护他。所以，我们的孩子无论有什么千奇百怪的想法，都应该尊重，只有尊重孩子才能说出自己的想法，你才会了解孩子的心，了解孩子也是为了好好引导他。我和儿子关系挺好的，他什么事都愿意给我说，问我的建议。"

家庭中的亲子关系是操练理性对话、倾听和平等的重要场域。在中国传统社会中，亲子关系更多地体现为"孝"，强调子女对父母权威的尊重、服从。随着现代社会的变迁，"一孩化"计划生育政策的实施、人们经济生活水平的提升，亲子关系"反转"的趋势越来越明显，从"小皇帝"、"小公主"、"孩奴"等一些流行词中就可以看出。在 J 教会则倡导平等的亲子关系，主张家长和孩子的沟通、理解和达成共识，使家庭成为民主的操练学校。正如托克维尔在《美国的民主》一书中也认为，平等的父子之爱是人性自身产生的情感，是合情合理的，也是民主的操练所。[27]

（二）教会在培育职业规范方面的正功能作用

"工作"或"职业"活动已成为现代人生活的重心。根据统计，现今社会上有三分之二的人口，一生中花三分之二的时间工作，可以说，职场成为人们生活的重要领域。

"职业"一词源于西欧，马克斯·韦伯在《新教伦理与资本主义精神》一书中，考证"职业"这个名词时发现，最先使用这个词的是宗教改革家马丁·路德。"职业"在德语中是 Beruf，在英语中称为 Calling。Calling 是 Call 的动名词形态，是召唤、呼召的含义，从"职业"的词源上，我们看到职业与呼召有着密切关系。

J 教会认为职业是呼召，是基督徒的使命。牧师谈道："对职业的神圣感是这个时代最亟须的。职业不单单是一种挣钱的工具，更是上帝赋予的神圣使命，是一种呼召。工作领域是我们见证上帝的最重要的地方"。在教会平时的教导中，牧师也鼓励信徒要找到自己工作的使命，主张信徒通过在工作中的良好表现以及有道德的生活为信仰作见证。

我们在访谈中，也发现了 J 信徒对工作的重视和使命意识。

WDM："我在事业上也寻求上帝的呼召，之前打算创业。参加祷告训练时，师母问你的梦想是什么，我告诉她，想在互联网时代，改变一代人，让他们归向主。说完后，自己都觉得这个太大了吧，但是后来师母也为我祷告，我自己也祷告，我自己也特别有信心，我不会担心，上帝成就的事情就不会不成的。后来祷告就有回应，前段时间我正好得到一个创业的机会，正好一个朋友找到我，邀请我一起做互联网的一个品牌，家具 OTO，属于 IT 团队，

---

27 （法）托克维尔著.论美国的民主（下卷）[M]. 北京：商务印书馆，1988：797-802.

做一个外包公司。感觉一个强大的资源找到我，像白送给你一番事业。当时给师母说了后，她问我怎么实现，现在渐渐清晰了，上帝的指引慢慢就过来了，上帝把朋友带到我身边，项目带到我身边，做好很容易荣耀上帝，我现在的使命感呼召越来越强。"

HJ："我在百度工作，平时压力挺大的，竞争很激烈。百度偏开发、属于技术型的。在压力环境中，感觉挺有挑战的，有时想回到老家，吃穿不愁，在 B 市压力大，生活成本又高，但是我觉得最重要的是上帝给你的使命，上帝希望我在这个地方工作，在工作上能荣耀他，所以我回不去，有时候自己也想回去，但有使命，使命得完成。"

XJY 是 J 教会的会友，由于看到中国教育存在的问题，2005 年他创办了一所学校，在家长中颇有声誉。在访谈中，他谈道："我觉得现在学校教育出来的学生都差不多，这么一个学校，大家都差不多，一个国家塑造人的这种产业搞成如此地标准化，这是一件很可怕的事。现在学校不论从价值观层面的培养，还是从实际解决问题，还是培养社会所需要的人等等，我都觉得教育存在很多问题。我希望通过我们的团队让大家知道教育并不是一个模式，它应该有很多模式，应该是尊重孩子的特点。我们希望能够做出一种和传统教育不太一样的东西，这是我们想要做的。这是我愿意投身到这个行业一个主要的原因，另外我是基督徒，还有上帝的呼召，希望能为中国的教育做一点事情。我们的学校教育主要注重培养学生四种能力，一是培养学生自主学习能力。第二是与人沟通的能力。第三是解决实际问题的能力。第四是创新能力。我们非常注重孩子很小的时候要对他进行项目学习和主题教育。项目学习，就是要让孩子很小的时候，要学会通过做项目来完成这样一个学习。比如说我们确定做了一个项目，我们叫爱国、爱社区。就是因为小区里面，经常养狗，有狗粪这些东西，要如何解决这些问题。通俗一点讲叫"狗屎"计划。这是从一年级孩子到初中的孩子，都要做。通过这个项目主要是我们怎么看待这个事情。因为我们居住在一个社区，我们如何帮助这个社区更美好。出现了这么多狗屎是谁的责任？狗和人的关系是什么样子的？你见过什么特别有特色的狗？你可以用绘画、作文等方式来描述你看到的这些。如何来解决这个狗屎的问题？很小的孩子我们要让他很关注的问题与你的生活是密切相关的。不是说我要去关心美国什么什么样，很远很大的东西，而是要关心周围身边的事。由于我们这个学校在一个小区里，所以我们也鼓励孩子跟小区居民来沟通，比如说你有了这个想法，狗屎不雅等等的问题，就是说如何把这个信息传递出去？比如说你要把它的危害性通过展览展示出来。比如说写一封信，像低年级孩子写好，送给居民。在这个活动当中，有的孩子很受挫，可能他们去的时候，人家不是很友善。当然也有很友善的。通过这个孩子们就会认识很多。我们希望进行"全人"教育，不仅仅是侧重于考试，还有体育、心灵、与人沟通、责任感等等各方面，我们希望我们的孩子不一定说我有多少比例能上北大、清华，我们非常希望我们的孩子出来之后，他不会被别人所影响。"

另外，教会除了强调基督徒对待工作要有天职观和使命观，荣耀上帝之外，还教导工作还有一个目的是为了他人的益处，服务他人。牧师强调，"基督徒的工作不单单是为了能挣钱养家，而且还要考虑我们的工作是否对他人有益处，对社会有没有益处，能不能见证上帝，这是基督徒找工作时应该首先考虑的。"

此外，教会还教导信徒在工作中必须努力、敬业、追求卓越，遵守职业道德。教会每周祷告会会为特定的行业如医生、教师、互联网、高科技等祷告，为这些行业祈求公平正义和秩序，能够造福于社会。教会每年举办的企业家论坛，也会强调职业伦理，教导基督徒企业家除了赚钱，还要形成诚信、尊重、服务、卓越的企业文化，承担企业社会责任，对自己的员工和社会献爱心，要取之于社会，用之于社会。

三、制度规范

规范分为正式规范和非正式规范。正式规范，也称为制度规范，是指有意识的设计或明文规定的约束规则，常用正式文件加以说明，一般依靠法律、权力等刚性手段的强制来保证。非正式规范是指在长期社会交往中，人与人之间逐步形成的、得到大众认可的约定俗成或共同恪守的行为准则，主要包括价值信念、惯例、道德准则等。[28]

以上主要分析了 J 教会形成的非正式规范，包括集体互惠合作规范、家庭规范和职业规范等。下面将重点分析教会形成的正式（制度）规范。总体来看，J 教会成文的正式规范很少，包括教会成员资格的认定、教会领袖的选聘、财务规范、治理章程等规章制度都未建立。

---

28 娄缤元.社会组织发展与社会资本培育的研究[D].中国人民大学博士学位论文，2013：77.

在成员资格认定上，J教会未实行建制教会常用的"会员制"，一般在建制教会，对会员入会的资格、权利和义务等都会有明文的制度规定，成员进行正式的入会仪式后，方能具备成员资格。而在J教会，凡是来到教会的新成员，只要个人愿意留下来，都会自动成为会员，在成员管理上较为松散。

领袖的选任方面，J教会也未制定任何正式的规章制度文件。在牧师任命上，教会一直未明确规定牧师的任职资格和程序，自2006年J教会成立以来，一直由WYX担任牧师。而对传道人的选拔和任命也没有任何的章程，基本上是由牧师和发委会（全称为：发展委员会）来决定。如2013年，J教会提出对差派的H教会进行传道人评估，以决定是否续聘传道人，但是在评估过程中，未制定任何的评估标准，只是向H教会简单口头传授了几个标准，如H教会在资金上能够独立运转、成员数量稳定等。而发委会成员在决策过程中也产生了不同意见，面对不同意见，在搁置几个月沟通未果后，最终依据简单的少数服从多数原则，做了更换传道员的决定。一名发委会成员由于坚持不同意更换传道人，并对决策程序的正当性提出质疑，随后宣布退出发委会，并离开了教会。在新小牧人的产生上，J教会也没有制定严格的遴选程序和要求，只要小牧人认可其信仰和在小群中的整体表现，即可向牧师推荐，一般牧师也都会尊重小牧人意见，进行口头确认同意。

在治理方面，虽然J教会设置了运作的行政架构，包括小牧人会、发展委员会、小牧人执委会和六大职能部门，但是这些机构都没有制定相应的规章制度，日常管理主要依靠牧师、传道人、小牧人、积极分子等作为卡里斯马型领导人物的权威和声望，以"口头委任"和"成员默会认可"的方式来运作。小牧人会作为J教会名义上的最高权力机构，基本上形同虚设。正如传道人LMB提到："小牧人会不定期召开，有什么事情，就在那里提一下，一般人都没什么意见。"

财务方面，J教会也没有建立明确的财务规章制度，大额财务支出基本上由牧师和发委会成员确定，定期的财务报告和公示张贴制度也未形成。

总之，J教会在正式规范的建立方面是极为欠缺的，而这也影响了J教会社会资本的培育，尤其是面临内部治理张力和冲突矛盾时，正式规范建立的不足引起的消极作用尤为明显。

第七章　宗教团体社会资本的培育
——信任

　　信任是社会资本的核心组成部分，是促进人们合作、克服集体行动困境的关键要素之一。福山指出，社会资本是指一个群体之成员共有的一套规则或价值观，社会信任是其基础。社会资本功能的发挥也总是通过加强行动者之间的信任才能做到。本章我们将着重分析宗教团体所培育的信任社会资本。

一、宗教在信任建立中的作用

　　目前学者们就信任对政治、经济、社会发展的功能已达成共识，但是对信任的来源即信任的决定因素，学界还没有达成一致，其中宗教与信任的关系是学界最为争议的热点论题之一，多数国内外学者都认同宗教是信任的重要来源。

　　近代社会学的奠基人马克斯·韦伯将信任分为特殊信任与普遍信任，他认为儒家文化下的信任是建立在血亲关系上的特殊信任，个人只在自己的血缘团体内部发展信任，而对血亲关系之外的人采取排斥态度。而基督新教背景下的社会则要求人们无论亲疏远近，要彼此分享、诚实、博爱，这种社会中人与人之间的信任超越血缘与姻缘关系，有助于降低家庭或"氏族"的重要性，建立起一种信仰共同体，产生普遍信任。李向平等认为，韦伯所说的普遍信任实际就是指作为信仰规则和信仰实践的社会信任，韦伯实际上把信任作为一种宗教信仰现象，认为信任不仅仅是一种计算取向和心理倾向，而是作为一种宗教信仰规则出现的。而且它不仅仅是一个人的道德属性，更是一个宗教信仰共同体的整体属性。[1]

福山认为，社会资本就是指信任，"信任半径"是衡量一个国家、地区或团体社会资本多寡、社会信任度水平的重要指标，信任半径的大小与人们建立的自发性社团组织的能力、效率和规模等要素有关。[2]他指出，家庭与社团是信任产生的两种重要组织。前者建立在血缘、亲缘的基础上，注重家庭和家族的团结，但容易造成非亲族成员之间的相互排斥，信任半径较小，导致社会整体信任度低，产生"一盘散沙"式的社会；而后者建立在"自愿性联属"或称为"公民社区意识"的基础上，关注社会所有成员的参与和相互合作，信任半径较大，能提高社会整体信任水平，造就高信任度、高整合的社会。他接着指出，宗教是产生秩序、准则和团体的源泉，历史上宗教对增加人类社会的信任半径起到了非常重要的作用，宗教能跨越民族、肤色、国籍和年龄，在不同的族群之间建立纽带和桥梁。在当代社会建立共同价值观仍然离不开宗教。[3]他以美国为例，认为美国成为一个独立国家之后，它并非只是文化上的新教徒国家，美国的新教教会在内部组织上是高度派别化、权力分散和会众性质的。美国到 19 世纪初就取消了所有国教，宗教完全是自愿性的。因此，在美国出现了大量的志愿性协会，这在很大程度上是由于受到了多宗派的新教教会的刺激。[4]托克维尔在 19 世纪 30 年代考察美国时也指出，宗教在建立美国世俗的协会艺术方面发挥着重要作用。

综合上述学者的观点，接下来，我们将以 J 教会为个案，具体分析宗教团体在培育信任方面发挥着怎样的作用？宗教团体培育的信任关系是怎样的？信任的培育机制是怎样的？

二、J 教会信任关系的培育

在描述宗教团体培育的信任之前，我们先来确定测量宗教团体信任的指标。Emyr Williams 认为对宗教信任的测量，包括对上帝的信心、对自己的、

---

1 高师宁等.信仰、信任与市场经济——天主教企业家信任问题调查.载于高师宁等主编，《从书斋到田野：宗教社会科学高峰论坛论文集》(下卷)，北京：中国社会科学出版社，2010：289.

2 郑小鸣.信任：基于人性的社会资本——福山信任观述评[J].求索，2005 (7).

3 福山.大分裂：人类的本性与社会秩序的重建[M].北京：中国社会科学出版社，2002：305.

4 同上.

对他人的信心；[5]Bartkowski & xu 认为宗教社会资本测量包括规范、网络和信任三个指标，他们将归属宗派所持的价值观作为规范变量、参与宗教服务的频率作为网络变量、相信上帝作为信任变量来测量。[6]Joanna Maselko 认为宗教社会资本的评估包含 4 个领域：网络关系、价值观和规范、信任、社会支持，其中信任包括：信任教会其他成员、宗教领袖和上帝、其他宗教的成员或没有信仰的人。[7]综上，我们可以看出，对上帝的信任是所有学者都认同的一个指标，其他指标略有不同，但是 Joanna Maselko 的指标细分最具体。因此，我们将主要采用 Joanna Maselko 对信任的测量指标，并结合 J 教会内部状况，将信任分为：对上帝的信任、对牧师的信任、对教会其他成员的信任（小群内部和小群外）、对教会外成员的信任。其中对教会外成员的信任，我们根据人际关系远近，分为陌生人、亲朋好友和职场同事三个方面来谈。

（一）对上帝的信任

教会作为人们因信奉上帝而聚集在一起的群体。一般来说，是否信仰上帝是个人自愿的选择，一旦人们选择来教会，都表明其对上帝有信任，只是每个人的信任程度不同而已。

测量教会内成员对上帝的信任，在定量研究中比较容易，通过设计李克特量表即可实现，但在定性研究中则很难做到一一询问。退而求其次，我们就用成员参与宗教活动的频率、十一奉献、信仰经历等作为替代性指标来测量。

宗教活动参与主要包括个人的祈祷、读经及参加集体仪式、活动等，当成员参与这些宗教仪式或活动时，本身就在表达一种对神圣力量的信任。小牧人 XSN 谈道："我觉得信仰就是我们每个人和上帝的信任关系。我在小群里也经常给他们说，每个人，你们对上帝什么都敢说吗？你可以有一些隐私不给大家说，但你不能不给上帝说，包括认罪悔改，如果你不想给大家说，只要给上帝说就行了，你给上帝祷告就好了。"除了个人祈祷外，教会每周二

5　Emyr Williams.Measuring religious social capital:the scale properties of the Williams Religious Social Capital Index（WRSCI）among cathedral congregations, *Journal of Beliefs & Values*, Vol.13,2008.

6　Bartkowski,J.P.,&Xu,X.H.Religiosity and teen drug use reconsidered a social capital perspective, *American Journal of Preventive Medicine*, Vol.32, 2007:182-194.

7　Joanna Maselko,Cayce Hughes&Rose Cheney.Religious Social Capital:Its measurement and utility in the study of the social determinants of heath. *Social Science& Medicine*, vol.73,2011.

晚上有祷告会，大概有三分之一的会友来参加。在活动参与方面，相对于其他教会来说，J 教会成员的整体参与还是比较高的。负责活动部的 LMB 认为，"我觉得教会的参与还是蛮高的。虽然没有详细数据。以小群参与为例，我问过一个福音教会，算是在 B 市蛮大的教会，他们的牧养主要是小组查经的形式，参加小组查经的人在整个教会不超过 50%。而且查经小组里面的积极性、活力和委身程度这个都有待商议。而我们教会参加小群的人数比例超过 80%，而且大家在小群里的参与度也是很高的，大约超过 80% 的人参与在小群中做各种事情。所以通过和其他教会做对比，我觉得 J 教会的参与度是挺高的。"

十一奉献是成员对上帝信任的另一重要指标。当成员愿意将自己的金钱奉献给上帝时，无疑表明了其对上帝的信任。WXL 谈道："刚开始我对十一奉献不是太大胆，对于做生意的我来说，十一奉献对我们家庭来说不是小数字，是很大的挑战。而且当时家庭经济又是在很紧张的状态。后来我就尝试着奉献，等到月底结帐时发现不但没缺乏而且还有余，觉得上帝挺信实的。"在访谈牧师和财务负责人时，他们都谈到 J 教会每年的十一奉献足够支撑教会的各种开支，而且还能拿出一部分用于支持差派的其它教会做宣教。通过十一奉献的情况，大致可以推测出 J 教会成员对上帝的信任度比较高。

J 教会非常注重信仰在生活中的应用和实践，强调通过"见证"或者"经历上帝"的方式将内在的信仰（对上帝的信心）表明出来。在主日讲道中，牧师的讲道大部分也都是围绕鼓励成员对上帝要有信心，将自己的工作、家庭、服侍、全人开放给上帝，要学会放手，让上帝做主。而小群则是成员操练对上帝信心的地方。通过访谈小牧人和深入观察各个小群，我们发现，小群里成员主要的分享内容是讲见证，通过讲个人见证，成员彼此分享对上帝的信心，并形成相互激励。XSN 谈道："小群就是我们每个人彼此分享自己的见证和难处。你发现某某，他在工作中遇到那么大的问题和难题，他靠着上帝得胜了，过来了。我们所有的人都可能碰到这样那样的难题，那我们也能像某某一样靠着上帝得胜，在小群里的见证分享就像给了营养一样。"除了小群每周分享见证外，教会内部有一个专门的刊物《JQ》，一年四期，一季度一期，内容都是以成员的信仰见证为主，包括工作见证、家庭婚姻见证、心理医治、信仰道路等。下面仅以《JQ》刊物上的一个见证为例来说明信徒对上帝信心的培育过程。WBA 是一名大学生，他在刊物中介绍了自己高中考大学的经历，"读高中时，在一次祷告中，上帝明确地告诉我，我会考一次年级第一。但是高二和高三，我经历了大大小小无数次考试，直到高三二模我还没考过第一，我就觉得神这句话落空了。我想着哪怕是一次不起眼的考试得了第一呢，那也是第一呀，神的话也算没落空。但是我万万没有想到的是，上帝的应许在高考的考场上实现了，高考那次我考了全年级第一，上了心仪的大学和专业。后来我才明白神在我身上的应许是这么大，说明神是重视我的。他会带领我人生的每一步。"

从以上资料及对小群成员信仰经历的观察可以看出，J 教会信徒对上帝的信任是一个动态的建构过程，随着信徒在信仰生活实践中不断地"试验"上帝，获得预期结果的实现，信徒对上帝的信任（信心）也在不断地增长。在这种人与超自然力量"人格化"的交往中，双方的交往类似一种"契约"，即人来选择相信上帝的话语，遵照圣经原则进行实践，而上帝最终实现了他的话语或者是按照人所实践的进行了回报，这种情境下信任就会生成，而且随着交往和成功经验的增多，这种信任还会不断累积。而 J 教会鼓励信徒在小群中"经历上帝、讲述见证"的一种信仰实践方式，也会通过彼此的"见证"叙事，即口口相传，激发信徒对上帝的信任（信心），这类似于信誉在群体中的一种传递。

（二）对教会领袖的信任

宗教社会学家伍斯诺认为，宗教团体作为志愿性公民组织，一般人们选择信仰何种宗教、教派、加入哪个宗教团体时，会比较谨慎。一旦做了决定，通常人们会发展和表达对宗教领袖和其他成员的信任。牧师作为 J 教会的最高领袖，属于韦伯所指的"卡里斯马"型的魅力型领袖，这种领袖的影响力一般来自于其超凡的魅力、高于常人的卓越能力及其所传播的独特信念。J 教会牧师作为教会的开创者，其突出的神学背景，并且提出的一系列牧养教会的新理念和新方式如小群模式，及交往中的人格魅力，使成员对其有很高的信任。通过整理访谈资料，发现成员对牧师信任主要表现在以下几个方面：

勇敢、提供方向。小牧人兼发委会成员 GFW 谈道："对牧师当然有信任，这种信任不是某一件事情，是灵里的相通，一种生命的连接，灵里的连接。他传递出来的理念都是上帝在说的话，真的，这么多年在讲台上他一直还在释放有亮光的东西，有时会想上帝怎么让他看到那么多东西，特别难得的灵里很清晰的状态。对他的信任度是百分之百。他一直也在供应和指引方向，他是在前面领路的，我在后面跑就行了，没有疑问的状态，灵里是通的，牧师和师母有时候也会有困难，也有具体的那些事情发生在他们身上，但基本上他们是很勇敢的，就胜过了。"

智慧。小牧人 DJG 谈道："牧师的智慧是在平常人之上的，有次有人问我摩门教和基督教是什么关系，因为这个人和摩门教信徒是好朋友，他认为摩门教也是挺好的。但我认为是邪教，我们俩还辩论了一下，最后谁也没说服谁，我后来一直放在心里。碰到牧师的时候问他，牧师问我，你怎么看，我说摩门教就是邪教呀，牧师就说，你说摩门教是邪教就划了一个前设，其实基督教看摩门教是邪教，摩门教看基督教也是邪教，你就给别人这样说就行了，别的不用太深。他这样一说我就知道要怎么给别人说了，有时会越解释越说不清楚，牧师是很有智慧的。"

幸福的家庭。小牧人 WY："去牧师家里，大家都会惊叹，师母特别强，收拾家里特别温馨，西式的感觉，让人一进去就感觉特别舒服，感受到是休息的地方。我们遇到困难，不知道怎么祷告的时候，经常会去找师母，师母会为我们祷告，她在祷告方面很有恩赐，这个特别好。"

小牧人 WDM："我们参加师母带的祷告训练、赞美服侍，也经常和师母打交道。牧师他们家我们也去过，看他们的婚姻和孩子，一家三口的关系很受感动。"

成熟、学历高、能力强。小牧人 YFK："牧师性格、各方面能力都很强，我对他很信任，他说的话都会觉得很有道理。牧师是一个逻辑性比较强的人，感受力弱一些，这些年他的讲道从全都是逻辑，到放一点情感，小故事，到现在这么丰富。牧师的特点是不会让你一定要服从他啊，他的逻辑是你跟着他，一步一步理解下来，你会觉得他说的这个事情是有道理的，这个也是讲台吸引会众的重点，他不是灌输，而是穿针引线的给你推理，左右上下的给你推，信上帝没有那么神秘，但是世界是存在超自然的力量的。声音上面也会有抑扬顿挫，感觉不是那么平平淡淡的。牧师在国外留过学，视野也很开阔，提出小群牧养这种理念和实践方式，非常奏效。"

小群成员 WZ："牧师讲道还挺切合社会的，学历高。不过不光是学历，研究也有深度的，他有特别专研，讲道特别能联系现在实际的问题，剖析比较准确，利用圣经的东西怎么应用，这得有悟性，有深度才能做到。"

综上，J 教会成员对牧师的信任度较高，这种信任主要建立在对牧师的学识、领导力、智慧、品格与人格魅力的认可与肯定上。不过教会成员对牧师的信任也是在了解、沟通的基础上逐渐形成的。小牧人WDM谈道："我对牧师挺信任的。刚来教会的时候，各种怀疑各种不信，因为之前经历了很多异端，什么呼喊派、耶和华见证人什么的，所以来到教会就很谨慎，刚开始一直在考察，考察信仰对不对，教会对不对，当初是抱着一颗怀疑和考察的心来到这里的。我开始对牧师也不是不信任，而是不了解。后来通过参加门徒训练，青年夫妻团契，对牧师了解越来越深，私下里和他也有一些沟通，就越来越信任。另外对牧师的信任也建立在他提出的牧养这套体系上，听了他二期门训的课程，结合上帝的话语，讲的非常好。还有教会里面的很多活动，牧师对一些小群发生的很严重的问题，看他怎么处理，怎么为别人祷告，慢慢经历这些后，对他一步一步建立了稳定的信任。反正牧师挺厉害的，牧师这样的人才很难得，影响力很大，上帝给他的牧养恩赐，建立了很多信仰理论体系和实践标准，这不是光有爱就够了，还需要智慧。"

（三）对教会内成员的信任

在J教会，每个成员都有自己的小群，即归属于一个小团体。而成员对小群内外的信任感又是不同的，因此，我们将对教会内成员的信任区分为两种：小群内和小群外的信任。

1、小群内的信任

普特南指出，在小规模的紧密相连的共同体中，因对当事人熟悉而容易产生"厚信任"。小群作为J教会的最基层治理单位，每个小群成员有5-12个人，他们因着共同的信仰聚集在一起，每周面对面的沟通交流，相互熟悉了解、合作互惠。小群成员之间强烈而亲密的互动提供了类家庭的环境，形成了超越血缘和姻缘的信任关系。

WDM："小群成员关系，就是家人之间的彼此信任关系，平时我们也以家人称呼彼此，因为有些时候没有信任就没有真正的分享，每周只报喜不报忧。你挺好的，我也挺好的，这就不是小群。小群是把你内心忧虑和恐惧的拿出来分享，如果在大家面前不想分享，就私下给小牧人分享。小群如果建立不起来信任，大家就不愿意分享。在我们小群彼此信任，现在已经当做习惯了，形成了一种文化。"

GLX："大家彼此挺信任的。在小群里分享时，愿意把自己遇到的事情分享出来，这就是信任的表现。如果是不信任的话，就不会分享出来，譬如夫妻矛盾啊，矛盾怎么形成的，自己家里的事情啊，这个一般不信任的话不会说出来。甚至有的时候，夫妻在小群里发生争执，这个算是很信任，要不然不会暴露出来。"

XSN："小群就是以生命面对生命，每个人都是裸露的状态，把自己的弱点暴露出来，以生命面对生命，我叫做"裸交"吧，是完全信任、不带面具的交往。你发现无论多么软弱，多么糟糕，来到小群你会被包裹，医治，鼓励和接纳。我们是一个生命共同体。有人刚给老公吵了一架，就哭着跑来参加小群的，有的人是刚和父母怎么样，恨不得不想来小群了，来了后分享出来她就好很多。"

综上可见，小群内部成员之间的信任主要体现在成员愿意分享彼此的个人生命故事，在分享故事的过程中，建立深层关系的连接，产生了较高程度的信任。那这种信任关系是怎么形成的呢？

一方面，小牧人的付出、引导、榜样作用至关重要。小牧人敞开自己的家庭接待，主动付出时间、精力、金钱关心、探访支持小群成员，赢得成员的信任。WDM 谈道："我很依赖小牧人，把他当做大哥，兄长这样的看待。我内心的一些挣扎和困惑，我谁都不讲，就爱给他讲，他有聆听的恩赐，特别能理解我，连我这种不爱讲话的人都愿意给他倾诉，特别佩服他，我很少佩服谁。后来他说要离开，我们很不舍，他让我和妻子接管小群，我们也特别有压力，他带这么好，我们会不会带垮，但是他很认可、信任我们，他认为我和妻子能带好这个小群。这给了我们很大的信心。"小牧人 YWL 谈道："小群成员遇到什么紧急事情，都会赶紧给我打电话，让我帮他们祷告。前段时间，一个姊妹回家生孩子了，快要生产时，她就给我打电话，说肚子疼，让我为她祷告。她也会把家里的事情告诉我，她爸爸去世的早，妈妈改嫁了，他弟弟从监狱出来后，一直没有联系家人，她很担心等等。"

另一方面，小牧人在小群中通过对成员的接纳、理解、爱、怜悯和帮助，为成员作出榜样表率作用，并引导小群形成彼此信任、自由、安全、支持的氛围。

小牧人 GFW："小群聚会时，我们一般会分享近一周你所经历的事情，但是有些人其实分享的事情不是真实的事情，或者是几年前或者是几周前的事情，而且一直说，一直说，分享很多，占用很长时间，我一直想打断。因为周围人都不愿意听，有的都拿出手机玩了。她在说的过程中，我就打断她，问她你这周是不是也在经历你所说的这些事情？有些人思维模式很逻辑性，打断后回过头来她接着再说。这种情况，我一般会私底下找她沟通，帮助她学会分享这一周的事情，有的人一激动就停不下来，说起来没完。我在小群之外，也做其他人的工作，他们会给我说，魏姐，你别让她说话了。我就给她们说，她有她的问题，但是我们是她的姐姐或者妹妹，而且你在她那个情绪中也会说出这种事情来的。她们就给我说，我绝对不会像她这样没完没了的。我给她们说，不知道哪天我们也会像那个喋喋不休的姊妹一样，她有这样的问题，我们可能有另外的问题，你意识不到自己的盲点，她也是意识不到，她有可能真的是不知道自己一直说个不停对别人的影响。人和人是不一样的，每个人都有自己的问题。我需要引导他们、很清晰的带他们，帮助他们接纳彼此。"

GFW 小群的成员 WY："我觉得小群最重要的是宽容，什么人都有，什么观点都有，在小群里要操练，你能给别人平心静气沟通，尊重他的观点，同时修复自己的观点。刚开始的时候我会观察小群，譬如买菜做饭这件事情很不容易，会觉得为什么这个人不做，那个人不做，而总是那几个人做。时间长了我就操练，不会再这样评价别人，要更像主耶稣，对人要宽容，而不是要求和批评，在小群里对自己有操练，感觉进步挺大的。小群里大家也会相互影响，看到别人的问题，同时也折射出自己也有很多问题。尤其是我们的小牧人魏姐，她从来不批评我们，是我的榜样。"

当然，小群中信任关系的建立也不是一蹴而就的，是随时间的积累而逐步形成的，并且有自我强化的倾向。[8]GLX 谈道自己小群里信任关系的建立时，说道："信任建立需要时间，需要慢慢培养，我们小群现在还是比较信任，都很敞开，但是是经历了半年多，将近一年的时间的沟通交往、有时外出一起旅游才逐渐融入，大家形成这种信任关系的。我们小群经济条件都比较好，大部分是结了婚，有孩子，有一部分就是本地人，他们在公司里，有的是老板啊，自己开公司，有的是项目部门的经理或者副经理什么的。我估计越是生活稳定啊，生活条件比较好的人，这种信任度需要时间越长，大家表现的很绅士，就是那种状态，不会像年轻人没有结婚的人，一下子就能很 High。所以大家建立信任，虽然时间有点长，但还是能建立起来的，因为在这个过程中，基督徒不存在害人的心，这么好的氛围，跟着走，大家慢慢就建立起来信任了。"

---

8 杨太康.我国信用主体经济功能及错位原因[J].经济问题，2004（10）.

值得提出的是，信任关系的建立需要在宽松、接纳的氛围下形成，但有时候更高水平的信任反而是在冲突、矛盾的解决中建立起来的。一般来说，冲突、矛盾对于信任关系的建立具有两面性。冲突、矛盾如果得不到有效的解决，会导致丧失信任，但一旦冲突、矛盾能够得到有效处理，在冲突中增强了彼此的了解、沟通、并最后达成共识，反而会提升信任水平。在 J 教会，信仰作为一种中间媒介，为冲突矛盾的解决提供了可能性。

小牧人 XSN："小群里大家关系现在很好，但是一开始不是这样的，相互建立信任，就是要付出啊，一点点带来的变化。譬如刚开始 DJ 就是不喜欢 PW，因为她发现大家都喜欢 PW，不喜欢她。我就鼓励 PW 去关心 DJ。有时候小群女孩子多了，容易说闲话，谁谁怎么那样啊，谁谁怎么这样，我就给她说，你是不是讨厌谁谁，我们可以一起祷告，看看我们为什么有过激反应，是不是碰到了你什么心理按钮啊，让你觉得有什么伤害啊。我们小群平时也会有冲突和各种误解，之前 DJ 给我吵过架，WYL 给我摔过盘子。他们就看我怎么示范处理，我就给她说你坐下，想说什么就说什么，在信仰里面都解决不了的话，在外面就更没办法了。我觉得在解决冲突、建立信任的过程中，很重要的是我们和上帝有一个信任关系，人都是有限的，有上帝的保守，冲突、误解不要紧，我们最终都能在信仰里解决，而且冲突解决后会更加信任彼此。DJ 我们俩关系是最好的，有什么事情，我和她说的最多，也最信任她。但是之前她都给我摔门过好多次，但是我们的关系不会留下痕迹和伤痕，心理没有芥蒂和别扭。慢慢地小群里和好、饶恕、服侍、怜悯、为了别人的益处建立别人的东西就成为了主流，大家就越来越信任彼此。"

2、小群外的信任

教会成员之间在小群外的信任，相对于小群内部来说，因交往、接触机会有限，信任度较低。不过，当成员跨小群交往增多时，也会产生一定程度的信任。

小群外成员信任关系的建立主要通过两方面，一是小群与小群之间的裂变连接产生的信任。GLX 谈道："小群与小群之间，多多少少都是有一些渊源的，不可能一下子蹦出来一个小群，都是逐渐分出来，因此多多少少都是有一些关系的。"成员共同在一个小群中建立信任关系后，一般分群后这种信任关系还会持续。二是跨小群的联合活动。成员共同参加教会的集体活动，如主日礼拜、祷告会、祷告训练、洗礼、运动会、夫妻团契等，在教会组织的这些活动中，成员也会相互认识、沟通、建立信任关系。

总体来说，在 J 教会内部形成了一种差序格局式的信任结构，即小群内类家庭网络关系较为紧密，信任度也较高，然后往外再推及小群外，根据成员交往、接触频率的多少，网络关系远近也各不相同，从而信任度也不一。

（四）对教会外成员的信任

国内学者李涛等在研究城市居民信任的影响因素时，提出宗教信仰能够显著提高居民的社会信任水平。[9]阮荣平和王兵通过对 10 个城市的调查，专门分析了宗教信仰与信任的关系。研究表明，宗教信仰是影响民众信任水平的一个重要因素，与无宗教信仰者相比，宗教信仰者的社会化信任水平和总体信任水平都更高。[10]

同时，学者还对不同教派之间的信任关系做了比较分析，Guiso 等研究表明，与天主教相比，基督新教教徒的信任水平更高，而宗教参与和宗教委身能显著地提高信徒的一般社会信任水平。[11]司徒剑萍和王佳利用一项全国调查数据分析了宗教信仰和人际信任之间的关系，研究表明宗教信仰对增强熟人信任和亲缘信任的作用不明显，但是能显著增强对陌生人的信任。对比各个宗教发现，基督教对增强熟人的信任水平较低，对增强外人的信任度较高。[12]

早期著名社会学家费孝通在研究中国的社会结构时，提出"差序格局"的概念，认为差序格局下的人际关系是每个人都是以自己为中心形成网络关系，就如把一块石头扔到湖水里，以这个石头（个人）为中心点，在四周形成一圈一圈的波纹，圈圈推出去，愈推愈远，也愈推愈薄，波纹的远近就代表着社会关系的亲疏。[13]在研究信任问题时，国内有学者指出，中国的信任关系也呈现出一定的信任差序格局，李涛等将信任区分为家人信任、熟人信任

9　李涛等.什么影响了居民的社会信任水平？——来自广东省的经验证据[J].经济研究，2008（1）.

10　阮荣平、王兵.差序格局下的宗教信仰和信任——基于中国十城市的经验数据[J].社会，2011（4）.

11　Guiso,L.,S.Paolo& L.Wingales.People's Opinion? Religion and Economic Attitudes. *Journal of Monetary Economics*, 2003:225-282.

12　王佳、司徒剑萍.当代中国社会的宗教信仰和人际信任[J].世界宗教文化，2010（4）.

13　费孝通.乡土中国[M].北京：人民出版社，2008：28-30.

和生人信任，通过对广东的调查数据分析，发现居民对家人关系圈最为信任，其次为熟人关系圈，再次为生人关系圈或社会信任圈。[14]阮荣平、王兵则将信任进一步细分为血缘信任、地缘信任、业缘信任、趣缘信任和生人信任，发现宗教对信任的影响随着差序格局半径的增加而增加。[15]

总的来说，无论是国外还是国内的研究都表明，信仰有助于增加信徒的社会信任水平。那么在 J 教会，信徒的社会信任是怎样的呢？这种信任又是如何形成的呢？接下来我们将按照亲疏远近，分为家庭成员、工作同事和陌生人分别对信徒关于"教会外成员"的信任进行分析。

1、家庭中的信任

家庭是产生信任的重要场域。列维（levi）认为信任不单单在志愿团体中产生，一些非团体，如家庭也能产生信任。[16]科尔曼也强调家庭在发展社会资本方面的重要性，他认为信任，作为社会资本的一种形式，其重要性还体现在相互信任的系统内，典型的例子是夫妻关系，他们相互充分信任。这种关系对双方都有极其重要的心理价值。任何一方都可向对方倾吐衷肠，可以直截了当地彼此讨论任何敏感话题，而不必担心对方可能滥用此种信任。[17]

家庭中产生的这种信任，对个体的社会信任水平也有重大影响。信任产生的"认识发生论"认为，人们的信任度与自身过往的经验密切相关，尤其是早期幼年心理发育阶段的经验。如果一个处于儿童期的孩子生活在不健全的家庭或糟糕不安全的社区环境中，如父母离异，或受到父母的忽视虐待，在社区里目睹犯罪和暴力，则这个孩子在成人后，对外部世界的信任感也会较低。相反，如果一个孩子成长于和善友好的社区，出生于幸福和谐的家庭，会更容易产生对外界的信任感。[18]埃里克森认为，信任感或不信任感在早期成长阶段一经形成便不易改变。如果早年形成了不信任感，成年后要靠大量相

14 李涛等.什么影响了居民的社会信任水平？——来自广东省的经验证据[J].经济研究，2008（1）.

15 阮荣平、王兵.差序格局下的宗教信仰和信任——基于中国十城市的经验数据[J].社会，2011（4）.

16 Levi Margaret.Social and Unsocial Capital. *Politics and Society*,Vol.24,1996.

17 [美]詹姆斯·S·科尔曼.社会理论的基础（上册）[M].北京：社会科学文献出版社，2008：284.

18 王绍光、刘欣.信任的基础：一种理性的解释[J].社会学研究，2002（3）.

反的经验才能将其克服。如果早年形成了信任感，成年后也要有大量受骗的经历才会使之削弱。[19]

一些实证研究也证实了信任的认识发生论观点。怀特利采用 1990 年在 45 个国家开展的世界价值观调查数据，将个体社会资本水平（信任）作为因变量，提出了不同于托克维尔的社会资本起源模型解释。他的研究发现：首先，社会资本是由个体的人格特征创造的，这些人格特征主要形成于家庭内部的社会化过程，其次，社会资本产生于人们从早年生活中习得的道德价值观和规范。根据威尔逊的说法，人们的道德价值观最初来自对亲属群体的利他行为。[20]国内学者池丽萍则以 116 个家庭为例，考察在家庭中父母的信任水平及父母和子女之间信任水平的关系。研究表明，父母之间的信任表现出相似性，另外父母和子女的信任水平表现出代际传递。[21]

综上，笔者认为，在家庭中和谐的夫妻关系、亲子关系是培育信任的重要来源。在 J 教会，也非常重视教导成员珍视家庭、培育和谐的家庭关系。

在 J 教会 2013 年 3 月《JQ》的发刊词上，牧师对家庭做出了特别的强调，以下是发刊词摘要：

"圣经告诉我们家庭是上帝亲自设立的制度。上帝设立了家庭，同时又制订了家庭运转的详细计划。那么，为了按上帝的设计享受家庭关系，我们都需要留意哪些呢？

首先，我们需要记住：家庭由婚姻开始，美好家庭生活的基础是健康的夫妻关系。因此，我们需要把夫妻关系放到家庭生活中最优先的位置。健康的夫妻关系中最重要的因素是爱。爱让我们接纳对方的一切。爱让我们在意对方，以对方需要的方式帮助和服侍对方，让对方感受到从我们而来的坚实的支持。爱让我们建立对方，使对方因为我的缘故享受更加得胜和蒙福的生活。爱让我们更加了解对方，从而使我们每个家庭在上帝里建立共同的目标和使命。

其次，我们需要记住：美好的家庭生活也包括我们和双方父母及家人的健康关系。我们每一个组成了家庭的人，都需要努力帮助自己的配偶融入自

19 Erickson Erik H. *Childhood and Society*. New York:Norton,1963.

20 [美]保罗·F·怀特利.社会资本的起源.载于李惠斌、杨雪冬主编,《社会资本与社会发展》,北京：社会科学文献出版社，2000：45-73.

21 池丽萍.信任：父母的代内相似和亲子的代际传递[J].心理学报，2013（3）.

己原来的家庭关系中。让自己的配偶得到家庭成员的接纳、认可、尊重和赞赏，是我们每一个已经步入婚姻的人应尽的义务。为此，我们需要以夫妻共同的名义服侍双方的父母，和兄弟姐妹相处好。孝顺父母是基督徒生活的一个重要的组成部分。我们应该在力所能及的范围内尽可能在灵里、情感上、经济上支持养育我们的父母。这里特别强调一点：我们能对父母尽的最大的孝心，在于帮助父母享受健康的夫妻关系，没有任何经济上或其他方面的帮助比这点更重要。

第三，我们需要记住：为了享受美好的家庭生活，我们需要以上帝的方式养育我们的下一代。中国的很多父母都围绕着孩子组织家庭生活，恨不得把一切他们认为最好的东西都给自己的孩子。但是，对于孩子的健康成长来说，比我们能给的一切更加宝贵的是让他们看到父母之间健康的夫妻关系、享受从父母而来的充分的爱。"

在访谈中，我们发现，教会很多夫妻，包括牧师本人都在实践建立基督化的家庭，他们非常注重夫妻间的沟通，尤其是心灵的沟通，培育了深厚的信任关系。

牧师 WYX："我和妻子每周一我们两个人会尽量在一起，尽量不安排别的事情，就是两个人。有的时候可以一起去公园、看电影，有的时候是一起谈论我们的计划，一起赞美、祷告。晚上我们有这个习惯，我们的孩子一般 9 点就睡，然后我们两个人会一起探讨、交流。我们很努力地做到要让对方知道所有我们在做的事。如果两个人都有疑问，那就一起祷告。"

GLX："结婚后我和妻子也有摩擦，但我们也学会了应对矛盾和冲突的解决方法。通常家庭矛盾产生的根源在于"妻子的抱怨，丈夫的不在乎"。妻子往往以为对方明白而不说出来，其实丈夫是不明白的。而丈夫也需要放下自己，主动关心妻子。在发生矛盾时，我们学会改变自己，放下自己，不去争吵。有时候各自祷告，有时候过一段时间再来看，而不是揪着不放。祷告也是一种不错的交流方式。晚上睡觉前我们会一起祷告，一起分享，及时了解对方的想法，化解矛盾。"

LJJ："2008 年末，我和妻子结婚七年。那时我们第一个孩子已经出生，第二个孩子还在母腹，也快要出生。我创立的第一家律师事务所也刚刚开业，刚开始事业新的起点的时候，一次偶然的例行检查中，医生诊断我肝部有一个恶性肿瘤，并且判断说以大小来看肿瘤已近中期，经过复查后还是这个结果。当时担心妻子快要临产，经不起这样的痛苦，我就没告诉她。后来还是被她发现了。刚开始她很难接受，但是很快她坚定地认为，家庭的事情需要两个人一起去面对。当时她几乎给周围每一个能认识的基督徒打电话，请求他们为我代祷。记得是两周后吧，我们商量进行全面的复查，到医院进行了血液和两轮 CT 的检查，最终竟然没有扫描出肿瘤。这件事情为我们的婚姻奠定了基础，让我们更加明白什么是爱，也让我们彼此很信任对方，知道自己无论遇到什么困难，对方都不会放弃，以后再遇到什么困难，我们都会愿意一起面对。"

JM："我觉得婚姻带给我很大的安全感。我从丈夫那里能得到无条件的爱和欣赏，这份安全感很宝贵。平时不管我多好多糟，丈夫都很爱我。在他面前不用装得很淑女，每天做微笑的表情，什么样丑陋的表情都可以做，做鬼脸，板着脸，睡觉流口水，都觉得很安全。"

研究表明，在亲子关系中，父母稳定幸福的婚姻会给儿童带来强烈的安全感，而父母对孩子爱的表达，则会形成儿童和父母深层的依附，带来信任感，儿童也会把这种信任感带到自己的社会关系中。而破裂的婚姻无疑会加大儿童的不安全感和对社会的不信任感。

在 J 教会，除了注重建立和谐的夫妻关系外，在教导孩子方面，牧师也强调对孩子要先了解，建立信任关系然后再教育，不能一味地批评要求。在六一儿童节牧师一篇"我们应该怎样看待自己的孩子"的讲道中提到："儿女是上帝赐给我们的祝福和礼物，我们应该珍惜儿女，对孩子而言最重要的是父母的爱。父母能给孩子最最好的礼物，是以上帝的名祝福他们，当着他们的面祝福他们。或者晚上睡前，或者早上出门前，或者其他时间，总之要常常奉上帝的名，当着孩子的面祝福他们。儿女是上帝给我们的产业，我们不能占为己有，随意对待，将社会和父母的需要和意图加在儿女身上，而要和孩子一起寻找上帝对孩子的计划，帮助孩子启发和发现上帝已经给他的热情恩赐和才能。"关于教会成员亲子关系所培育的信任关系，我们在第六章"家庭规范"部分已有部分谈到，在此不做赘述。

2、工作中的信任

关于宗教、职业和信任的关系，韦伯最早在其《新教伦理与资本主义精神》一书中有所提及，他在书中提出新教伦理是西方资本主义精神产生的源头，这种精神主要表现为创新、节俭、诚实、守时、勤奋、正直等职业美德特征，对于西方近代资本主义的兴起和发展起到了重要的推动作用。韦伯尤其强调了由信仰所产生的普遍信任对于资本主义勃兴的作用，他认为新教要求信徒对所有人诚实和秉承好的德行，超越了建立在血缘和亲缘基础上的特殊信任关系，增加人与人之间的普遍信任，这种普遍信任是自由市场交易的润滑剂。而东方国家尤其是中国人的信任是建立在血亲关系基础上的，只信赖家庭或氏族内部的人，而不信任外人，因此资本主义不可能在中国这类东方世界产生。佩雷菲特也认为，在韦伯所提出的新教伦理规范中，实际上，信任作为劳动工具，是资本主义精神的源头。[22]

近年来，一些中国学者开始研究中国宗教信徒职业中的信任关系，并对韦伯认为中国社会不具备普遍信任的观点提出了不同看法或者进行了补充。李向平等通过对"企业家基督徒"的调查指出，"新教伦理在中国基督徒企业之中的具体实践，无形中已构成了一种内团体的特殊信任方式，虽然这种信任模式，在目前的情况下，呈现为一种内团体的特征，然其信仰结构却是能够超越这一内团体模式，得以自我扩充、延伸出去的。"[23]高师宁等访谈了 44 个天主教企业家并对访谈资料进行分析，得出宗教信仰有助于保障个体对私人关系的信任并延伸到没有私人关系的"教内"外人，甚至是"教外"外人，并且企业家们的私人信仰可以转化成为社会资本进而促进经济发展。[24]总之，以上学者修正或者补充了韦伯的观点，认为随着近年来中国宗教的复兴，宗教通过"职场"这一场域也在生成社会信任。

J 教会作为新兴城市教会的代表之一，其"新兴"的特点除了体现在建立时间较晚之外，更重要的是和传统教会在信仰观念上的不同，而这种不同之处最明显体现在对工作的看法上，早期的中国传统教会一般认为工作是污秽的、世俗的，而新兴教会则认为工作是神圣的，是神圣力量在世俗领域中的延伸。ZGL 谈到自己为什么来到 J 教会时说道："我以前所在的教会信仰和生活是脱离的，大部分的人回到教会是一种逃避，认为工作岗位是污秽的。而

---

22 阿兰·佩雷菲特.信任社会[M].北京：商务印书馆，2005：405.

23 李向平等.新教伦理与社会信任的中国建构—以当代中国的"基督徒企业"为中心.载于高师宁等主编，《从书斋到田野：宗教社会科学高峰论坛论文集》（下卷），北京：中国社会科学出版社，2010：301.

24 高师宁等.信仰、信任与市场经济——天主教企业家信任问题调查.载于高师宁等主编，《从书斋到田野：宗教社会科学高峰论坛论文集》（下卷），北京：中国社会科学出版社，2010：316-317.

牧师在主日信息中鼓励弟兄姐妹在工作中活出信仰，大家在小群中彼此分享工作和生活见证、代祷、鼓励、支持，和以前的教会完全不一样。"谈到现代人的职业观，WYX 牧师认为："人们对职业神圣感的缺失是当下社会最严重的问题之一。信仰的缺失导致人们仅把职业当做生存的工具，看不到上帝通过工作赋予人的神圣使命。而基督徒可以给职场带来不同的就是对工作的神圣感和使命感，工作领域是基督徒见证上帝最重要的地方。"

针对当前中国各行各业存在的潜规则，牧师鼓励信徒以"革新行业潜规则、靠着信仰努力工作追求卓越"为使命来更新职场文化。正是通过教会对"工作神圣性"、"透过工作见证上帝"的教导，J 教会的成员在工作中形成努力、勤奋、诚实、正直的特质，不但使自己成为诚实可信靠的人，而且在工作领域影响他人，延伸了这种信任关系。

（1）成为诚实、正直的人

宗教规范强调诚信、真实、同情和怜悯等价值观，这些宗教规范作为道德标准，能通过不断地进行宗教教导和参与，内化进信徒的个人生命中，影响其行为，使其从自身做起，遵守诚信的美德。当信徒成为诚实、正直的人时，自然会赢得他人的信任。

在教会内部刊物上，记载着 SYS 的这样一个工作见证："SYS 目前所在的部门主要是做汽车电话投保业务，业务量繁大，而且各省市的保险条款各有差异，业务员不时就会做出错单，客户打进热线需要改单的时候，如果原始出单员不在座位或占线，常常就被"抢单"，而且大家似乎也默认了这种不太友好的"潜规则"。身在"江湖"，SYS 既被别人抢过单，也无意间"打劫"过其他同事的错单。但是有信仰后，他改变了自己的做法。那天，他接到了一个要改单的客户热线，这次他并没有直接把错单改到自己的名下，而是用自己做一个新保单几倍的时间帮同事改好了这张单。当 SYS 把它递给那位同事的时候，对方瞪大眼睛愣了半晌，半天回过神儿，激动地说："兄弟，你太有风范了！"因着从神而来的平安和喜乐，SYS 并没有觉得这样就损失了什么，而是内心充满了平安。"

在目前市场经济的金钱利诱、诚信缺失、潜规则横行的社会大背景下，对 J 教会的一些基督徒来说，秉持诚实、正直有时也需要付出牺牲和代价，但是在信徒对上帝的信心作用下，他们诚实、正直的行为在神圣力量的呼召、助力下，最后得到了公正的回报，或者是心理上的报偿即良心的平安，这也为他们下次继续重复诚实、正直的行为提供了信心支持。可以说，在某种程度上信徒的诚实行为重构了已固化的社会结构环境，为社会信任的培育提供了可能性。

YST："12 年初我来到教会，那时我刚进入一家新成立的商贸公司，工作压力大，也经常涉及到做假报表、假账，我当时很困惑但是依然做着。公司很器重我，待遇也不错。但是我身体和心理上都面临压力，这些压力让我对自己说你该离开了，但是我一直在犹豫，有一天参加周二的祷告会，我感受到上帝很爱我，他不喜悦我做假账。后来我就下决心辞职了，相信上帝会为我预备合适的工作。有四个月的时间，我一直没有找到合适的工作，中间也有难过的时候，觉得是不是自己做错了，不应该辞职。当时小群给我特别多的支持，他们和我一起开心一起哭泣，为我祷告，我心里很感动，觉得他们就是我的亲人，虽然我们没有血缘关系，但是他们比亲人还关心、支持、帮助我。5 月的一个周五，我面试了一家公司，距离啊，工作环境啊，工作内容啊都很好，一切都是我想要的我喜欢的。周一我接到了入职电话，我第一时间打给小群的一位姊妹，她电话里为我做了祷告，她哭了我也哭了，因我们都知道主耶稣真的爱着我们！如今我在这家公司已经顺利地过了试用期，开始接手重要的工作，工作能力也很得老板的认可，我也会给身边的人传福音，鼓励他们来参加教会和小群。"

HJ："刚加入小群的时候我正在读书，并且刚结婚不久，我的妻子也在学习阶段，快 30 岁的我们还需要靠家里的经济来维持生活，本应该经济独立，但实属无奈，也和家里产生了很多矛盾。那时候的我们生活很节约，买什么东西都精打细算的，可是后来，经济还是出现了很严重的问题。小牧人帮我分析困难，并且鼓励我重新回到职场去工作。但我当时上已经离开职场快 2 年了，我所在的行业是移动互联网，技术更新换代很快，一般的企业应该不会喜欢这种很长时间没有工作的人。后来面试了几家公司，为了掩盖我过去 2 年的空白，我曾经撒谎说我一直在工作，我想快点找到工作养家，可是我却受到了圣灵的责备，所以我决定不再伪造简历，而是按照上帝的价值做诚实的事情。很奇妙的是，当我把新的简历发出去，坦然面对我 2 年的工作空缺时，我收到了百度的面试并且拿到了 offer。上帝看顾我，这一切都超出我的想象。"

TY："我自己经营一个广告公司，自去年接触基督教信仰，开始参加小群后，我就决定不送礼了，之前我们公司做业务都会给人送礼，信主后，我觉得不应该再这样做。实际上，不送礼对我影响也挺大的，去年我们公司营业额 4000 万，今年只有 1000 万，几十个员工需要我养活的，现在我们不能靠送礼争取市场，只能努力准备一系列新的广告模式，和以前的完全不一样，如果我公司活儿很好的时候，有很多大客户，我也不想着突破，但是不做回扣，没有办法和人传统竞争啊，只能用你的特长开发出更好的作品，我相信上帝最终会帮助我的。公司虽然处于这种困境中，但我还是挺高兴挺喜乐的。"

XB："我原来在一个国企做高管，总有人想贿赂我，给我送礼，我就给他们说我有信仰，我不做这些事情，也有人给我说，我们都是哥们，哪怕你不用，回头再给我呢。但是我坚决不收。后来我离开了那个公司，现在在这个公司也很好，我心里很踏实，最近不是反腐嘛，我不用每天提心吊胆地生活，感觉很平安。"

QY："2010 年之前，我的生活充斥的大多是忙碌、贪婪、恐惧、不择手段、不安，2010 年参加了小群之后，我逐渐开始品尝到知足、平安和新的生命。以前我在一家跨国公司工作了 14 年，负责管理和协助公司的市场开拓。我能力强、业绩出色，几乎没什么拿不下的项目。为了成功，我不择手段——客户爱钱就送钱，爱美女就送美女，爱古董字画就送古董字画。当时的我认为，要生存，就必须消灭对手，甚至为此破坏别人的家庭、将别人送进监狱，也在所不惜，觉得这是成功的唯一途径。但成功无法消解掉我良心的不安。而且，为了赚更多的钱，我对家庭关心得越来越少，我们夫妻常常吵架。我经常害怕妻子会和我离婚，坐飞机出差时，也会莫名担心飞机失事。有时看到一个成功人士一场车祸就消失了。就在想，人即便再风光也只是暂时的，到底奋斗一生是为了什么？后来我来到总公司，我的上司 ZGL 是基督徒，他就带我参加小群，在小群里，我慢慢开始相信上帝。但是有时大家会谈到工作中遇到的绝境，他们完全没有沮丧，反而总是相信上帝有更好的安排。我觉得信仰哪有那么大的力量呢？后来我担任公司的一个重点项目经理，负责竞争一个工程量非常大的项目。我带领团队为此尽上了全力，开了数不清的研讨会。尽管公司的产品在业内已经是最顶尖的水平，但我们仍然不断研发和改进。除了努力准备，我没有像以前那样去送礼，而是持续祷告，深信上帝会给我这个项目，小群的弟兄姊妹也都在为我祷告。这个过程中，我很平安。以前我总是夜不能寐，事无巨细地担忧，而在竞争这个项目的期间，我却休息得很好。我相信上帝会保守一切，不需要自己提心吊胆。但是你知道吗？最终我们还是失去了这个项目。我竭力准备，产品领先，深信上帝必定帮助，结果却失败了！若是没有认识主之前的我，肯定会崩溃。我会认为付出了那么多时间精力都没做到，是非常失败、非常丢脸的，我一定会问上帝为什么捉弄我。但是我当时想到牧师讲过，基督徒的努力只要达到百分之百，上帝的恩典就会百分百地临到，所以我当时相信上帝一定是让我学习功课，他会帮助我的。后来我们项目虽然没得到，但通过整个过程，项目中涉及到的相关部门对我们公司的系统、品牌、产品有了充分了解。而且我的团队在能力上大幅提升，积累了很多实际的经验。正因为如此，我们团队接连拿下了以后的几个项目，并且做得非常好。"

（2）领导对下级的尊重、信任

J 教会在职场中的信任培育，还表现为领导对下属的尊重和信任。在纵向的网络关系中，当领导对下属以平等、负责任的态度去交往、接触，表达尊重和信任时，也会引发下级对上级的信任。那这种上下级间的相互信任是如何形成的呢？超自然力量在其中发挥了重要的作用，信仰通过改变上级的价值观，以对下级表现无条件的信任作为先决条件，为培育职场上下级信任文化提供了一种途径。

DHF："过去，我习惯用挑剔和批评的眼光去看待合作的同事，现在，上帝让我学会用宽容和理解的心去和别人沟通和协商。前几天我们公司发一个员工自评表格，让所在部门的负责人和员工面谈一下，我当时想天天坐在一起，天天说工作，有什么好聊的。下午人力给我表格后，想着我还是按照表格聊一下，聊了一下后非常感恩，聊完后效果非常好。给他们聊的时候，我觉得还是自己要谦卑下来，不能说我是领导，你是员工，你有什么问题，我批评你，要把自己位置放低一点，信任他们，结果他们也很信任我，我没问他们，他们就自己说出了自己的问题，效果特别好。还有七八月份的时候，我们部门有一个人总是完不成任务，当时我状态也不好，总想批评他，想着要是实在不行，就开除他好了。后来上帝提醒我为自己的脾气祷告，也为他祷告获得力量和智慧，后来就鼓励信任他，他就做完了。"

ZGL："很多时候，作为领导，我们会抱怨员工有这个问题怎么办，那个怎么办，其实责任在我们身上，不在员工身上。我觉得好的领导者应该是信任员工、服侍员工的，帮助员工挖掘他的潜能和优势，而不是总是抱怨员工，随便开除人。"

总之，在工作中，信徒从自身做起，实践诚实、平等、正直等宗教规范，首先使自己成为诚实可信任的人，并愿意冒险无条件地信任周围的工作同事和下属，这对于革新中国行业潜规则、改变攀关系讲交情的不良之风、促进职场信任文化的形成有着重大意义。

3、对陌生人的信任

关于对陌生人的信任，笔者发现，在询问"你对陌生人是否信任"这个问题时，不同的受访者有不同的回答。

WDM："我现在只对教会弟兄姊妹信任，对非基督徒，我会通过交往分析啊，来判断他的心。除非他对信仰感兴趣，我愿意在不了解的时候，信任他，以至于和他打交道、接触，成为朋友，有一些信仰的支持，我才敢去接近人。"当笔者问到最近较热的话题，如果有老人倒地，你是否会搀扶时，他说道："对于这样的事情，我也担忧过，我会祷告吧，祷告不产生恶的影响，成为真正帮助人做见证的事情。我想我会录音或者录像，不是自己来个保障，而是不要被人利用。"

从 WDM 的回应中，能看出他把对人的信任分为"教内"和"教外"。对教内的人会给予无条件的信任，但是对于"教外"的人会有保留，一方面作为基督徒，他觉得应该信任陌生人，但是对社会现实的理性判断，又让他觉得应该保护自己。所以遇到老人摔倒这样的事情，他选择帮忙，但是要录音或者录像作为保护。但是从访谈资料中，还是可以看出，信仰还是帮助他比以前更信任陌生人了，如对信仰感兴趣的陌生人，他会选择交往，给予信任。

WY："我对陌生人一直都很信任，我老公经常骂我无条件的信任。不过我的一个变化是，我以前的信任是缺心眼，现在就想有神呢，你去信任的时候，不管结果是怎么样，上帝在掌管，就更加平安了。面对一些危险、不敢相信的事情，不敢信任的事情，我会选择信任，我想神会一直掌管看顾，以前是缺心眼，没有任何保障，现在有信仰，就会觉得更有保障不怕了。我以前亲自遇到过，那时还不信主，赶公车时，有个乞讨的老太太，很可怜，给我说你扶我上去，我当时想她会不会坑我？后来我就想着说不能不帮她，我观察了半天，就试着帮她，觉得豁出去了。现在信主后，我会一边祷告，一边帮助他。"

从 WY 的回应，可以看出，信仰作为一种保障，帮助她可以做到表达无条件的信任或者利他性信任。简·曼斯布里奇（Jane Mansbridge）认为信任分为两种，一种是基于对他人的熟悉和了解，对他人可信度的理性预估。在曼斯布里奇看来，这种基于理性算计的信任不值得称道。另一种信任即无条件的利他信任则具有重大价值和意义。这种信任是指，即使过往经验告诉你他人可信度较低，但你仍然愿意冒风险相信他们，哪怕自己上当受骗。曼斯布里奇认为，这种利他性信任是值得称许的，因为它包含着牺牲自己和让他人受益的意愿。[25]但是接下来的问题是，这种利他性信任怎么才能形成呢？笔者认为这种利他性的信任离不开人对"自然正义"的追求和相信，唯有当人们相信正义公平在今世或者来世终将得到执行时，才能有表达出利他性信任的决心和勇气。显然，在 J 教会，正因为成员把上帝作为公义力量的保障，才有了实践利他性信任的行动。

以上分析的是信徒对一般陌生人的信任，那基督信徒对其它宗教的信徒又会是怎样的信任呢？

WZ："我最近遇到一个保险员对我还挺好，总叫姐，我的车险和大病险都是在她那入的，已经入了好多年了。她最近老来找我，让我入交通险，我觉得这个险还可以，就是她这个劲有点烦。但是一想到上帝，就觉得她可能很需要这笔单子，月底可能完不成业绩，但是她粘我的时候就有点烦。最近她刚回老家，又拜这拜那，做法事，信仰方面对她比较失望，业务做得还是挺好，还是个领导，她也有可怜的地方，当业务员真是不容易，得受很大的压力，不过她真的是见什么人说什么话，还让我介绍点人给她啊，我知道她是在利用我，刚开始烦她，后来就同情她。"

针对保险员这个陌生人，尽管 WZ 知道保险员实际上是在利用她达到经济目的，但是"一想到上帝"，她会站在对方的角度，给予保险员理解和同情，选择相信她。但是当保险员的信仰和自己不一样时，她又有"失望"的情绪，并产生一种心理区隔。综上，笔者认为信仰作为一种外力因素，会增加基督徒对他人的怜悯、同情和信任。但是基督徒对"教内"和"教外"的人会进行区分，对于教内的或者是"潜在"教内的人，会增加信任感，对持不同信仰的教外人则信任感明显降低。当然这个结论仅是建立在个案资料的分析，是否具有普适性还需要大样本的统计分析验证。

此外，信仰除了影响信徒对陌生人的信任外，同时，信徒也会要求自己成为可信赖的人，进而影响陌生人对他们的信任。

25 Mansbridge Jane. Altruistic Trust, In Mark Warren（ed.）, *Democracy and Trust*, New York:Cambridge University Press,1999.

YWL："在以前，我都不怎么和人说话交往，现在不一样了，有机会的话就主动给陌生人传福音。有一次，我妈坐公交车下车时，那个司机没看好，我妈还没有下完，他就开起来了，我妈就摔了下来，她本来腿就不好，后来司机带我妈去医院做检查，担心我们会不会讹上他们，我们也一直在祷告，给他们说我们是基督徒，不会讹你钱，看好病就好了。后来检查了一下没什么事，公交车那边的负责人给了我们 500 块钱买营养品，他们也挺感动的，觉得基督徒挺好的，我们也给他们说了我们的信仰。有人可能会讥笑我们，觉得信了主，傻里吧唧的，我们要是住在医院不出去，他们可得给钱了。但我们是基督徒不会那样做。"

综上，我们可以得出，信仰对信任有着重要的影响作用，信仰会为信徒在不确定的情境下，冒险信任他人提供保障，增加基督徒对陌生人的普遍信任。另外基督徒对陌生人的信任会进行教内和教外的划分，显然对于教内和对基督教信仰感兴趣的人，更容易产生信任，而对没有信仰和其他宗教派别的人信任度会低一些。另外，笔者认为，更具重要意义的一点是，在中国目前道德滑坡、人与人之间的信任度度急剧下降的时期，信仰帮助信徒成为可信赖、正直的人，遵守诚信规范，这无疑会有助于净化社会风气，为增加整个社会的信任度提供了一种路径。

三、宗教团体的信任培育路径

郑也夫认为，信任本质上是一种态度，属于主观的倾向和愿望。信任关系的建立既包含理性的计算分析，同时也带着对不确定性的感性冒险尝试，处在全知与无知之间。[26]在全知与无知的光谱之间，宗教团体是如何应对和处置不确信的未知部分，利用已知来培育信任的呢？首先，从教内信任的培育机制来看：

一方面，信徒共同的信仰身份认同，即对"上帝（第三者）的信任"为信任培育奠定了基础。[27]社会学家卢曼认为，在建立信任的过程中，"与个人无关的信任形式是不需要的。每当必须要进行交流或对事物的秩序进行解释时，往往是通过上帝、圣人或智者的权威来进行的，而且把他们当人来信任"。[28]西方

---

26 郑也夫.信任：溯源与定义[J].北京社会科学，1999（4）.
27 尼克拉斯·卢曼.信任[M].上海人民出版社，2005：62.
28 同上。

近代学者认为，"无条件"是信任的重要特征之一，因此，它只能存在于人与上帝的关系中。[29]信徒对上帝的信任很多时候是基于对神圣力量和更高秩序的渴望与向往，或者说是一种人的宗教性的外在表征。而宗教领袖卡斯特玛型的人格魅力、他们和神圣力量的亲密关系使信徒相信他们就是神圣力量旨意的传递者，并对他们产生信任。在教会信徒之间，由于基督教教义强调上帝是信徒的"父亲"，信徒之间则以弟兄姐妹相称，作为一种想象的共同体，这种共同的信仰身份极易发展成员之间的信任。

另一方面，教会的网络组织效应为信任的培育提供了平台。普特南认为，社会资本的三大要素"信任、互惠和参与网络"之间是相互联系的，也是相互促进和加强的。在现代复杂社会里，社会信任能够从公民参与网络和互惠规范这样两个互相联系的方面产生。他指出，公民参与网络增加了人们相互之间博弈的次数，使得关于个人品行的信息得以传递和流通，以此增加人们在任何单独交易中进行欺骗的潜在成本，人们之间不再是一锤子买卖，人们会认真考虑自己的行为给他人和自己带来的后果。在这种背景下，人们会倾向于制定大家都认可的合作行为规范，并且在各种人际交往的场所互相交流各自的期望，进而培育出强大的互惠规范，而普遍的互惠可以有效地减少搭便车等投机行为，将增加那些重复互惠的人之间的信任水平。总之，普特南认为，参与网络促进互惠规范的产生，而互惠规范的形成则有助于增加信任水平。[30]

J 教会作为宗教组织，其信任机制的形成也受组织效应的影响。宗教作为一种社会组织，定期的宗教集体活动或仪式（如礼拜、洗礼、圣诞节、小群等）是其主要的组织特征之一。通过参与这种固定的集体活动，成员形成参与网络，这种参与网络将会提高教会成员交往的频率，增加彼此之间的沟通和了解，进而促进人际合作和信任的生成。同时，参与网络还会增加相互间的重复博弈次数，在组织中形成奖赏和惩罚机制。在 J 教会无论是小群体层面还是教会层面，也形成了同样的奖惩规则，即志愿服务贡献越大，在教会得到的奖励也越多，包括：好的声誉、直接得到牧师或小牧人的关注和牧养、参与教会或小群治理等；而惩罚机制是对于不做事但随便挑刺批评的人，他将会受到教友的指责、教会或小群不授予其参与治理的权利等。这种规则或

29 郑也夫.信任：溯源与定义[J].北京社会科学，1999（4）.
30 [美]罗伯特·普特南.使民主运转起来[M].南昌：江西人民出版社，2001：203-204.

者机制也促进了 J 教会信任的形成，正如韦伯所认为的，参加社团组织就等同于获得了一枚"社会印章"（a social seal of approval），人们就会受团体规范的约束，"社会印章"会促使形成群体信任的结构。此外，需要指出的是，不同于世俗组织的"有限生命观念"，基督宗教强调"永恒"，认为个体的生命能从今生延伸到永恒的世界。无限生命概念无疑也是增加博弈持续时间的一种机制，这种允诺奖赏或惩罚在来世发生的机制也会促成合作均衡的出现和互惠规范的形成，培育信任。如教会成员在访谈中提到的"施比受更有福"、"帮助别人是上帝的呼召，也是将来得上帝奖赏的凭据"等证实了这一点。总之，教会形成的这种非正式的奖赏和惩罚机制，在一定程度上有效地制约了成员不利于合作均衡的行为、激励合作行为的产生，进而推动了信任的产生。

那么接下来的一个问题是，教会团体内的特殊信任是如何扩散到教会外，影响社会整体的信任，促进普遍信任的呢？笔者认为，尽管教会内培育了大量信任，明显高于教外对陌生人的信任，但教会也正以这种内团体的方式变成了培训基地：是一所"信任学校"（school of trust）。在这所学校内，信徒不但在教会内彼此信任，而且在教会外也学习操练信任。在教会外，他们首先使自己成为可信任的人，如在家庭中使自己成为可信任的丈夫或妻子、父亲或母亲，在工作中成为可信任的同事和商业合作伙伴，在社会生活中，成为可信赖的他人。同时基于对上帝作为第三方的信任，冒险去信任陌生人，尽管信徒对基督教信仰感兴趣的陌生人表现出更高的信任，而对信仰不感兴趣或者是异教的陌生人信任感相对较低，但是总的来看，信仰无疑还是在一定程度上增强了信徒对陌生人的信任。

综上，我们认为，以教会为组织基础的社会信任的建构，不单是一种信任的组织生成，同时也为信任的社会生成提供了一种路径。

第八章　总结与讨论

本书以 J 教会为例，分析了宗教团体社会资本的网络、规范和信任三个要素的培育状况，并且尝试分析了其网络、规范及信任机制或路径的形成。在上述研究和思考的基础上，接下来我们将从类型的角度，将宗教团体的社会资本分为纽带型社会资本和桥梁型社会资本进行总结分析，并在此基础上，分析纽带型社会资本和桥梁型社会资本的相互作用，进而探析宗教团体社会资本的培育增殖机制。接着，归纳影响宗教社会资本培育的几个因素。最后讨论宗教团体、社会资本与公共生活的关系。

一、宗教团体社会资本的分类：纽带型社会资本和桥梁型社会资本

社会资本和"共同体"一样听来令人觉得温馨。不过社会学家布里格斯、波茨等却提醒人们不要忽视社会资本的消极作用。信任、网络和互惠原则通常对处于组织网络内部的人来说是有益的，但社会资本的外部效应也可能是消极的。如城市里的帮派正是通过社会资本来表达他们的反社会情绪。因此，同其他形式的资本一样，社会资本也具有两面性，既能造福社会，但是也可以利用其破坏社会。因此，怎样发挥社会资本的积极效应，通过相互支持，合作，信任提高集体合作水平是非常重要的一个问题，同样，怎样使其负面作用减少到最低程度也不可忽视。出于这个目的，普特南把社会资本分成了纽带型社会资本和桥梁型社会资本两种。接下来，我们将主要分析宗教团体所产生的纽带型社会资本和桥梁型社会资本，以及两者之间的相互作用，并在此基础上揭示宗教团体社会资本的培育机制。

纽带型社会资本和桥梁型社会资本，也称为兼容性社会资本和排他性社会资本。普特南认为，纽带型社会资本将在某些特征方面相似的人连接在一起，以关注自身为重点，倾向于强调小团体的地位，如以教会为基础的妇女读书会，按种族划分的兄弟会等。桥梁型社会资本则常常向外看，倾向于关注外部，包容各个不同社会阶层的成员，如美国的青年服务组织、民权运动等。

普特南指出，两种社会资本也各有功能。纽带型社会资本有助于加强特定的互惠原则和成员间的团结，以及保持社会网络的现状，能够在组织内部创造出一种忠诚感。桥梁型社会资本能够更好地连接外部的资产，有助于获得更多的社会关系，产生出更加广泛的互惠原则。但相比而言，纽带型社会资本在产生积极作用的同时，也可能使人们局限在小圈子里，导致成员对外界的敌意，这种社会资本的负面作用也比较普遍。但普特南认为，无论如何，很多情况下，两种社会资本都能够产生积极的影响。[1]只不过桥梁型社会资本由于能连接跨较大社会距离的个人和群体，对于融合民主和多样性尤其重要。

宗教社会学家伍斯诺在《宗教参与和以地位为基础的桥梁型社会资本》一文中，也将社会资本分为纽带型社会资本和桥梁型社会资本。他认为纽带型社会资本的特征是成员同质性较强、在当地社区的小群体中产生、一般聚焦于群体成员自己的需要和兴趣，能为成员提供情感支持、友情和个人赋权、帮助处理危机和其他生活事件。桥梁型社会资本的特征是成员异质性更强、在不同群体之间产生、成员关系不太亲密，但能加强更大的社会融合。两者相比，伍斯诺认为桥梁型社会资本更重要，因为桥梁型社会资本能提升公民责任感、解决差异和思想狭隘，不但鼓励宽容，而且还加强合作，这种合作有助于解决更大范围的社会问题，如犯罪、贫穷和家庭破坏的消极影响及不足的健康照顾。但是与纽带型社会资本相比，桥梁型社会资本更难建立和维持，因为它需要人们超越他们的社会圈子。

伍斯诺在文中，还将桥梁型社会资本细分为两种：以身份为基础的桥梁型社会资本和以地位为基础的桥梁型社会资本。其中，以身份为基础的桥梁型社会资本主要是指人们基于不同文化，如种族、伦理习俗、宗教传统等，因价值观或偏好不同的生活方式而形成的连接关系。伍斯诺认为，这种差异

---

1 （美）帕特南.独自打保龄：美国社区的衰落与复兴[M].北京大学出版社，2011：11-13.

更多地聚焦于人们思考自己的方式和他们定义"我们"和"他们"的方式。以身份为基础的桥梁型社会资本经常会在讨论多样化中被强调，并指向合作的需要、共同的尊重和透过加入不同价值观和生活方式的人群来学习。以地位为基础的桥梁型社会资本主要指关于权力、影响力、财富和特权的垂直安排，涉及到排序等级。人们通过和高社会地位的人建立关系，可以使影响力低的人获得影响力和其他资源，这种类型的社会资本通常对找工作、职业升迁、获得行政位置、获得教育和健康帮助的信息、家庭危机中获得帮助等是有用的。[2]

与普特南、伍斯诺的观点相类似，经济社会学家马克·格兰诺维特（M.Granovetter）在其 1973 年发表的文章《弱关系的力量》一文中，根据关系双方的情感强度、互动频率、互惠交换行为及亲密（相互信任）度，将人与人之间的关系区分为强关系、弱关系和无关系。[3]格氏提出强关系维系着群体、组织内部的联系，有益于加强内部的团结，但是由于群体内部成员掌握的信息和资源类似度较高，因此获得信息的重复性会较高。而弱关系则更多地发生在组织与组织、群体与群体之间，分布范围较广，能够充当桥梁的作用，能跨越不同社会阶层的界限，帮助个体获得更多的信息和资源，实现找工作、职业升迁等社会流动机会。格兰诺维特将此称为"弱关系的力量"。[4]

具体到 J 教会来说，我们将结合以上学者的观点，对教会所产生的纽带型社会资本和桥梁型社会资本进行分析。

（一）小群体与教会：纽带型社会资本和桥梁型社会资本

从小群体与教会的关系来看，小群体内部产生了类家庭的亲密关系网络，形成了丰富的纽带型社会资本，教会层面的小群体与小群体之间则产生了伍斯诺所称的以地位为基础的桥梁型社会资本。

J 教会有各种各样的小团体，其中最重要的是小群，J 教会共有 22 个小群，覆盖所有成员，22 个小群根据不同的社会经济文化特征划分为不同类型：有按照性别划分的"女性小群"；同一职业组成的"家庭主妇小群"、"农民工小群"、"职业经理人小群"、"企业老板小群"等；根据年龄划分的"80 后小群"；

---

2 Robert Wuthnow.Religious Involvement and Status-Bridging Social Capital. *Journal for the Scientific Study of Religion*, Vol.41,No.4,2002:669-684.

3 廖亮、陈昊.马克·格兰诺维特对新经济社会学的贡献[J].经济学动态，2011（9）.

4 由笛、姜阿平.格兰诺维特的新经济社会学理论述评[J].学术交流，2007（9）.

依据民族划分的"朝鲜族小组"；还有一些是地理位置相近、混合不同年龄、职业、民族、性别构成的小群。小群内部成员互动频繁，每周聚集一次，通过长时间的相互接触、沟通和了解形成关系网络，产生了诸多互惠合作行为，互相代祷、帮忙搬家、生病照顾、照看小孩、探访倾诉、电话辅导、找工作、借钱、介绍对象、婚丧嫁娶等不一而足，从而在内部培育了高度的信任关系，成员愿意在小群中敞开内心，诚实、开放并且讲出自己的脆弱，形成了格兰诺维特所指的强关系，创造了纽带型社会资本。

相比于小群内部成员的强关系来说，小群与小群之间则属于弱关系，教会通过联合小群的方式，组织各小群一起参加主日崇拜、洗礼、复活节、感恩节、运动会、洗礼、讲座、音乐会等大型活动及志愿服务，使成员与本小群外的成员建立联系。另外也通过组织其他小团体，如读书会、赞美队、市场妈咪群、小牧人退修会、门徒训练课程班等的方式，形成纵横交错的小型组织，进而将小群内部的社会资本溢出到小群外，把不同职业、权力、影响力、财富的成员连接在一起，形成了以地位为基础的桥梁型社会资本。通过这种社会资本，那些低社会地位的成员可以从高社会地位的成员那里获得信息、找工作、经济援助、解决生活或家庭危机等。LMB 说道："一般人的关系网络都在自己小群内，但小群与小群之间也有一定的关系连接，譬如我在小群里找工作信息很有限，小群外的人有信息，就可以弥补。"我们在访谈中，发现此类社会资本的应用在 J 教会有很多，如教会发展委员会的成员大都是中高层企业经理，经济富裕，社会地位也较高，他们中有的开办律师事务所，就为教会会友提供法律咨询，还有的是名企的副总裁，则为会友介绍工作等。

（二）教会与社会：纽带型社会资本和桥梁型社会资本

从教会与社会的关系来看，教会内部成员之间因着共同的信仰构成信仰共同体，联系紧密、互惠合作、创造了纽带型社会资本。同时，教会向外部社会开放，不断吸纳新成员加入，并且通过开展社会公益慈善服务，产生了伍斯诺所指的以身份为基础的桥梁型社会资本，这种身份不同主要指因宗教信仰不同或有无宗教信仰产生的文化差异。

J 教会作为共同体，一方面教会会通过共同的活动，如小群、主日礼拜、圣诞节、感恩节、复活节、洗礼等仪式，培养成员的共同体意识。如教会某年圣诞节的主题就是"WE ARE FAMILY"，"我们是温暖的大家庭，欢迎你加入"。通过一系列活动使成员有温暖家庭的感觉，培育成员的"我们"意识，产生纽带型社会资本。另一方面，牧师通过主日讲道，也教导成员 J 教会是作为一个共同体存在的。我们查阅牧师 2014 年的主日讲道，发现他几乎每次讲道都提到共同体，而且"共同体"前面的定语也各不相同，包括"价值共同体"、"爱的共同体"、"怜悯共同体"、"服侍共同体"等。在牧师的一篇"J 教会的 DNA"的主日讲道中，牧师形象地指出，教会的 DNA 就是共同体。他谈道："我们对上帝的委身要落实到共同体（教会、小群）。其中，教会是大家庭，小群是小家庭。这种共同体体现在三个方面：一是全面关注。你的全部都在上帝的关注之下，小牧人要全面关注一个人，成员之间也要彼此接纳关注，这种关注是全方位的，包括属灵生活、服侍、身体、情绪、健康人际关系等。二是无条件接纳。主要是在我们的共同体里，不管有无知识，有无地位，穿着、外形怎么样，让你觉得舒心或者真的受不了，我们都要彼此无条件的接纳，这是上帝无条件的爱的体现。三是共同体里的人紧紧相连。这种连接体现在，一个人在工作、属灵、家庭、身体、人际关系上有美好经历和突破，是所有人值得庆贺的事情。一个人遇到挑战，也是所有人共同承担的事情。B 市人口中，当地人只有很少，绝大多数人没有根，教会要给你家，建立"根"。无论你出生在哪，来到 J 教会，教会就是你的家。"可以说，J 教会内部成员之间因着共同的信仰构成网络关系、互惠合作和信任关系，产生了类似于"大家庭"的共同体，创造了纽带型社会资本。

普特南在《在一起会更好》（Better Together）一书中指出，通常集体身份可能会排外，"我们"还需要一个"他们"，拥有敌人能帮助我们创造社会资本。但是他通过对美国创造多样化社会资本的 12 个个案的考察，发现参与者建立了强关系而没有敌视任何人。在 J 教会，成员通过信仰认定"我们"共同的身份为"基督徒"，而"他们"是指没有宗教信仰或者信仰其他宗教的人，也被称为"非基督徒"。不过教会在内部建立强关系的同时，也并没有敌视被称为"他们"的非基督徒，而是主张信徒在工作、家庭和社群中积极活出信仰，给身边的同事、邻舍、家人、朋友、亲属传福音，把他们带到小群或教会，建立共同的身份认同。另外，教会成员也积极参与社会服务，关心弱势群体，服务"性工作者"、"打工子弟"、"家政工"、"孤残儿童"，开展"公益教室"等志愿捐赠服务，教会也利用其庞大的组织网络在教会内部广泛征集人力、物力和财力，参与支持教会成员所从事的慈善服务活动，当教会服务于社会弱势群体时，也会吸引那些服务受益者及爱心人士积极参与宗教团体。

正是通过在社会生活中实践信仰、广传福音和服务社会弱势群体，J 教会在"基督徒"和"非基督徒"之间建立了连接，产生了以身份为基础的桥梁型社会资本。不过需要指出的是，这种以身份为基础的桥梁型社会资本是流动性的，当教会外部的成员受洗成为基督徒、加入教会后，这种成员之间的桥梁型社会资本就会变为纽带型社会资本，同时教会也会通过传福音等方式，扩展建立新的桥梁型社会资本。不过整体来看的话，J 教会的桥梁型社会资本相对于纽带型社会资本来说是远远不足的，教会桥梁型社会资本的产生较多依赖于成员个体的传福音，而对社会公益慈善的参与多是个体行为，教会层面整体参与偏低，连接社会外部资源的机会也比较少。

二、宗教团体社会资本的增殖机制

在经济学里，资本表示一种繁殖物品或者金钱的能力，而不是及时享受。社会或人力资本也有同样的投资可能性。一个存蓄技巧和资源的池子或者社会网络，有能力扩大或扩张为更大的池子或者社会网络。社会资本聚焦于规范、组织网络、信任和公民团结一致，很容易转变为新的合作和潜能。但是，和人力资本、物质资本一样，社会资本也有被冻结的可能。因此，宗教团体实际的投资行动、精力、策略等都会对社会资本有重要影响。

如果宗教组织不注重社会资本产生，或者根本不知道如何将社会资本转化为与公民相关的社会服务和志愿主义，或者认为世俗和神圣相对立，参与世俗社会阻碍教会的教导和统一，因而集中于教堂内的活动的话，他们将把宗教团体中的社会资本冻结在宗教组织内部，变得孤立，不能溢出到更大的社会中。而当宗教组织对社会资本积极投资，把开展社会服务、从事慈善活动作为自己的天职，全力以赴地投入其中时，宗教团体通过其庞大的组织网络能有效地向社会征集丰富的人力、财力，服务于社会弱势群体。广大受益者在接受宗教团体社会服务的同时，也会以各种方式积极参加和支持宗教团体的社会服务，从而能有效地促进宗教组织社会资本的良性循环与增殖。

结合前文内容，我们分析 J 教会的社会资本培育机制，如图 8-1 所示。在 J 教会社会资本的培育实践过程中，最初的社会资本是由小牧人、传道人及牧师等宗教领袖投资产生的，这些宗教领导者率先付出爱心、时间、精力和金钱去关心他人的需要、积极参与教会的志愿服务活动、十一奉献等，从而为教会积蓄了最低存量的社会资本，使教会有了投资社会资本的"本金"。这些宗教领袖对教会的委身、参与和奉献也带动了其他成员对教会的委身、参与和奉献，从而使教会形成了整体的参与网络、互惠规范和信任的文化，即通过使用社会资本的"本金"产生了更多的社会资本，形成了良性循环。教会社会资本的不断增加使教会成为信仰共同体并作为一种文化模版存在，个体在其中也不断受益，满足了其社交、感情和精神上对"爱"、"自我价值"和"生命意义"的需要，并为个人提供一种目的感、身份感和"根"的感受。个体在教会这一共同体中受益后，又会积极向周围的朋友、亲人、同事、同学、邻舍等传福音，将社会资本向外溢出，吸纳更多的人进入教会，扩大教会的规模，根据 J 教会统计资料，教会每年受洗加入教会的人数约为二、三十人，这些新会支大部分都是通过成员向亲朋好友传福音加入教会的，而以参与社会服务，公益慈善吸引加入教会的并不多。这和 J 教会的牧师对神学的理解有很大关系。在约谈中，J 教会牧师谈到："教会的主要职责是传福音，牧养信众，公益慈善有专门的社会机构来做，教会不会主门来做"。这和国外一些学者对教会和社会资本关系的理解不谋而合。

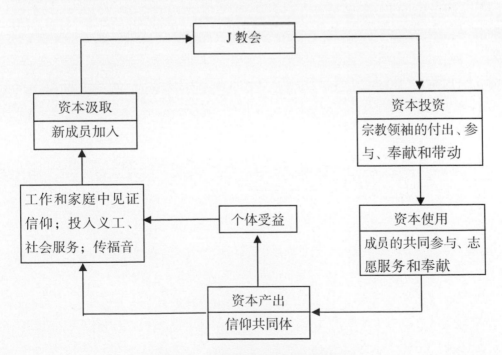

图 8-1：J 教会社会资本增殖机制

国外一些学者指出，社会资本，如信任、规范和网络，一般来说都是公共产品，是个人寄身其间的社会结构的一个特性，因此，社会资本常常以其他社会活动的副产品形式被创造。对教会来说，无论是宗教领袖的社会资本投资、成员参与还是从事义工和志愿服务，教会最首要和根本的目标还是要"传福音"、发展壮大教会，而不是增加社会资本。正如 Don Browning 所说：

"把教堂想象为社会资本是危险的。教堂是讲述宗教故事，显示上帝的旨意和恩典的地方。救赎，而不是增加的社会资本，是教堂和他讲述的最重要的目的。基督徒们讨论上帝创造的故事和上帝赐予我们的恩典，这些恩典使我们不但能平等地活着，而且还能自我牺牲，因为知道上帝的恩典会供应我们。救赎就是对别人冒险牺牲的爱和给予有信心，即便共同的平等是最终目标。基督徒们过基督教的生活不是为了产生社会资本，社会资本的增加只是一个长期的、基督徒生活的第二结果。"[5]

笔者认为，尽管社会资本是教会生活的副产品，但是宗教团体的发展却离不开这种副产品，或者说会深受这种副产品的影响。

J 教会无论是神学取向上的自主选择还是社会环境的限制使然，在神学认识上自主地将公益等善服务排除在教会功能之外，导致的结果是教会面向社区的"无力"，并在某种程度上导致教会形成一种内卷化趋势，限制教会的发展，从 J 教会历年人数增长的规模来看，似乎教会人数增长到 300 人后，增长变得非常缓慢。相信这一问题不但是 J 教会面临的挑战，也是中国所有基督宗教团体在不同程度上需要面对的课题。

三、宗教团体社会资本的影响因素

通过前文分析，笔者认为影响 J 教会社会资本培育的因素主要有四个：一是组织网络结构设置；二是宗教价值观；三是宗教团体的目标和社会愿景；四是社会环境结构因素。

（一）组织网络结构设置

普特南将产生社会资本的组织网络结构分为两种：水平网络和垂直网络。笔者认为，J 教会之所以能产生丰富的社会资本，横向水平的组织网络结构是

5　Browning, D. *From culture wars to common ground:religion and the family debate.* Louisville,KY:Westminster/John Knox Press. 1997.P.268.

重要因素之一。在 J 教会看来，教会作为一个大家庭，上帝是"父亲"，基督徒则是"上帝的儿女"，彼此之间是"弟兄姐妹"的关系，不论社会阶层、经济状况、家庭背景、民族差异如何，成员都是平等的。在基于平等关系的前提下，教会形成了小群体与大型活动相结合的组织参与网络结构。那么，这种组织网络结构是如何促进社会资本产生呢？

首先，我们来分析小群体组织网络对社会资本产生的作用。J 教会最特色、最突出的小群体是"小群"。小群以 5-12 人组成信仰小团体，覆盖整个教会，小群成员之间通过一周一次面对面的频繁交往和互动，一起参与做饭、用餐、唱诗、祷告、分享一周的生活和信仰经历，彼此相互熟悉和了解。小群成员形成熟人关系后，平时又会通过打电话、微信聊天和一起出游、聚餐等社交活动，增加交往的频率，随着交往次数的增多，成员之间互惠合作的机会也不断增多，在互惠合作中，彼此的信任度也会不断提升，在小群聚会中，成员会更自由安全地敞开自己，向成员分享自己的脆弱和难处，加增了彼此交往的深度，成员之间由此会形成更深的网络连接，产生类家庭般的亲密关系网络。SNF 谈道："我们小群的人原来和我们家离的都挺远的，后来大家在小群里越来越熟悉了后，就成为很好的朋友，大家就喜欢在小群呆着，以前住的远，晚上小群就得早点结束赶着回去，后来他们觉得住的远不方便，就开始慢慢地都搬到我们小区附近的小区来住了，XX 夫妇和 XX 夫妇就是这样的，大家住的近的话，平时联系交往也方便，有什么事可以及时联系。小群的粘性还是很强的。"除了认识小群的 5-12 个人之外，成员也可以根据自己的需要，参与教会其他各种类型的小群体，如小群联合退修会、门徒训练课程班、慕道班、祷告训练班、小牧人退修会、读书小组、篮球队、足球队、80 后青年夫妻团契、时尚妈咪群、企业家团契、基督徒职场团契、主日学、青少年英语夏令营等，成员通过参与小群之外的其他小团体，成为会员，并参加活动，就有机会认识小群之外的人，和他们沟通、互动，成为朋友关系，将自己的人际关系网络从小群中的几个人扩展到几十人，一般，成员参与的小团体和活动越多，成员熟悉认识的人也会越多。XSN 谈道："大家最先认识的人一般都是在小群中，但是如果她还参与其他团体活动时，就会认识更多的人，譬如他参加小群是一个线，他的孩子参加主日学的话，就是另外一条线，她就能认识一些孩子同在主日学的家长或者是主日学老师，一个人和一个组织的联系渠道越多，他认识的人就会越多，对教会委身程度也会越高。"

其次，教会层面的大型活动或者参与教会的治理、志愿服务等，也为成员提供了人际交往的空间，有助于形成横向参与网络。J 教会的大型活动主要有主日礼拜、复活节、洗礼、周年庆、感恩节、圣诞节、运动会、敬拜赞美音乐会、讲座等，这些活动在全教会范围内举行，所有的人包括会友或者非会友，都可以参加。成员通过参加这些固定的集体仪式活动，提高了彼此交往互动的频率，使成员在更大范围内有机会认识更多的人，和他们沟通互动，形成朋友关系。WYY 谈道："大家互相认识主要在活动中，只要你参与到活动中，就有机会认识，你是旁观者，进入不进去，别人也不认识你。譬如洗礼啊，也许有不认识的人受洗，大家还是很高兴为他庆祝啊，这样就认识了。"此外，参与教会公共事务和志愿服务，也为成员提供了互动沟通的平台，在一起合作共事中，促进相互之间的了解，互相认识和熟悉，并使成员学会宽容、理性地和他人相处，进而产生合作和集体意识。

通过以上分析，笔者认为，J 教会小群体与大型活动相结合的组织参与网络结构非常有利于成员面对面的交往，在平等参与中增进互相了解和认识，而这种紧密的社会关系网络会增加人员之间博弈的次数和频度，促进互惠规范和信任的产生，培育出丰富的社会资本。

另外，我们的调查研究也发现，教会作为自组织，在维持运作的过程中，必然会有分工，并形成领导和被领导的关系。在 J 教会，信众约有 350 人，牧师很难和每个信徒直接建立联系，因此教会就通过小群体的形式，将每个成员的牧养落实在一个个小群中，并由小牧人负责领导治理，由此教会就形成了"牧师—小牧人—普通信众"三级纵向领导网络。其中牧师直接对小牧人负责，每周为小牧人祷告，并协同传道人一起牧养小牧人；而小牧人对自己小群所在普通信众负责，每周为小群成员祷告，并负责牧养他们。需要指出的是，J 教会基于教会事务分工形成的这种纵向领导网络关系，不是普特南所说的垂直网络中的庇护和依附关系、统治和被统治的关系，而是领导和被领导、服务和被服务的关系，即教会这样一个共同体里的领导者，必须把自己看作是对他们的下一级信徒负责的。

这种纵向领导网络关系作为教会共同体的必要部分，也有助于产生社会资本。尤其在动员志愿服务参与方面，牧师或小牧人作为垂直领导者，通过他们的权威，为志愿服务参与提供了合法性和鼓励，发挥了有力的号召动员作用。小牧人 WXT 提到："教会有什么活动啊，或者需要人参与啊，都是通过小群动员的，小牧人在小群聚会时或者在微信里一说，就呼召大家报名参与，譬如运动会报项目，圣诞节表演节目啊，教会需要新人接待志愿者啊，诗班招人啊，都是小牧人在小群动员的。"可见，当纵向网络结构把权力和水平参与结合起来时，这种"垂直型的参与"也有助于产生社会资本。

（二）宗教价值观

宗教作为文化的一部分，在对世界观、价值观的塑造和改造中有着十分重要的影响。道德伦理作为宗教的重要构成要素之一，提供了诸多非正式的规范。几乎所有世界著名宗教都强调社会公正和服务他人利益的共同责任，要求信徒遵守正直、诚信、怜悯和同情等宗教伦理和道德规范。宗教信念和互惠、利他主义、慈善和人类价值有关，扎根于道德责任中，能对其他群体产生积极的态度。伍斯诺认为，在个人主义和集体主义价值之间，宗教更倾向于集体主义。

J教会作为基督新教教会，拥有源于《圣经》的丰富的伦理道德资源，教会在《圣经》的基础上，形成了接纳、怜悯、同情、服侍、关心、诚实等宗教价值观，这些宗教规范使成员愿意摈弃利己主义，以他人和集体的利益为优先考虑。在J教会，这些宗教规范由小牧人率先实践，并以生命影响生命的方式，带动其他成员为他人和集体做出贡献。WYY谈道："小牧人特别棒，特别不容易，在自己很忙很累的时候，还要服侍别人，学习像耶稣那样服侍。我看到有的小牧人，小群成员一遇到紧急的事情打电话，他们有时间就安慰。登门探访，还有些小牧人，真的是自己钱不多，但是服侍小群的时候，却尽心做事情，买菜做饭，还有一些呢，要出差，行程排的很近，但是出差晚上回来要带小群，这些都是为了教会的舍弃。牧师平时提的比较多的就是小牧人，小牧人委身服侍，谦卑舍己，牧师也希望很有更多的人起来，成为小牧人。"综上，正是这种集体先于个人的宗教价值观成为影响J教会社会资本形成的根本因素。

（三）宗教团体的目标和社会愿景

尽管宗教团体有相同的宗教信念，但是，不是所有的宗教团体以同样的形式，产生一样的社会资本。一些宗教团体可能倾向建立纽带型社会资本，而另一些宗教团体倾向建立桥梁型社会资本，也有一些是两种类型的社会资本都会建立。Jan Curry对Iowa地区的六个宗教社区的考察，发现这六个社区都是人们面对面相处、非常熟悉的地方，但是产生的社会资本却是完全不同的，社区的发展水平也不一样。有的具有共享愿景的宗教社区，鼓励和本会堂的接触，纽带型社会资本存量更高，集体行动的能力更强。而有的宗教社区，其宗教世界观鼓励以一些特殊的方式或原因参与到更广的社会中，则有助于建立强有力的桥梁型社会资本。[6]Curry 通过比较分析后，发现社区或组织的共享目标、价值观和社会愿景是影响这些宗教社区社会资本存量不同的重要原因，而且还影响不同类型的社会资本。Curry 进一步指出，影响社会资本产生的价值观和共同社会前景，主要包括对以下问题的回答：人类的本性是什么？社会和我们自己面临的最根本的问题是什么？恶的本质是什么？我们如何解决这些困难和问题？

通过调研，我们发现，J 教会对共同的社会愿景有着清晰的认识，牧师在《JQ》的创刊词上提到："世界是由上帝所创造，也属于上帝，世界原本是上帝的祝福和秩序充满的美好所在。但是，后来因人类悖逆上帝，犯罪、堕落，世界进入死亡和黑暗之中，但是我们可以因着信仰，而重新成为上帝光明和爱的国度中的一员，成为上帝的儿女，蒙眷顾的共同体的一员。同时，我们也要在社会生活中活出信仰，有好的行为，在家庭、工作和社群中结出卓越的果子来，在社会的正中央见证信仰，为社会带来秩序、盼望和爱。"从以上的资料，我们可以看出，J 教会作为信仰类志愿组织，以"建立教会共同体、重建上帝所创造的工作秩序、家庭秩序、社群秩序"为目标和社会愿景。在此愿景的指导下，一方面引导信徒在教会中通过彼此服侍建立信仰共同体，从而建立了纽带型社会资本；另一方面，也鼓励信徒通过美好的家庭生活和工作见证来主动接触社会，引导信徒积极投入到社会生活中，向社群广传福音，使教会建立了一定的桥梁型社会资本，但是正如前文提到的，J 教会的公共性主要是通过个体的家庭、职场生活来体现，从教会整体角度来说，其与社会的互动，即社会公共性是不足的，这也影响了其桥梁型社会资本的生成。

（四）社会环境结构

除了宗教团体内部因素会影响其社会资本的形成外，外部的社会环境结构也是重要因素。主要包括：

---

6 Janel Curry.Social Capital and Societal Vision:A Study of Six Farm Communities in Iowa, In Corwin Smidt. *Religion as Social Capital:Producing the Common Good.* Texas: Baylor University Press. 2003.Pp.139-152.

　　一是宗教与政治的关系。一般来说，政教分离的原则会有助于宗教社会资本的形成。改革开放后，我国宗教获得了较大的发展，一方面，尊重和保护宗教信仰自由的政策逐步完善，并且以宪法的形式得以确立，宗教依法管理工作不断完善。另一方面，历届党中央和政府也逐步认识到宗教在社会中发挥的积极作用，并积极引导宗教与社会主义相适应，团结凝聚宗教界人士和广大信教群众的力量，共同推进中国特色社会主义事业。在访谈中，谈及政教关系时，牧师表示 J 教会的事工主要集中在家庭和职场，和政府的关系保持政教分离原则，教会发展也一直比较稳定。可以说，稳定的政治环境为 J 教会社会资本培育提供了重要保障。

　　二是志愿组织的生态环境。2013 年 3 月，国务院宣布将放开四类社会组织的登记，包括科技类、城乡社区服务类、行业协会商会类及公益慈善类。今后成立这四类组织，不再需要业务主管单位审查同意，直接向民政部门申请登记即可。2016 年 9 月《中华人民共和国慈善法》正式实施，标志着我国慈善事业将进入新时代。在以上环境政策支持下，近些年我国公益慈善事业蓬勃发展，根据民政部《2016 年社会服务发展统计公报》显示，截止 2016 年底，全国共有社会组织 70.2 万个，比上年增长 6.0%。具体到宗教团体来说，2017 新修订的《宗教事务条例》第五十二条规定，宗教团体、宗教院校、宗教活动场所是非营利组织。第二十三条规定，宗教活动场所符合法人条件的，经所在地宗教团体同意，并报县级人民政府宗教事务部门审查同意后，可以到民政部门办理法人登记。第五十六条和第三十八条规定，宗教团体、宗教院校、宗教活动场所、宗教教职人员可以依法兴办公益慈善事业，开展公益慈善活动时受法律保护。尽管我国目前在宗教团体具体的登记程序细化和公益慈善事业开展的政策落实上还有待进一步夯实，但以上政策环境无疑为宗教团体作为志愿组织在社会服务、公益慈善方面发挥作用提供了渠道，并影响 J 教会社会资本的培育。

四、宗教团体、社会资本与公共生活

　　目前，学界对公共生活的理解和界定存在很多争议。Wolfe（1998）认为公共生活是指不是靠国家政权强压的也不是靠市场经济组织起来的共同的协会生活，这些协会组织本质上不是政治的，但是这些公民社团能在提高公民教育、建立公民技巧和连接社会隔离方面发挥作用。[7]我国学者根据本土的情况，对公共生活也做出了界定。俞可平把公共生活视为"国家或政府系统，市场或企业之外的所有民间组织或民间关系的综合，组成要素是各种非政府和非企业的公民组织。"[8]贾西津认为，"公共生活就是公民自组织起来满足共同或公共需求的社会部门，以公民自组织为核心构成。"[9]从以上中西方学者对公共生活的界定看出，公民自组织（志愿组织）是公民生活的核心要素。但是志愿组织是具体如何促进公共生活呢？答案是通过培育社会资本。

托克维尔早在 19 世纪 30 年代，检视美国的公共生活时，就发现志愿组织在促进美国的公民生活中发挥着重要的作用。他在考察时发现，美国将自由结社原则运用得淋漓尽致，美国人不论年龄多大、身份和性格如何都在不断地组建社团。人们除了参加商业社团外，还参加其他不同类型的社团——道德的和宗教的、重要的和无关紧要的、专业的和非专业的、庞大的和非常小的。这些志愿组织对公民生活具有内部和外部两种效应。从内部来说，这些大大小小的社团使美国人从孤立的自我利益中被拉出来，引导他们和人交往，并从社团组织中学到了中庸、互惠、谦虚、信任的公民道德和进行民主式辩论的公民技巧。从外部来说，相互交叠的多种多样的社团创造出相互连锁和纵横交错的社会联系，而这种社会联系随着不断地分化能把社会整合在一起，影响公共生活。

普特南、科尔曼和福山等认为，社会资本产生于志愿性社团内部个体之间的互动，这种社团被认为是推动公民之间合作的关键机制，并且提供了培养信任的框架。通过社会资本，志愿组织培育了公民性格，形成公民文化。

Cowin Smidt 认为，志愿组织产生社会资本的机制如下：首先，志愿组织中的参与产生人们之间的互动，能提高彼此信任的可能性。群体活动能帮助扩大个人的兴趣，使个人更关注公共事务，促进集体合作。最后，参与志愿组织能增加成员的信息量，建立公民技巧，提供集体行动所需要的资源。总

7　Wolfe, A. *One nation, after all*. New York: Viking, 1998.

8　俞可平.对中国公民社会若干问题的管见.高丙中、袁瑞军主编,《中国公民社会发展蓝皮书》,北京：北京大学出版社，2008：17.

9　贾西津.中国公民社会图纲,
　　（http://www.sociologyol.org/yanjiubankuai/tuijianyuedu/tuijianyueduliebiao/2008-11-
　　26/6638.html）.2008-11-26.

之，参加志愿组织，从个体层面来说，能帮助个人更好地社会化，教他们如何思考和行动的道德，这种道德对于健康的社会和政治是必要的；从集体来说，能增加集体行动的能力、合作和组织内的信任，使群体的集体目标更容易完成。从社会层面来说，能培养民众的公共意识、发展更广的兴趣、提高公共参与技能，进而促进政治参与。[10]

托克维尔在《论美国的民主》一书中，特别强调了宗教社团在促进美国公民和政治生活中的重要作用，他在文中指出："我认为，在美国无论什么社团也比不上道德的社团更值得关注"。托克维尔之所以特别强调宗教在产生社会资本、促进公民生活中的作用，是因为宗教团体作为志愿组织，又是道德文化型的社团，其产生的社会资本在推进公共生活方面，既有和一般志愿组织相同的地方，但是也有不同之处，其不同之处重点体现在宗教对公民道德的重视。

近年来西方学者也发现，并不是所有的公民社团在产生社会资本的方式、程度和效果上都是一样的。Stolle & Rochon（1998）通过对比美国、德国、瑞典三个国家的社会组织与社会资本的关系发现，文化社团与其他六类（经济类、政治类、权利类、社区类、个人兴趣类、社会-休闲类）组织相比，能产生更广范围的社会资本，有高水平的一般信任水平，互惠规范也更多。[11]西方研究宗教社会资本的学者一般都认为，宗教团体比其他组织产生更多的社会资本。

既然不是所有的公民社团在社会效果上都是一样的，那接下来的问题是，如果仅有公民组织的复兴，没有道德复兴，能够建立公共生活的复兴吗？公民性格能复兴健康的公共生活吗？或者公民活动增加，但是较少灌输道德价值，这种公民活动会产生健康和有活力的公民生活吗？西方学者们对这个问题的认识有两种观点。一种观点认为提升公民工作，通过公民快速参与，培育公民性格对于公共生活就足够了，不必要提升一些道德和文化复兴。另一种观点则认为，公共生活复兴主要是哲学或者道德性质的，因为道德能建立和维持公民机构。例如，我们为什么选择参与公民生活？为什么一个人应该追求社会公平？一旦脱离自我利益，就会产生道德争论。因此，公共生活的

---

10 Corwin Smidt. *Religion as Social Capital:Producing the Common Good*. Texas: Baylor University Press,2003.

11 Dietlind Stolle&Thomas R.Rochon.Are All Associations Alike?—Member Diversity, Association Type,and the Creation of Social Capital. *American Behavioral Scientist*, Vol.42, No.1,1998:47-65.

关键是建立道德。Eberly 指出，自治政府的一个必要特征就是特定道德的结果，当我们忽视道德对人类存在的作用时，那就只剩下权力作为建立人类行为的基础。[12]

综上可见，公民性格和公民道德对于建立公民生活都是不可缺少的。宗教团体作为道德型社团，既能通过提升公民参与培养公民性格，又能复兴公民道德，因此是培育公民生活的重要途径。那在 J 教会是如何通过产生社会资本推进公共生活发育的呢？

（一）宗教通过成员的公共参与活动影响公共生活

宗教通过公民参与服务公共生活，主要体现在三个方面：

第一，宗教崇拜虽然是私人活动，但是当成员聚集在一起共同开展集体活动时，就会产生与其他成员的互动，具备了公共参与的机会。基督教与其他宗教相比，更强调信徒之间的"团契"生活，即通过每周固定的礼拜、聚会，基督徒之间相互交往，彼此间相互了解，并建立亲密关系。J 教会成员主要通过小群体和大型活动的方式聚集在一起，产生互动和沟通，并形成网络连接。教会以每周一次的"小群"聚会形式，将所有的成员按照地理位置、职业、性别、民族等因素组成一个个类似"家庭"一样的小团体，在小群中，成员定期聚会，通过彼此沟通交流和分享，互相了解，形成互惠合作规范和信任关系，产生参与和共同体意识。同时，各个小群保持开放状态，对于教会之外的人来说，任何人不分年龄、性别、家庭背景、社会和经济地位，只要想了解信仰都可以加入进来，随着小群成员增多，超过 10-12 人后再分裂形成新的小群，扩展形成新的参与网络。小群与小群之间则通过教会的集体活动或仪式，如主日礼拜、洗礼、圣诞节、门徒训练、感恩节等活动连接在一起，形成全教会范围内的参与网络，使小群成员可以有机会与小群外的成员产生互动和了解，建立关系。尽管教会成员的参与机会、活动参与网络主要集中在内部，是一种私人关系，但是它也具有特殊的公共意义，因为它已经超越了传统的血缘、亲缘和姻缘关系，在陌生人之间建立了熟人关系，本身就形塑和丰富了公民生活。

第二，通过参与宗教活动，培育了成员的志愿服务、慈善捐赠行为。宗教团体作为自治性组织，所有的人力、物力、财力都是靠团体成员自身维系

12 Eberly, D.Civic Renewal vs Moral Renewal. *Policy Review*, Vol.91, 1998:44-47.

的。J 教会所有的活动组织基本上都是依托志愿者完成的，教会正常运转所需要的资金也全部是成员捐献的，教会如同培训学校，培育了成员的志愿服务精神。而志愿服务本身也是现代公共道德精神的体现。在志愿服务开展过程中，成员的心灵得到净化，思想道德水平得到提高，并从孤立狭隘的自我利益中走出来，关注更大范围的公共利益，认识到公共利益的维护也需要自己的参与，当成员从志愿服务参与中获得心灵的快慰和实践的内在利益时，就会发现公共利益和个人利益是相统一的。一旦形成了这种心灵习性，成员也会将这种志愿服务精神或者说公共道德精神应用到教会之外的领域中，为整个社会提供志愿服务。J 教会对外成立的"公益教室"捐赠项目及成员积极参与服务弱势群体、担任义工的志愿行为就是例证。

　　第三, 通过宗教参与, 提升了成员的公民参与技能和素养。John A.Coleman 指出，在宗教团体里，成员通过参与教会治理、带领敬拜、人事委员会、参与做决定的会议、策划和主持会议、在公共论坛演讲等，帮助成员学会承担责任、制定集体决定、表达观点、承认其他人的相反观点。当然，人们也能在工作场所和其他非政府组织中获得这些技巧，但是这些非宗教的环境经常会吸引和有利于那些已经有一定人力资本的中产阶级，如高学历者、白领和社会地位较高的人。但是教会在分配公民技巧机会方面则比较民主。无论是男性或者女性，不管他们的教育背景，都可以学习主持会议、讨论和评估不同的提议，处理争端和肩负行政责任等。[13]Verbar 认为，"只有宗教组织提供了一个相对的平衡，在聚拢资源的时候，为那些资源缺乏的人提供发展公民技巧的机会。"[14]因此，教会能为社会提供更多的参与、平等和公共社交精神气质，是孵化公民技巧的重要孵化器。具体到 J 教会来说，教会为成员提供了诸多参与机会，包括参与教会治理，带领或参与小群，公共代祷，管理财务，公开演讲，带领敬拜等，通过这些志愿服务参与，成员学习了组织管理技巧、人际交往技巧、会议主持技巧、领导技巧等，同时也提升了成员的公民素质，习得了谦虚、宽容、平等、尊重等美德。尤其值得一提的是，J 教会的小群参与，采用分享式形式，每个人都要讲话分享自己的经历，通过这种每周的参

---

13 Coleman,John A. Religious Social Capital:Its Nature,Social Location,and Limits, In Corwin Smidt, *Religion as Social Capital:Producing the Common Good*. Texas: Baylor University Press,2003.

14 Verba,S.,K.L.Schlowman&H.E.Brady. *Voice and equality:Civic voluntarism in American politics*. Cambridge,MA:Harvard University press. 1995.Pp.18-19.

与分享，教会每个成员几乎都或多或少锻炼了自己的沟通能力、倾听能力和表达能力，小群的小牧人通过领导小群也锻炼了领导力。

小牧人 CLX："今天主日礼拜是我代祷，之前传道人 GLX 给我说的时候，我就给他说，我有点紧张，还挺不愿意的。后来 GLX 鼓励我说，没事，就当操练一下。其实，你说小牧人自己带小群，谁不会祷告呢，在小群里祷告都是如鱼得水，但是星期天要在几百人面前祷告，我就有点紧张，牧师也说主日代祷就是让小牧人操练在这种情况下不紧张。之前会一直担心紧张，但是一上去开口祷告，我其实也没有那么紧张，感觉还挺好的。"

小牧人 YFK："我觉得参与教会服侍，自己性格和能力啊，改变挺多的。先说能力啊，光主持这一件事情，是完全翻转。我原来性格很内向，那个内向是属于压抑，自卑，总会觉得自己一发声就会招人嘲笑、鄙视。来到教会后，参加了一次圣诞晚会的节目，他们让我扮演了一个角色，结果发现我演的还挺好，后来就说你能不能做活动主持啊，然后我就做了，还挺好。所以现在每次教会活动都是我主持。我觉得这个有信仰的作用，我自己的内在真正被上帝医治后，也就改变了，另外也有教会提供了锻炼机会吧。性格方面，在服侍中也收获很多，包括学习给人合作啊，理解啊，包容啊。"

FXJ："我们小群的 LY 负责教会调音台和 PPT 文字播放。他变化挺大的，之前说话不是特别利落，说话口吃有障碍，小的时候受过伤害，一直没有恢复这个能力。我们在小群里就鼓励他讲，我们听他说。现在他能力挺强的，负责了教会调音台后，组织开会啊，做流程啊，互相讨论啊，气氛特别好。还组织建立微信群，组织活动，大家一起打球，联系场地啊，组织大家报名的方式都挺有办法的。性格改变挺大的，不过也是经过很长时间才慢慢改变的。现在他在小群做预备小牧人，小群分群后，准备带另外一个小群。"

WZ："我觉得在小群里，我学习到最多的是宽容吧，小群里什么人都有，什么观点都有，在小群里要操练，你能给别人平心静气沟通，尊重他的观点，同时修复自己的观点。"

（二）宗教通过形塑个人性格和美德作用于公共生活

宗教通过形塑个人的性格和美德作用于公共生活。Corwin Smidt 指出，宗教和公共生活是交织在一起的，道德品质能支持公民美德，而宗教教导恰好就是培养人的道德品质。托克维尔在 19 世纪早期检视美国的生活时，他发现，志愿机构尤其是和宗教相关的机构能够帮助人们从孤立的自我利益中拉出来，关心他人，积极与他人交往，并将个人利益和公共责任结合起来，这对健康的社会生活是至关重要的。社会学家罗伯特·贝拉也认为："任何清楚易懂的和渴望成功的社会都需要依靠一个共同的道德规则，关于在个人和社会行动范围内的好和坏、对和错。这些共同的道德理解需要依靠一系列共同的宗教理解。这些道德和宗教理解产生一个社会基本的文化合法性和一个评价标准。"[15]

J教会通过一系列宗教教导，引导成员在教会、家庭、工作及社会中建立了道德观念。首先，在教会中，牧师教导信徒要怜悯、接纳、关心、同情和帮助他人，甚至为了他人的利益作出舍己牺牲。教会的小牧人作为"仆人式领袖"，在教会中则率先作出了榜样，为了他人的利益，牺牲自己的时间、精力和金钱去服侍小群成员，从而也引发了更多的成员在教会内外去实践"舍己"助人的精神。其次，家庭方面，教会则教导成员珍视家庭，在家庭中形成爱、接纳、民主和充满秩序的氛围，夫妻之间要有次序分工，丈夫要爱妻子，妻子要顺服丈夫；父母和孩子之间要在平等的基础上建立亲密的互动关系；家庭中夫妻轴要居于核心位置等。当人们在家庭中形成这种良好的互动时，也会将这种秩序带到家庭之外实践。托克维尔指出，宗教能通过约束家庭来引导民情，人们从家庭中吸取对秩序的爱好，然后也会把这种爱好带到公务中。再者，工作领域，教会将工作视为"神圣"的呼召，教导信徒必须努力、敬业、追求卓越。另外，在工作中要遵守职业道德，秉承诚信、公平、服务、尊重的道德伦理观念。最后，在社群方面，尽管J教会作为一个机构整体，没有整个教会层面关于公益慈善的社会服务事工，但是教会非常鼓励信徒发扬利他主义精神，并且支持成员参与教会外的志愿服务（包括服务孤残儿童、打工子弟、性工作者等弱势群体）、慈善捐赠等。这在一定程度上也培育了信徒作为公民的美德。

（三）结语

本研究以 J 教会为例，分析了城市宗教团体在产生社会资本中的作用及讨论了宗教团体社会资本如何影响公民生活。尽管本研究仅以 J 教会一个个案为例来讨论宗教团体社会资本的培育及对公民生活的影响，显得略显单薄。但笔者认为，这对于在当下的中国如何培育和发展社会资本具有重要的理论与

---

15 Bellah, R. *The broken covenant:American civil religion in time of trial*. New York: Seabury Press,1975.

实践价值。正如国内学者李向平认为的，基督教的团体生活构成的信仰共同体，培育了志愿主义精神和社会资本，训练了信徒社会交往技艺，以及自我管理、服务人群及身份认同的方法。在信仰生活中生产的规范，也使得基督教团体兼具伦理共同体的特征，不仅为信徒之间的人际交往，而且也为他们与外部社会的互动提供了价值标准。这些要素都是公民生活所珍视的特质。他指出，在这个意义上，中国的基督教会已经进入了中国公共生活建构的时代潮流，并在推动整个社会走向共同的善。[16]本研究则在经验层面上，通过对 J 教会的个案分析，尝试对基督教团体、社会资本和公共生活之间的关系做了一个初步回答，未来还需要学者持续关注，开展更多、更深入的研究。

五、研究的不足与未来的方向

近十年来，西方学术界关于宗教与社会资本的研究成为热点论题，但是国内学者关于社会资本的研究，较多集中在社区社会资本方面，针对社会组织的社会资本研究也有一些，但是关于宗教团体的社会资本则比较少，近几年才开始有学者用社会资本的视角来研究宗教现象，但是尚处于相当零碎、不系统和不规范的阶段。本书以一个城市基督教团体为例，对宗教与社会资本的关系进行了初步的社会学实证调查研究，虽然笔者尽了力，但是在写作过程中也不乏遗憾之处。

第一，在研究方法上，笔者选择运用了定性研究的方法，包括参与观察、深入访谈的方法，来分析宗教团体的社会资本，获得了成员参与宗教团体生活实践的丰富图景，把握了成员之间的关系互动，对宗教团体内社会资本的培育过程机制进行了较为全面细致的考察。但是对于社会资本测量来说，仅靠定性的分析方法还是略显不够。如果能有定量的问卷调查方法作为补充，则能帮助对宗教团体整体、宏观的社会资本存量有一个精确的把握，提供更多翔实的数据作支撑，例如，成员宗教参与的频率与频度，参与网络的规模、信任的程度测量等。总之，定性方法更适合探讨主观意义、过程机制等动态过程中所体现的复杂社会文化结构，获得的资料更多是主观化、个性化的，资料具有典型性，但是在普遍性和整体性方面的资料较欠缺。因此，未来的研究需要将定量研究和定性研究方法结合起来进行研究。

---

16 李向平.中国宗教与公民社会的建设——以基督教基层组织的运作模式为中心[J].
江苏行政学院学报，2010（2）.

第二，在研究内容和理论分析上，本书选择以一个城市基督教团体作为个案，分析了该宗教团体社会资本的形成及功能，具体包括关系网络、规范、信任的培育机制，社会资本的类型、影响社会资本形成的因素及社会资本与公共生活的关系。内容虽然比较全面，但是在关系网络、规范和信任的培育机制探究上，尤其是信任机制的形成上仍需做更深入的调查、分析。在理论分析上，笔者虽然查阅了大量国内外社会资本的文献资料，为写作的理论提升奠定了一定的基础。但是关于宗教社会资本、神学方面的文献查阅、知识积累还比较欠缺，这导致笔者在写作时，常常感觉理论提升、中西对话和材料意义深入挖掘上，还可以多做一些。这也是笔者今后可以进一步提升的空间。

第三，在研究主题上，可以进一步扩展深化。本书是一个关于宗教与社会资本关系的探索性研究，笔者仅选取了一个城市基督教团体作为典型个案进行初步描述分析。在研究的初期尚可以通过定性研究的方法探索一些研究内容与议题，但未来继续深入研究的话，则可以通过比较研究的方法，如对比基督教团体内部不同的小群体之间社会资本的形成与结构差异、不同类型的基督教团体之间社会资本的存量与类型结构差异，通过比较、参照的方式，能够更准确地探析一些影响基督教团体社会资本形成的变量。此外，未来也可以开展不同类型宗教如佛教、道教、天主教、基督教团体的社会资本培育对比研究，进而发现不同类型宗教团体在社会资本存量、类型和功能上的异同。另外，宗教团体作为文化型组织，仅是社会组织的其中一种类型，国外已有研究证实，不同类型的社会组织产生的社会资本亦是不同的，近些年在中国各种类型的社会组织开始蓬勃发展，对比分析宗教类组织和非宗教类组织在社会资本形成上的差异也是未来可以开展的一个新领域。

参考文献

译（著）文：

1. [法]托克维尔著，董果良译，1988，论美国的民主[M]，北京：商务印书馆。

2. [美]斯达克等著，杨凤岗译，2004，信仰的法则[M].北京：中国人民大学出版社。

3. [法]迪尔凯姆著，冯韵文译，2008，自杀论[M]，北京：商务印书馆。

4. [美]罗伯特·普特南著，刘波等译，2011，独自打保龄：美国社区的衰落与复兴[M]，北京：北京大学出版社。

5. [美]罗伯特·普特南著，王列、赖海榕译，2001，使民主运转起来[M]，南昌：江西人民出版社。

6. [法]埃米尔·涂尔干著，渠东、汲喆译，2011，宗教生活的基本形式[M]，北京：商务印书馆。

7. [美]弗朗西斯·福山著，李宛蓉译，1998，信任：社会道德和繁荣的创造[M]，呼和浩特：远方出版社.p35。

8. [美]简·雅各布斯著，金衡山译，2006，美国大城市的死与生[M]，南京：译林出版社。

9. [美]林南著，张磊译，2005，社会资本：关于社会行动和结构的理论[M]，上海：上海人民出版社。

10. [美]詹姆斯·S·科尔曼著，邓方译，2008，社会理论的基础（上册）[M]，北京：社会科学文献出版社。

11. [英]帕萨·达斯古普特等著，张慧东等译，2005，社会资本：一个多角度的观点[M]，北京：中国人民大学出版社。

12. [德]马克斯·韦伯著，康乐、简惠美译，2010，新教伦理与资本主义精神[M]，广西：广西师范大学出版社。

13. [美]奥斯特罗姆著，余逊达等译，2000，公共事物的治理之道：集体行动制度的演进[M]，上海：上海三联书店。

14. [法]布迪厄著，包亚明译，1997，布迪厄访谈录[M]，上海：上海人民出版社。

15. [德]尼克拉斯·卢曼著，瞿铁鹏、李强译，2005，信任:一个社会复杂化的简化机制[M]，上海：上海人民出版社。

16. [法]阿兰·佩雷菲特著，邱海婴译，2005，信任社会[M]，北京：商务印书馆。

17. [美]弗朗西斯·福山著，刘榜离等译，2002，大分裂：人类本性与社会秩序的重建[M]，北京：中国社会科学出版社。

18. [美]罗伯特·K.格林利夫著，徐放，齐桂平译，2008，仆人式领导[M]，南昌：江西人民出版社。

19. [德]裴迪南·滕尼斯著，林荣远译，1999，共同体与社会[M].北京：商务印书馆。

20. [法]托克维尔著，董果良译，1988，论美国的民主[M]，北京：商务印书馆。

21. [德]马克斯·韦伯著，顾忠华译，2004，社会学的基本概念[M]，上海：上海人民出版社。

22. [德]哈贝马斯著，曹卫东、王晓珏译，1999，公共领域的结构转型[M]，北京：学林出版社。

23. [日]青木昌彦著，周黎安译，2001，比较制度分析[M]，上海：上海远东出版社。

24. [美]曼瑟尔·奥尔森著，陈郁等译，2004，集体行动的逻辑[M]，上海：上海三联书店。

25. [美]弗朗西斯·福山著，俞弘强译，2003，公民社会与发展[A]，载于曹荣湘选编，走出囚徒困境——社会资本与制度分析[C]，上海：三联书店。

26. [美]J.斯蒂格利茨著，武锡申译，2003，正式和非正式制度[A]，载曹荣湘选编，走出囚徒困境——社会资本与制度分析[C]，上海：三联书店。

27. [美]A.奥斯特罗姆著，龙虎译，2003，流行的狂热抑或基本概念[A]，载曹荣湘选编，走出囚徒困境——社会资本与制度分析[C]，上海：三联书店。

28. [美]托马斯·福特·布朗著，木子西译，2000，社会资本理论综述[A]，载李惠斌、杨雪冬主编，社会资本与社会发展[C]，北京：社会科学文献出版社。

29. [美]卡拉·M.伊斯特斯著，周红云译，2000，组织的多样性与社会资本的产生[A]，载李惠斌、杨雪冬主编，社会资本与社会发展[C]，北京：社会科学文献出版社。

30. [美]亚力山德罗·波茨著，杨雪冬译，2000，社会资本：在现代社会学中的缘起和应用[A]，载李惠斌、杨雪冬主编，社会资本与社会发展[C]，北京：社会科学文献出版社。

31. [美]迈克尔·武考克著，郗卫冬编译，2000，社会资本与经济发展：一种理论综合与政策构架[A]，载李惠斌、杨雪冬主编，社会资本与社会发展[C]，北京：社会科学文献出版社。

32. [美]保罗·F.怀特利著，冯仕政译，2000，社会资本的起源[A]，载李惠斌、杨雪冬主编，社会资本与社会发展[C]，北京：社会科学文献出版社。

中文著作类

1. 李惠斌、杨雪冬主编，2000，社会资本与社会发展[M]，北京：社会科学文献出版社。

2. 夏建中，2009，美国社区的理论与实践研究[M]，北京：中国社会出版社。

3. 夏建中著，2010，城市社会学[M]，北京：中国人民大学出版社。

4. 姜振华著，2008，社区参与与城市社区社会资本的培育[M]，北京：中国社会出版社。

5. 燕继荣著，2006，投资社会资本[M]，北京：北京大学出版社。

6. 曹荣湘选编，2003，走出囚徒困境——社会资本与制度分析[M]，上海：三联书店。

7. 金泽、邱永辉，2012，中国宗教报告（2012）[M]，北京：社会科学文献出版社。

8. 何增科，2000，公民社会与第三部门[M]，北京：社会科学文献出版社。

9. 方立天编，2008，宗教社会科学（第1辑）[M]，北京：中国社会科学出版社。

10. 高师宁等主编，2010，从书斋到田野：宗教社会科学高峰论坛论文集（下卷）[M]，北京：中国社会科学出版社。

11. 费孝通，2008，乡土中国[M]，北京：人民出版社。

12. 金泽、李华伟主编，2013，宗教社会学[M]，社会科学文献出版社。

13. 徐以骅、秦倩、范丽珠主编，2008，宗教与美国社会：宗教非政府组织（第五辑）[M]，时事出版社。

14. 戴康生、彭耀，2007，宗教社会学[M]，北京：社会科学文献出版社。

15. 潘绥铭、黄盈盈、王东著，2011，论方法:社会学调查的本土实践与升华[M]，北京：中国人民大学出版社。

16. 郑也夫、彭泗清等著，2003，中国社会中的信任[M]，北京：中国城市出版社。

17. 郑也夫著，2001，信任论[M]，北京：中国广播电视出版社。

18. 周红云著，2010，社会资本与社会治理——政府与公民社会的合作伙伴关系[M]，北京：中国社会出版社。

19. 燕继荣著，2006，投资社会资本[M]，北京：北京大学出版社。

中文论文类：

1. 赵罗英、夏建中，国外宗教社会资本理论研究进展及对中国的启示[J]，宁夏社会科学，2015（1）。

2. 张志鹏，灵性资本：内涵、特征及其在转型期中国的作用[J]，南京理工大学学报（社会科学版），2010（4）。

3. 陈健民、丘海雄，社团、社会资本与政经发展[J]，社会学研究，1999（4）。

4. 燕继荣，民主：社会资本与中国民间组织的发展[J]，学习与探索，2009（1）。

5. 兰花、付爱兰，非营利组织在社会资本形成中的作用及表现[J]，人文杂志，2005（4）。

6. 李超玲、钟洪，非政府组织社会资本：概念、特征及其相关问题研究[J]，江汉论坛，2007（4）。

7. 李宜钊，投资社会资本：中国非营利组织发展的另一种策略[J]，海南大学学报（人文社会科学版），2010（2）。

8. 杜楠、张闯，组织层面的社会资本：理论框架、研究主题与方法[J]，财经问题研究，2011（1）。

9. 龚万达、刘祖云，"强社会—强国家"的社会建构[J]，四川大学学报（哲学社会科学版），2013（5）。

10. 娄缤元，社会组织发展与社会资本培育的研究[D]，中国人民大学博士学位论文，2013。

11. 夏建中，社会为中心的社会资本理论及其测量[J]，教学与研究，2007（9）。

12. 刘澎，美国宗教团体的社会资本[J]，美国研究，2005（1）。

13. 韩月香，宗教：一种不可或缺的社会资本——对宗教社会功能的再认识[J]，当代社科视野，2011（7）。

14. 黄剑波，福利慈善、社会资本与社会发展——论宗教在当代中国社会中的参与需要和可能[J]，广西民族研究，2005（3）。

15. 黄海波，公民社会中的宗教：罗伯特·伍斯诺的多维分析模式述评[J]，华东师范大学学报（哲学社会科学版），2011（5）。

16. 李向平，中国宗教与公民社会的建设——以基督教基层组织的运作模式为中心[J]，江苏行政学院学报，2010（2）。

17. 李向平，从"宗教文化"到"公民文化"[J]，江海学刊，2011（2）。

18. 李向平、陈建明，宗教问题与社会变迁的双重探索——宗教社会学在当代中国的发展轨迹[J]，世界宗教文化，2010（1）。

19. 阮荣平、郑风田、刘力，宗教信仰选择——一个西方宗教经济学的文献梳理[J].社会，2013（4）。

20. 何光沪，基督宗教与西方文明[J]，暨南学报（哲学社会科学版），2013年（12）。

21. 王帅，"基督宗教与文明人格的培育"学术研讨会综述[J]，世界宗教研究，2012（6）。

22. 闵丽，2000年以来国内宗教学理论研究述评[J]，宗教学研究，2008（2）。

23. 莽萍，简论我国宗教发展与宗教信仰自由政策[J]，中央社会主义学院学报，2005（6）。

24. 高师宁，宗教社会学研究在中国大陆的发展[J]，上海大学学报（社会科学版），2007（5）。

25. 刘须群、胡新国，宗教背景非政府组织初论[J]，江西公安专科学校学报，2007（7）。

26. 马恩瑜，宗教非政府组织在非洲国家的角色参与及影响[J]，西亚非洲，2009（7）。

27. 明世法，中国宗教的慈善参与新发展及机制研究[D]，中国人民大学博士学位论文，2010。

28. 汲喆，论公民宗教[J]，社会学研究，2011（1）。

29. 黄剑波，评《当代北京的基督教与基督徒》[J]，世界宗教研究，2007（1）。

30. 刘义，全球宗教复兴与宗教政治——一个宗教社会学的理论概述[J]，文史哲，2010（1）。

31. 魏泽民，全球治理：公民社会与宗教发展[J]，世界宗教研究，2005（4）。

32. [英]戴维·赫伯特著，查立友译，宗教、信仰和公民社会[J]，马克思主义与现实，2003（1）。

33. 廖亮、陈昊，马克·格兰诺维特对新经济社会学的贡献[J]，经济学动态，2011（9）。

34. 由笛、姜阿平，格兰诺维特的新经济社会学理论述评[J]，学术交流，2007（9）。

35. 郑也夫，信任：溯源与定义[J]，北京社会科学，1999（4）。

36. 池丽萍，信任：父母的代内相似和亲子的代际传递[J]，心理学报，2013（3）。

37. 王绍光、刘欣，信任的基础：一种理性的解释[J]，社会学研究，2002（3）。

38. 杨太康，我国信用主体经济功能及错位原因[J]，经济问题，2004（10）。

39. 李涛等，什么影响了居民的社会信任水平？——来自广东省的经验证据[J]，经济研究，2008（1）。

40. 阮荣平、王兵，差序格局下的宗教信仰和信任——基于中国十城市的经验数据[J]，社会，2011（4）。

41. 王佳、司徒剑萍，当代中国社会的宗教信仰和人际信任[J]，世界宗教文化，2010（4）。

42. 郑小鸣，信任：基于人性的社会资本——福山信任观述评[J]，求索，2005（7）。

43. 向月波等，当代中国家庭离婚的特征分析[J]，前沿，2011（6）。

44. 李世峥，婚姻，人人都当尊重——浅析基督教的婚姻伦理及其对当代中国社会的现实意义[J]，天风，2006（15）。

45. 喻国明，近察城市女性——我国城市女性的生活状态与生活观念[J]，民主与科学，2000（2）。

46. 刘蕾，从女性的角度分析离婚率升高的原因和对策[J]，北京社会科学，2001（4）。

47. 王列，文化差异与社会发展——评福山新著《信任》[J]，开放时代，1997（4）。

48. 方亚琴，城市社区社会资本形成路径的研究[D]，中国人民大学博士学位论文，2014。

49. 方亚琴、夏建中，社会资本的来源：因果解释模型及其理论争辩[J]，学术交流，2013（9）。

50. 吴军、夏建中，国外社会资本理论：历史脉络与前沿动态[J]，学术界，2012（8）。

51. 周红云，社会资本：布迪厄、科尔曼和帕特南的比较[J]，经济社会体制比较，2003（4）。

52. 田凯，科尔曼的社会资本理论及其局限[J]，社会科学研究，2001（1）。

53. [美]罗伯特·D.普特南，杨蓉编译.繁荣的社群—社会资本和公共生活[J]，马克思主义与现实，1999（3）。

54. 赵延东，社会资本理论述评[J]，国外社会科学，1998（3）。

55. 赵延东、罗家德，如何测量社会资本：一个经验研究综述[J]，国外社会科学，2005（2）。

56. 赵延东，社会资本理论的新进展[J]，国外社会科学，2003（3）。

57. 边燕杰，社会资本研究[J]，学习与探索，2006（2）。

58. 俞可平，社会资本与草根民主[J]，经济社会体制比较，2003（2）。

59. 翟学伟，是"关系"还是社会资本[J]，社会，2009（1）。

60. 赵雪雁，社会资本测量研究综述[J]，中国人口·资源与环境，2012（7）。

61. 张文宏，中国的社会资本研究：概念、操作化测量和经验研究[J]，江苏社会科学，2007（3）。

62. 张文宏，社会资本：理论争辩与经验研究[J]，社会学研究，2003（4）。

63. [美]弗朗西斯·福山著，曹义编译，社会资本、公民社会与发展[J].马克思主义与现实.2003（2）。

64. 郑杭生、奂平清，社会资本概念的意义及研究中存在的问题[J]，学术界，2003（6）。

65. 周红云，社会资本及其在中国的研究与应用[J]，经济社会体制比较，2004（2）。

66. [美]肯尼斯·纽顿著，于宝英、索娟娟译，信任、社会资本、公民社会与民主[J]，国外理论动态，2012（12）。

67. [美]戈兰·海登，周红云编译，公民社会、社会资本与发展[J]，马克思主义与现实，2000（1）。

68. 龚万达、刘祖云，从衰熄到兴盛:当代宗教慈善与社会资本积聚[J]，中共福建省委党校校报，2013（8）。

英文论文类：

1. Bartkowski,J.P.&Xu,X.H.Religiosity and teen drug use reconsidered- a social capital perspective.*American Journal of Preventive Medicine*, Vol.32, No.6, 2007.

2. Bourdieu,P. The Forms of Capital. In Richardson,J.G（ed.）, *Handbook of theory and research for the sociology of education*,Westport,CT:Greenwood Press,1986.

3. Cnaan,Boddie&Yancey. Bowling Alone But Serving Together. In Corwin Smidt, *Religion as Social Capital:Producing the Common Good*. Texas: Baylor University Press，2003.

4. Coleman,J.S.Social Capital in the Creation of Human Capital. *American Journal of Sociology*, Vol.94 Supplement, 1988.

5. Coleman, John.A. Religious Social Capital:Its Nature,Social Location,and Limits. In Corwin Smidt, *Religion as Social Capital:Producing the Common Good*. Texas:Baylor University Press，2003.

6. Campbell,David.E.&Steven J.Yonish. Religion and Volunteering in America. In Corwin Smidt, *Religion as Social Capital:Producing the Common Good*. Texas:Baylor University Press,2003.

7. Corwin,Smidt.Religion and Civic Engagement:A Comparative Analysis. *American Academy of Political and Social Science*, Vol.565,1999.

8. David,M.Mayer., Mary, Bardes.&Ronald.F.Piccolo. Do Servant-leaders Help Satisfy Follower Needs An OrganiWational Justice Perspective. *European Journal Of Work and Organizational Psychology*, Vol.17, No.2, 2008.

9. Eberly,D. Civic Renewal vs. Moral Renewal. *Policy Review* （September-October）,Vol.91,1998.

10. Emyr,Williams. Measuring religious social capital:the scale properties of the Williams Religious Social Capital Index（WRSCI）among cathedral congregations. *Journal of Beliefs &Values*, Vol.29, No.3,2008.

11. Fredrick Harris.Ties That Bind and Flourish:Religion as Social Capital in African-American Politics and Society. In Corwin Smidt, *Religion as Social Capital:Producing the Common Good*. Texas:Baylor University Press,2003.

12. Gert Pickel &Anja Gladkich.Religious Social Capital in Europe Connections between Religiosity and Civil Society. *Springer Fachmedien Wiesbaden*, Vol.15, 2012.

13. Greeley Andrew M.Coleman revisited:religious structures as a source of social capital. *American Behavioral Scientist*, Vol.40, No.5,1997.

14. Guiso, L., S.Paolo, and L .Wingales.People's Opium? Religion and Economic Attitudes. *Journal of Monetary Economics*, Vol.50,2003.

15. Harpham,T.,Grant,E.,&Thomas,E.Measuring social capital within heath survey: key issues. *Heath Policy and Planning*, Vol.17, No.1,2002.

16. Iannaccone,L.R.Religious practice,a human –capital approach. *Journal for the Scientific study of Religion*, Vol.29, No.3,1990.

17. Irwin,Lagory,Ritchey&FitWpatrick.Social assets and mental distress among the homeless:exploring the roles of social support and other forms of social capital on depression. *Social Science & Medicine*, Vol.67, No.12, 2008.

18. Janel Curry.Social Capital and Societal Vision:A Study of Six Farm Communities in Iowa. In Corwin Smidt. *Religion as Social Capital: Producing the Common Good*. Texas:Baylor University Press,2003.

19. Jeremy,Rhodes.The Ties That Divide:Bonding Social Capital,Religious Friendship Networks,and Political Tolerance among Evangelicals. *Sociology Inquiry*, Vol.82, No.2,2012.

20. Joanna Maselko,Cayce Hughes&Rose Cheney. Religious Social Capital:Its measurement and utility in the study of the social determinants of heath. *Social Science&Medicine*, Vol.173,2011.

21. King,P.E.,&Furrow,J.L.Religion as a resource for positive youth development: religion,social capital,and moral outcomes. *Developmental Psychology*, Vol.40, No.5, 2004.

22. L.J.Hanifan.The Rural school community center. *The Annuals of the American Academy of Political and Social Science*, Vol.67, No.1, 1916.

23. Levi, M.Social and unsocial capital:A review essay of Robert Putnam's Making Democracy Work. *Politics and Society*, Vol.24,1996.

24. Laub,J.A.Assessing the Servant Organization:Development of the Servant Organizational Leadership Assessment Instrument. *ProQuest*,1999.

25. Miller,D. Religion, privatization,and civic life:The nature of civic engagement in a changing religious environment.Paper presented at the Calvin College Conference on Religion,Social Capital ,and Democratic life.Grand Rapids, Michigan,1998,October 16-17.

26. Mark A.Warren. Faith and Leadership in the Inner City:How Social Capital Contributes to Democratic Renewal. In Corwin Smidt, *Religion as Social Capital:Producing the Common Good*. Texas:Baylor University Press, 2003.

27. Mansbridge,Jane. Altruistic Trust. In Mark,Warren（ed.）, *Democracy and Trust*, New York:Cambridge University Press,1999.

28. Portes,A.Social Capital:Its Origins and Applications in Modern Sociology. *Annual Review of Sociology*, Vol.24,1998.

29. Putnam, R.D. Tuning In,Tuning Out:The Strange Disappearance of Social Capital in America. *Political Science and Politics*, Vol.28, No.4, 1995.

30. Putnam,R.D. Bowling alone:America's declining social capital. *Journal of Democracy*, Vol.1,1995.

31. Roger,J. Nemeth&Donald,A.Luidens. The Religious Basis of Charitable Giving in America:A Social Capital Perspective. In Corwin Smidt, *Religion as Social Capital:Producing the Common Good*. Texas:Baylor University Press,2003.

32. Stolle & Rochon. Are All Associations Alike?Member Diversity,Associational Type,and the Creation of Social Capital. *American Behavioral Scientist*, Vol.42, No.1,1998.

33. Wuthnow,R.Religious involvement and status-bridging Social Capital. *Journal for the Scientific Study of Religion*, Vol.41, No.4, 2002.

34. Wuthnow, R. Can Religion RevitaliWe Civil Society? An Institutional Perspective. In Corwin Smidt, *Religion as Social Capital:Producing the Common Good*. Texas:Baylor University Press,2003.

35. Yeung,A.B. An intricate triangle-religiosity,volunteering, and social capital: The European perspective,the case of Finland, *Nonprofit and Voluntary Sector Quarterly*, Vol.33, 2004.

英文著作类：

1. Adam,B. *The Problem of Trust*.Princeton Unibersity Press, 1997.

2. Bellah,R., Madsen,R.,Sullivan,W.M.,Swidler,A.&Tipton,S.M.*Habits of the heart*. Berkeley:University of California Press, 1985.

3. Bellah,R. *The broken covenant:American civil religion in time of trial*.New York:Seabury Press,1975.

4. Coleman,J.S. *Foundation of Social Theory*. Cambridge,MA:Belknap Press, 1990.

5. Corwin,Smidt. *Religion as Social Capital:Producing the Common Good*. Texas: Baylor University Press,2003.

6. Wolfe,A.*One nation,after all*.New York:Viking,1998.

7. Erickson,Erik H.*Childhood and Society*（2ded）.New York:Norton,1963.

8. Fukuyam,Francis.*Trust:The Social Virtue and the Creation of Prosperity*. London: Hamish Hamilton,1995.

9. Putnam,R.D.*Making Democracy Work：Civil Traditions in Modern Italy*. Princeton：Princeton University Press,1993.

10. Putnam,R.D. *American Grace:How Religion Divides and Unites Us*. New York:Simon&Schuster,2010.

11. Putnam,R.D. *Better Together:Restoring the American Community*. New York: Simon＆Schuster,2003.

12. Rae,Douglas & Michael,Taylor. *The Analysis of Political Cleavages*. New Heaven: Yale University Press,1970.

13. Verba,S.,K.L.Schlowman&H.E.Brady. *Voice and equality:Civic voluntarism in American politics*. Cambridge,MA:Harvard University press,1995.

14. Wuthnow,R. *Christianity and Civil society:The contemporary debate*. Valley Forge,PA:Trinity International Press,1996

15. Wuthnow, R. *Producing the sacred:An essay in public religion*. Urbana: university of Illinois Press,1994.

16. Wuthnow,R. *Loose connections:Joining together in American's fragmented communities*. Cambridge,MA:Harvard University Press,1998.

17. Yin,R.K. *Case Study Research: Design and Methods* （2nd ed.）.London: Sage, 1994.

附　录

调查对象基本情况介绍

编号	姓名	性别	教会职务	编号	姓名	性别	教会职务
01	WYX	男	牧师	18	WYY	男	小群成员
02	GLX	男	传道人	19	SNF	女	妈咪时尚群组织者
03	FXJ	女	传道人、带领敬拜	20	JQK	女	主日学老师
04	LMB	男	传道人	21	WJT	女	主日学家长
05	ZGL	男	发委会成员、小牧人	22	LHX	女	小群成员
06	XSN	女	发委会成员、小牧人	23	LLL	女	小群成员
07	GFW	女	发委会成员、小牧人	24	SYK	女	小群成员
08	YFK	女	小牧人、带领敬拜	25	XNL	男	小群成员、教会鼓手
09	WDM	男	小牧人	26	SLY	女	小牧人
10	WY	女	小牧人	27	WZ	女	小群成员
11	DW	男	小牧人	28	ML	女	负责后勤、教会工作
12	CLX	女	小牧人	29	WJR	女	小群成员
13	YWL	女	小牧人	30	SY	女	小群成员
14	ZMP	女	小牧人	31	DHF	男	小群成员
15	WB	女	小牧人	32	LCG	女	小群成员
16	WYB	女	小群成员	33	WLH	男	小群成员
17	JQZ	女	小群成员	34	DWM	女	小群成员

35	DJG	男	小群成员	39	XB	男	小群成员
36	HJ	男	小群成员	40	JM	女	小群成员
37	YST	女	小群成员	41	XJY	男	小群成员
38	TY	男	小群成员				

后　记

　　本书是在我的博士学位论文基础上整理而成的。如今博士毕业已四年，还记得当初之所以选择对"宗教团体的社会资本"这一议题开展研究，一方面是传承、追随我的导师夏建中教授对"社会为中心的社会资本"理论、公共生活的关注和研究，夏老师是国内较早把"社会为中心的社会资本"理论介绍到大陆的学者。记得当时我们师门也已有师兄师姐做了一些相关领域的社会资本实证研究，姜振华师姐做了"社区参与与社会资本"的研究、娄缤元师姐开展了"社会组织与社会资本"的研究、袁振龙师兄关注了"社会资本与社区治安"的关系，吴军师兄开展了"社会资本与公益性小额信贷"的研究，但是当时关于"宗教与社会资本"的关系研究，师门还没有人做，在国外这一议题比较热，国内关注的人却还较少，所以我想尝试做这一新领域的研究。另一方面原因是社会学学科以"社会行为与人类群体"为研究对象，建立"好的社会"是其学科追求。当观察到社会生活中有群体积极创造社会资本，追求共同的善时，作为一名社会学研究者自然会产生调查研究的冲动。正是基于以上原因，最终在夏老师的鼓励和支持下，我选择了该题目作为博士论文的研究选题。

　　确定选题后，随后进入查阅中英文文献阶段，记得当时由于各方面的原因，中间我不时地担忧和焦虑，夏老师又是鼓励又是释疑，最终我才"放心"、"自信"地准备开题。之后的田野调查还比较顺利，做完调研后，找夏老师汇报，夏老师又给予了我诸多指导和鼓励。论文提文后，无论在论文框架上还是细节上，夏老师都做了细致的批注和修改指导。正因为有老师的悉心指导，这篇论文最后才得以顺利完成并通过匿名评审和答辩，并得以出版。感谢恩师引领我进入社会学学科，在学术研究规范上对我的训练和指导，使我在中国人民大学度过了充实的三年学习时光。平时和夏老师接触的点滴中，我也学会了很多为人处世的道理，老师谦和、包容、大度的人生态度和品格，博学、严谨的治学态度，认真负责的做事态度等都为我树立了好的榜样。博士毕业之际，夏老师在我面临未来道路的选择上，也给予了很多支持和帮助。博士毕业后，每次见到夏老师，老师对我的近况都非常关心，有需要帮助时，总是鼎力相助。感谢夏老师，这份恩师情将铭记在学生心中！

2015 年夏天从人大毕业后，我到了清华大学社会学系跟随李强老师做博士后研究工作。感谢李老师当初愿意收下我做学生，使我有机会在美丽的清华园度过充实而又弥足珍贵的两年半时光。在做博士后期间，李老师在工作、学习和生活中都给了我很多指导、帮助和包容。导师对学术饱满的热情、家国情怀、但求耕耘不问收获的敬业态度使我深受感染，也让我对社会学学科产生了浓厚的兴趣，在跟随李老师做研究和平时交谈的过程中，在导师的熏陶下，我对中国社会的认识也不断深入，社会学是一门发源于西方的学科，如何结合中国本土实际、通过大量的田野调查提出符合中国政治、社会、文化处境的新概念、新路径、新视野是中国社会学者的任务和使命。在和李老师的点滴相处中，老师的宽容、随和、与人为善的处世态度也深深地影响了我。在我面临未来职业的选择时，李老师也给予了很多支持、帮助和建议。工作后，李老师也经常不忘提携学生。感谢恩师！

感谢我的研究生导师许莉娅老师。从 2010 年 9 月份做许老师的学生以来，老师一直都关心挂念着我的学业、工作、婚姻和家人。每次学生遇到各样难题，只要找许老师帮助，老师都提供各种支持，耐心开导我、安慰我，和我分享人生经验。也感谢许老师在社会工作专业学习上对我的引领和提携。尽管读博后，我开始转向社会学，对社会工作专业的关注逐渐减少，但是社会工作的专业价值观已内化在我心里，影响着我生活的点滴，一些专业方法和技巧，如个案访谈技巧、焦点小组访谈和社区调查技巧，在我做田野调查时帮助良多。在我心里，许老师不但是我的老师，也是我的好朋友，亦是一位恩慈的母亲。

作为学生，尤其是读研究生后，最幸运的事莫过于遇到好的导师。而我显然是一个幸运的人，在寻求学业的过程中，有幸遇到三位好的导师。感恩这份师生缘，以后唯有继续努力，认真工作、好好生活，回报师恩！

此外，还要感谢中国人民大学社会学系的李迎生老师、潘绥铭老师、刘少杰老师、黄盈盈老师、黄家亮老师、张会平老师、陆益龙老师等，在我论文开题及预答辩时给予的悉心指导和建议，使我受益匪浅。也感谢刘精明老师、姜振华师姐、袁振龙师兄、周红云老师和陆益龙老师在论文答辩会上提出的各种建议，还有艾菊红老师、黄剑波老师等对论文提出的各种建议，使这本著作不断完善。

感谢我的博士同学章敏敏、陈婉婷、杨晶、牟坚、鲍雨等在读书期间的陪伴与支持。还有博士期间我们成立的读书小组的小伙伴们，石任昊、范文、王薇、陈跌如、程士强、章敏敏等，我们几个共同阅读经典著作，定期交流分享，让我既收获了知识，也收获了友谊。也感谢我在读研究生、博士及做博士后期间，同门师兄姐弟妹们的各种帮助和支持！

在做博士论文田野调查期间，J教会牧师给予了极大的支持和协作，还有教会的朋友们在访谈时给予了各种配合与支持，正是有了他们的帮助，我才得以搜集到丰富详实的一手资料，才能有这本书的出版。感谢你们！

最后，要特别感谢我的家人！感谢父母的生养之恩，他们朴实、勤劳、诚恳、坚强的品格给我树立了很好的榜样，也无形中影响了我的性格，使我能够踏实、认真地投入每件事情中，每次遇到困难时，靠着忍耐坚强度过。还记得读博入学报道时，爸爸亲自把我送到了北京，那时候家里刚刚发生了一些事故，爸妈的心情都很沉重，但是爸爸还是坚持送我到学校。我读研究生也是在北京，那时候入学是我一个人，而读博士时爸爸却坚持要送，他的送行是对我读博无言的鼓励与支持。博士毕业后，我选择辞掉在河南高校的教职工作，继续做博士后，父母也尊重了我的选择，并且在各方面给了我支持。出站找工作时，面临工作的选择，父母也没有干预我，在把孩子留在身边还是"放飞"之间，他们每次都选择了后者。在我遇到工作困难时，他们每次都给予我安慰、为我减压。这几年爸爸身体不好，但他很乐观、豁达、坚强，作为女儿，虽然也总想多花点时间陪陪父母，但平时因为工作忙，陪伴父母的时间还是太少，有时候也很愧疚。谢谢父母无私的爱和付出！也谢谢我的姐姐和妹妹，在我人生的关键时刻，姐姐总是牵挂着我。在写论文期间，每次看到姐姐发来的"你最近怎么样了"的信息，我都好像找到了"支援队"一样，赶紧把我的近况说给她听，每次她定会给我强大的精神支持。也感谢我的妹妹，虽然工作生活很忙，但是还是挤出时间关心我。谢谢我亲爱的家人们！

2019 年 9 月于北京房山燕保大学城

《基督教文化研究丛书》

主编：何光沪、高师宁

（1-6 编书目）

初 编 （2015 年 3 月出版）

ISBN：978-986-404-209-8　　　　　　　定价（台币）$28,000 元

册 次	作 者	书 名	学科别（／表示跨学科）
第 1 册	刘 平	灵殇：基督教与中国现代性危机	社会学／神学
第 2 册	刘 平	道在瓦器：裸露的公共广场上的呼告——书评自选集	综合
第 3 册	吕绍勋	查尔斯　泰勒与世俗化理论	历史／宗教学
第 4 册	陈 果	黑格尔"辩证法"的真正起点和秘密——青年时期黑格尔哲学思想的发展（1785 年至 1800 年）	哲学
第 5 册	冷 欣	启示与历史——潘能伯格系统神学的哲理根基	哲学／神学
第 6 册	徐 凯	信仰下的生活与认知——伊洛地区农村基督教信徒的文化社会心理研究（上）	社会学
第 7 册	徐 凯	信仰下的生活与认知——伊洛地区农村基督教信徒的文化社会心理研究（下）	
第 8 册	孙晨荟	谷中百合——傈僳族与大花苗基督教音乐文化研究（上）	基督教音乐
第 9 册	孙晨荟	谷中百合——傈僳族与大花苗基督教音乐文化研究（下）	
第 10 册	王 媛	附魔、驱魔与皈信——乡村天主教与民间信仰关系研究	社会学
	蔡圣晗	神谕的再造，一个城市天主教群体中的个体信仰和实践	社会学
	孙晓舒 王修晓	基督徒的内群分化：分类主客体的互动	社会学
第 11 册	秦和平	20 世纪 50－90 年代川滇黔民族地区基督教调适与发展研究（上）	历史
第 12 册	秦和平	20 世纪 50－90 年代川滇黔民族地区基督教调适与发展研究（下）	
第 13 册	侯朝阳	论陀思妥耶夫斯基小说的罪与救赎思想	基督教文学
第 14 册	余 亮	《传道书》的时间观研究	圣经研究
第 15 册	汪正飞	圣约传统与美国宪政的宗教起源	历史／法学

二　编 （2016 年 3 月出版）

ISBN：978-986-404-521-1　　　　　　定价（台币）$20,000 元

册　次	作　者	书　名	学科别（／表示跨学科）
第 1 册	方　耀	灵魂与自然——汤玛斯·阿奎那自然法思想新探	神学／法学
第 2 册	劉光順	趋向至善——汤玛斯·阿奎那的伦理思想初探	神学／伦理学
第 3 册	潘明德	索洛维约夫宗教哲学思想研究	宗教哲学
第 4 册	孫　毅	转向：走在成圣的路上——加尔文《基督教要义》解读	神学
第 5 册	柏斯丁	追随论证：有神信念的知识辩护	宗教哲学
第 6 册	李向平	宗教交往与公共秩序——中国当代耶佛交往关系的社会学研究	社会学
第 7 册	張文舉	基督教文化论略	综合
第 8 册	趙文娟	侯活士品格伦理与赵紫宸人格伦理的批判性比较	神学伦理学
第 9 册	孫晨薈	雪域圣咏——滇藏川交界地区天主教仪式与音乐研究（增订版）（上）	基督教音乐
第 10 册	孫晨薈	雪域圣咏——滇藏川交界地区天主教仪式与音乐研究（增订版）（下）	
第 11 册	張　欣	天地之间一出戏——20 世纪英国天主教小说	基督教文学

三 编 （2017 年 9 月出版）

ISBN：978-986-485-132-4　　　　　　　定价（台币）$11,000 元

册　次	作　者	书　名	学科别（／表示跨学科）
第 1 册	赵　琦	回归本真的交往方式——托马斯·阿奎那论友谊	神学／哲学
第 2 册	周兰兰	论维护人性尊严——教宗若望保禄二世的神学人类学研究	神学人类学
第 3 册	熊径知	黑格尔神学思想研究	神学／哲学
第 4 册	邢　梅	《圣经》官话和合本句法研究	圣经研究
第 5 册	肖　超	早期基督教史学探析（西元 1~4 世纪初期）	史学史
第 6 册	段知壮	宗教自由的界定性研究	宗教学／法学

四 编 （2018 年 9 月出版）

ISBN：978-986-485-490-5　　　　　　　定价（台币）$18,000 元

册　次	作　者	书　名	学科别（／表示跨学科）
第 1 册	陈卫真　高 山	基督、圣灵、人——加尔文神学中的思辨与修辞	神学
第 2 册	林庆华	当代西方天主教相称主义伦理学研究	神学／伦理学
第 3 册	田燕妮	同为异国传教人：近代在华新教传教士与天主教传教士关系研究（1807～1941）	历史
第 4 册	张德明	基督教与华北社会研究（1927～1937）（上）	社会学
第 5 册	张德明	基督教与华北社会研究（1927～1937）（下）	
第 6 册	孙晨荟	天音北韵——华北地区天主教音乐研究（上）	基督教音乐
第 7 册	孙晨荟	天音北韵——华北地区天主教音乐研究（下）	
第 8 册	董丽慧	西洋图像的中式转译：十六十七世纪中国基督教图像研究	基督教艺术
第 9 册	张 欣	耶稣作为明镜——20 世纪欧美耶稣小说	基督教文学

五　编　（2019 年 9 月出版）

ISBN：978-986-485-809-5　　　　　　定价（台币）$20,000 元

册　次	作　者	书　名	学科别（／表示跨学科）
第 1 册	王玉鹏	纽曼的启示理解（上）	神学
第 2 册	王玉鹏	纽曼的启示理解（下）	
第 3 册	原海成	历史、理性与信仰——克尔凯郭尔的绝对悖论思想研究	哲学
第 4 册	郭世聪	儒耶价值教育比较研究——以香港为语境	宗教比较
第 5 册	刘念业	近代在华新教传教士早期的圣经汉译活动研究（1807～1862）	历史
第 6 册	鲁静如 王宜强 编著	溺女、育婴与晚清教案研究资料汇编（上）	资料汇编
第 7 册	鲁静如 王宜强 编著	溺女、育婴与晚清教案研究资料汇编（下）	
第 8 册	翟风俭	中国基督宗教音乐史（1949 年前）（上）	基督教音乐
第 9 册	翟风俭	中国基督宗教音乐史（1949 年前）（下）	

六　编　（2020 年 3 月出版）

ISBN：978-986-518-085-0　　　　　　定价（台币）$20,000 元

册　次	作　者	书　名	学科别（／表示跨学科）
第 1 册	陈倩	《大乘起信论》与佛耶对话	哲学
第 2 册	陈丰盛	近代温州基督教史（上）	历史
第 3 册	陈丰盛	近代温州基督教史（下）	
第 4 册	赵罗英	创造共同的善：中国城市宗教团体的社会资本研究——以 B 市 J 教会为例	人类学
第 5 册	梁振华	灵验与拯救：乡村基督徒的信仰与生活（上）	人类学
第 6 册	梁振华	灵验与拯救：乡村基督徒的信仰与生活（下）	
第 7 册	唐代虎	四川基督教社会服务研究（1877～1949）	人类学
第 8 册	薛媛元	上帝与缪斯的共舞——中国新诗中的基督性（1917～1949）	基督教文学